作者简介

李占强　男，1971生，陕西省富平县人，南开大学企业管理专业博士。现任洛阳师范学院商学院讲师。公开发表专业论文20多篇，其中CSSCI期刊2篇，主持省级科研课题1个，厅级科研课题3个，参与省部级课题4项，参编著作5部。

2017 年度河南省软科学研究计划项目：郑洛新国家自主创新示范区升级发展路径研究(批准号：172400410555)；

2017 年度河南省高等学校重点科研项目：构建河南省现代产业共性技术研发体系对策研究(批准号：17A630045)；

2017 年度河南省教育厅人文社会科学研究项目：郑洛新国家自主创新示范区培育创新增长极对策研究（批准号：2017−ZZJH−367）

当代人文经典书库

突破性技术创新机制案例研究

——基于中国制造业

李占强 ◎ 著

科学技术文献出版社

SCIENTIFIC AND TECHNICAL DOCUMENTATION PRESS

·北京·

图书在版编目（CIP）数据

突破性技术创新机制案例研究：基于中国制造业/李占强著 . —北京：科学技术文献出版社,2017. 10

ISBN 978 - 7 - 5189 - 3395 - 2

Ⅰ . ①突… Ⅱ . ①李… Ⅲ . ①制造工业—案例—中国 Ⅳ . ①F426. 4

中国版本图书馆 CIP 数据核字（2017）第 238328 号

突破性技术创新机制案例研究：基于中国制造业

| 策划编辑:曹沧晔 | 责任编辑:曹沧晔 | 责任校对:赵 瑷 | 责任出版:张志平 |

出 版 者　科学技术文献出版社
地　　址　北京市复兴路 15 号　邮编 100038
编 务 部　（010）58882938，58882087（传真）
发 行 部　（010）58882868，58882874（传真）
邮 购 部　（010）58882873
官方网址　www. stdp. com. cn
发 行 者　科学技术文献出版社发行　全国各地新华书店经销
印 刷 者　三河市华东印刷有限公司
版　　次　2018 年 1 月第 1 版　2018 年 1 月第 1 次印刷
开　　本　710×1000　1/16
字　　数　287 千
印　　张　16. 5
书　　号　ISBN 978 - 7 - 5189 - 3395 - 2
定　　价　68. 00 元

序　言

　　突破性技术创新是中国企业增强自主技术创新能力,实现技术跨越发展日益依赖的技术创新方式,对加快发展战略新兴产业,建设创新型国家,发展创新驱动型经济具有战略意义。突破性技术创新是以一套完全不同的科学原理或工程原理为主要基础和主要驱动力,大幅度提升产品性能或创造全新产品,深刻影响现有市场、产业,或创造新市场、新产业,更好满足顾客需求的长期高风险技术商业化过程。而渐进性技术创新是在现有技术轨道内和技术范式下,通过累积性的持续技术改进实现技术创新,它是大多数企业采用和最常见的技术创新方式。与渐进性技术创新相比,突破性技术创新的主要特性是:创新难度大、投入高、创新周期长、高收益、高风险、低成功率。绝大多数企业视突破性技术创新为畏途、避而远之,主要原因在于对突破性技术创新规律的认识和把握不到位,未能构建体现该规律本质的有效的突破性技术创新机制。因此,推动突破性技术创新成功商业化的有效机制就成为贯穿本研究的中心问题。

　　本书系统研究了突破性技术创新理论及相关理论,以中国制造业突破性技术创新为主要研究对象,深入研究后认为影响突破性技术创新成功的主要驱动因素是突破性技术、突破性营销和风险资本,主要中介因素是突破性产品和商业模式,主要绩效机制是突破性产品实现营业收入,在此基础上构建了突破性技术创新的主要驱动机制、主要中介机制和绩效机制,构建了突破性技术创新商业化的理论框架,通过多案例研究及跨案例比较研究验证、完善、发展该理论框架模型,从而得出科学的结论。

本书主要创新点是:一是构建了突破性技术创新机制的整合逻辑框架,认为在突破性技术创新中核心技术、支撑技术、互补技术共生发展,为深入研究和提高突破性技术创新商业化成功率提供了理论和行动指南。二是将商业模式解构为相互作用的内部价值创造系统模块、供应商价值创造系统模块、顾客价值创造系统模块、外部互补价值创造模块,商业模式是推动突破性技术创新的重要中介机制之一。三是将突破性营销能力解构为领先用户开发能力、突破性价值传递能力和创新性市场开发能力,应重点发展此三种能力加速突破性营销能力成长。

本书共十一章。第一章是绪论,分析研究背景,确定研究问题、研究的逻辑思路,以及研究目标、研究内容、研究方法、研究意义等,确定研究的总体结构等。第二章是文献综述,梳理了国内外创新理论、技术创新理论、技术创新核心—外围阶段有关理论,研究了与突破性技术创新密切相关理论如商业模式理论等,奠定了突破性技术创新研究的理论基础。第三章研究机制功能及突破性技术创新机制理论模型构建、运作及功能。第四章研究突破性技术创新的主要驱动机制——突破性技术机能、突破性营销机能、风险资本机能,以及这些机能的形成及作用机制等。第五章研究突破性技术创新的主要中介机制——商业模式和突破性产品及其机能的形成及作用机制。第六章案例研究设计,阐述案例研究理论及方法,采用案例研究的原因,本研究案例企业选择的依据、标准、过程,以及案例研究总体设计等。第七章是天士力复方丹参滴丸突破性技术创新案例研究,并将研究结果与理论研究结果进行模式匹配,以检验、验证和发展理论。第八章是三一重工泵车和拖泵突破性技术创新案例研究,并将研究结果与理论研究结果进行模式匹配,以检验、验证和发展理论。第九章是大族激光突破性技术创新案例研究,并将研究结果与理论研究结果进行模式匹配,以检验、验证和发展理论。第十章跨案例比较天士力复方丹参滴丸、三一重工拖泵和泵车、大族激光打标机突破性技术创新机制，推进案例研究深入发展，以检验和发展理论，提出案例研究的理论新发现。最后评估本案例研究过程，确保案例研究质量。第十一章主要研究结论、研究创新点、研究意义，研究局限及未来研究展望。

本书从突破性技术创新理论出发，选取中国突破性技术创新典型企业——天士力、三一重工和大族激光，分别系统全面研究三个企业10多年突破性技术创新实践中的几乎所有重要事件及重要细节，并分别通过与理论比较、三个案例跨案例比较得出科学研究结论。本书既有技术创新理论的骨感，又有技术创新实践的丰满，可读性、趣味性、启发性很强。期望通过本书，使读者深入掌握突破性技术创新理论和实践要津，做突破性技术创新的实践者、研究者、宣传者，合力为加速国家创新驱动战略实施，加速创新型国家建设做出应有的贡献。同时真诚期望广大读者提出宝贵意见或建议。

本书适合高校经济管理类本科、硕士、博士生及教学科研人员，风险投资机构、证券公司、银行等金融机构专业投资人士，党政机关所属研究机构专业人士、学者型官员财经媒体记者编辑等研究阅读。

目　录

CONTENTS

图目录

表目录

第一章

绪 论

第一节 研究背景

当今世界,科技创新已成为经济社会发展的最主要驱动力,成为国家经济发展、社会进步、国力强盛的基础和先导力量。世界主要大国科技创新竞争日趋激烈,出现了一批引领世界经济发展方向的杰出科技企业,科技创新理论研究日益系统深入。中国政府不断出台政策主动应对国际科技创新竞争,聚焦于赶超世界前沿领先科学技术,致力于以科技创新驱动经济社会加速发展,不断增强国家经济科技实力,以期早日实现强国富民和民族复兴。中国实业界和科技界踊跃汇入科技创新的滚滚时代洪流,争先恐后,时不我待,培育出了一些具有国际竞争力的技术创新型企业。企业是当今经济发展的最主要载体和技术创新主体,几乎所有科技创新的经济价值最终必须通过企业商业化经营实现。商业化经营失败的科技创新无疑是不成功的。科技成果成功商业化事关科技创新发展,事关国家产业竞争力成长和国家兴衰。

一、现实背景

国际科技经济竞争日趋激烈,中国大力发展创新驱动型经济,建设创新型国家。第三次科技革命以来,以原子能、计算机、空间和生物等技术的发明和产业化为主要标志,越来越多的重大科技突破纷纷涌现并被成功产业化,众多企业借助创新技术商业化迅速崛起并快速发展壮大为世界级企业,促进了世界产业结构调整,深刻影响了世界经济发展。美、日、德等国以科技创新为主要动力,经过数十年发展,综合实力大大增强,深刻改变了世界经济政治格局。随着科学技术第一生产力作用日益凸显,20世纪90年代以来,世界主要发达国家及其企业掀起新一轮科技创新浪潮,谋取科技创新和经济发展新优势,涌现出谷歌、苹果、阿里巴巴、英特尔、微软、三星、华为、爱立信等世界级杰出企业。20世纪90年代初美国实施以产业技术为核心的创新战略,1994—2000年研发投入增长56%,占GDP2.5%,实施了"信息高速公路计划"、先进技术计划(ATP)等一大批科技创新计划,20世纪最后10年经济持续高速增长,美国GDP占世界比重从1990年的24.2%提高到2001年的31.8%(金相郁等,2012)。同期日、德、韩、巴西等国也加大科技创新投资。到21世纪初出现了一批世界公认的创新型国家,包括美、日、德、瑞典、韩国等大约20个国家。创新型国家经济社会发展的核心驱动力是技术创新,主要特点是:自主创新能力强,研发投入占GDP比重超过2%,科技进步对经济增长贡献率超过70%,对外技术依存度低于30%。2006年中国提出2020年建成创新型国家的目标,发布了《国家中长期科学和技术发展规划纲要(2006—2020)》,相继颁布了一系列配套政策,实施了一大批科技创新计划或项目,瞄准生物、信息、新材料、先进制造、新能源、海洋等国际前沿技术推动科技创新,积极参与国际科技经济竞争,不断增强科技创新驱动经济社会发展能力,逐渐发展创新驱动型经济。

国家加快发展战略新兴产业,努力减缓资源环境压力,积极促进经济结构转型升级。中国经济发展主要依赖过度消耗资源能源、高污染排放、低效益低产出的资源型增长方式,导致近些年中国经济发展所需的铁矿石、原油、铝土矿等进口依存度很高。1978—2010年中国消耗能源排放的二氧化碳增速4.8%,单位GDP能耗是美国的4倍,是日本的8倍多(张文武,2012),中国已是世界第一碳排放大国,碳排放强度远高于发达国家、世界平均水平和印度等发展中国家(见图1.1),而1980—2009年中国工业能源消费占总能源消费的比重稳定在70%左右。目前中国空气、水质、土壤污染严重,1/3居民只能呼吸污染严重的空气,劣Ⅴ类水质占总河长的近20%,1/4居民无清洁饮用水,生态问题突出,此种经济发展方式与中国所处发展阶段、产业结构、技术水平和制度等密切相关(林卫兵等,2012),这使资源环境已承受了巨大压力,长期将无以为继,经济结构转型升级迫在眉睫,不容懈怠。战略新兴产业是以重大技术突破和国家经济社会重大发展需求为基础,具有全局、长远和重大引领带动作用的知识技术密集型产业。次贷危机发生后,2009年2月美国政府推出《美国复兴与再投资法》,投入巨资发展新能源、环保、信息互联网、生物医药、空间和海洋等战略新兴产业,2009年欧盟出台政策发展信息、节能环保和绿色产业等,2009年日本投资重点发展信息技术、太阳能、新能源汽车等产业,英国、韩国、印度、俄罗斯等也纷纷立法或出台政策加快发展战略新兴产业(中国科技发展战略研究小组,2011)。2012年国务院发布《"十二五"国家战略性新兴产业发展规划》,将节能环保、新一代信息技术、生物、高端装备制造、新能源、新材料、新能源汽车等7个产业作为重点发展的战略性新兴产业。2016年3月发布的国家"十三五"规划纲要确定了实施创新驱动发展战略,系统部署基础科学研究重点领域,明确突破新一代信息通信、新能源、新材料、航空航天、生物医药、智能制造等领域核心技术,完善科技创新的基础制度,继续支持战略新兴产业发展。冯飞认为(2012)战略新兴产业起步阶段技术创新非常活跃,不断地产生新技术,会出现一些颠覆性创新、突破性创新。中国现有经济发展方式困难和问题日益突出,出路在于调整经济结构,促进其转型升级。企业转型升级将推动经济结构转型升级,一方面通过企业采用先进技术和现代管理改造提升传统产业,另一方面要通过技术创新实现产业升级,努力发展战略新兴产业开辟新经济增长点。

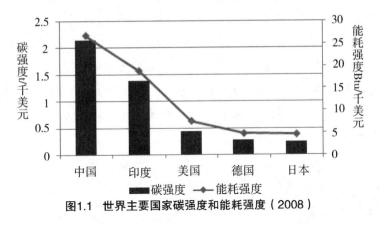

图1.1 世界主要国家碳强度和能耗强度（2008）

来源:美国能源信息署(EIA),美元用汇率法按2005年价格计算,转引自林卫斌,陈彬,蒋松荣. 论中国经济增长方式转变[J]. 中国人口·资源与环境,2012,22(11):131。

中国企业致力于掌握自主知识产权技术,加快提高国际竞争力。根据联合国工业发展组织(UNIDO)《世界工业发展报告2009》,中国制造业产出规模居世界首位,增加值仅次于美国,中国超过200种工业品产量居世界第一,但大多数企业处于全球制造业价值链低端的劳动密集型制造环节,利润率低,主要竞争优势是低成本。形象描绘全球制造业价值链的"微笑曲线"表明,掌握核心技术、设计、品牌、营销渠道等价值链环节的企业获利丰厚,制造环节利润最低(图 1.2)。据 2009 年国务院有关文件,钢铁、水泥、平板玻璃、电解铝、造船等行业低水平重复投资建设,产能过剩严重,产品价格逐波走低,企业亏损严重,相关企业竞争发展环境大大恶化。与此形成鲜明对比的是,中国光纤制造设备、集成电路芯片制造设备、造船关键设备、高端数控机床、LED 关键设备、太阳能光伏关键设备等产品国内企业却不能制造,不得不主要依赖进口,电脑、手机、DVD 等工业品关键部件也不得不依赖进口,导致制造业利润绝大部分被西方发达国家企业获取。王忠禹(2012)指出中国大中型工业企业 R&D 经费占销售额的比例是 0.96%,远低于发达国家的 3%;开展研发活动的企业数占规模以上企业的 8.5%,有发明专利授权的企业占 4.7%。大多数企业存在低水平价格竞争、技术创新投入不足,缺少自主品牌,竞争力不强,利润率较低等问题,很难适应国内市场国际化竞争,具有国际竞争力的企业缺乏,这是中国作为世界主要大国面临的最现实、最急迫、最突出的基础性和战略性问题。另一方面,根据《2015 年全国科技经费投入统计公报》,2015 年全国研究与试验发展(R&D)经费支出 14169.9 亿元,占 GDP 的 2.07%,其中企业 R&D 投入 10881.3 亿元,占全国 R&D 投入的 76.79%,企业已成为技术创新投资主体。近几年全国 R&D 经费支出绝对数额和占 GDP 比例持续提高,表明创新型国家建设持续深入推进。一些企业通过研发提高国际市场竞争力,取得令人瞩目的成功,如华为、中兴、中星微和海尔等。随着国家研发支持力度的增加和企业持续研发投入,企业技术创新能力会逐步成长起来,将会有越来越多的企业拥有自主知识产权,国际竞争力会逐步提高。

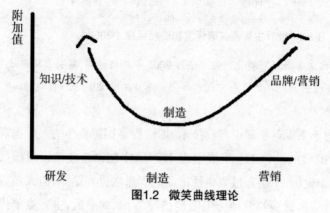

图1.2 微笑曲线理论

来源:作者根据"微笑曲线"理论绘制。

企业亟须拓宽技术创新路径,发挥技术创新后发优势,加快实现技术跨越发展。改革开放以来,中国企业持续从西方发达国家引进先进技术发展经济,缩小了与西方发达国家经济技术差距。2006 年国务院发布的《国家中长期科学和技术发展规划纲要(2006~2020 年)》提出到 2020 年将中国的对外技术依存度降低到30% 以下。随着与西方发达国家技术差距的持续缩小,国内企业再引进急需的国际产业界最先进技术或可引领未来发展的先进技术几无可能,这些技术绝大多数必须自主研发。吴晓波等(2007)研究 1995—2004 年中国大中型企业对外技术依存度(技术依存度 = 技术引进经费/技术引进经费与 R&D 经费支出之和),发现技术依存度从 1995 年的 255% 逐波降低到 2004 年的 39% 。这表明国内企业技术引进投资相对明显减少,自主研发能力相对显著增强(见图 1.3)。随着与国外企业技术差距缩小和国际国内商业竞争日趋激烈,国内企业今后必须转向自主开发的技术创新之路,不断努力赶超世界先进技术。Brezis 等(1993)提出蛙跳理论,认为由于技术先发国的某些劣势及技术引进国的后发优势、政策干预等,后发国可更好地把握技术创新及其机会,其技术创新可能赶上甚至超过技术先发国。吴晓波等(2001)提出"二次创新理论",认为发展中国家在引进技术的技术范式内,沿既定技术轨道技术创新,充分利用引进技术的后发优势,可实现比技术输出国更快的技术发展速度。荷兰学者 Luc Soete(1985)最早提出技术跨越概念,韩国学者Keun Lee 和 Chaisung Lim(2001)认为后发国家有独辟蹊径式、路径跨越式两种技

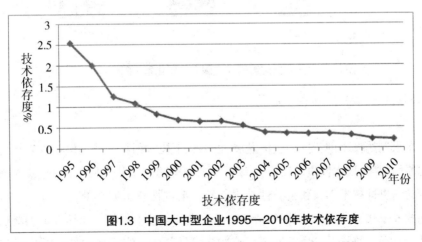

图1.3 中国大中型企业1995—2010年技术依存度

资料来源:作者根据《中国科技统计年鉴》(1995—2010)数据整理绘制。

术跨越方式。独辟蹊径式、路径跨越式技术跨越一般分别由突破性创新和渐进性创新两种方式实现,但大多企业偏好在现有技术基础上渐进性技术创新,对突破性技术创新重视不够。这些理论说明后发国家通过自主技术创新可缩短与世界先进技术的差距,甚至可以超越发达国家先进技术。中国3G通信技术和激光照排技术是突破性技术跨越的典型案例,中国在100MM瓦燃煤发电机组和大型水力发电机等技术领域成功赶上世界先进水平则属渐进性技术赶超。

大力探索突破性技术商业化的有效机制,加快突破性技术创新发展,奋力实现技术创新弯道"超车"。科技成果转化率低是长期困扰中国经济和科技发展的顽症,如唐要家和孙路(2006)研究发现中国八十多万项专利成果仅10%左右被转化,远低于发达国家的60%、世界平均水平的40%(见图1.4)。科技成果转化

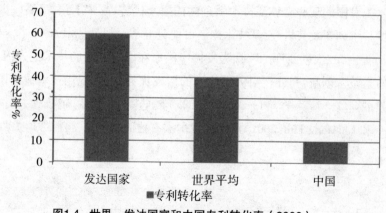

图1.4　世界、发达国家和中国专利转化率(2006)

来源:作者根据有关数据绘制。

率低严重制约技术创新推动经济发展,也不利于技术创新发展。科技成果转化率低的原因很多,技术性质及特性是最重要的原因之一。从性质上区分,技术创新可分为渐进性技术创新和突破性技术创新。渐进性技术创新是在现有技术轨道内和技术范式下,通过累积性的持续技术改进实现技术创新。此类技术创新在经济社会发展中数量最多最常见。突破性技术创新建立在全新的技术原理或工程原理之上,一般开辟新技术轨道,在新技术范式下开展技术创新,往往代表最前沿技术进步,产品主要性能指标大幅提升。突破性技术创新的主要特点是:耗费时

间长,往往需 10 年甚至更长;高度不确定和不可预测性,有多个起始点和终止点;创新重点和关键参与人员等常常意外变化导致随机性很大;投资耗费巨大,往往超出预算;可产生性能优异的突破性产品,甚至改变产业基本竞争格局或开创新产业等。与一般技术创新比,突破性技术创新在技术、市场和商业模式等方面不确定性和风险更高,最突出的问题是成功率太低。突破性技术创新实践历史久远,最少可追溯至十八世纪的英国工业革命时期,但有关理论研究在 20 世纪 80 年代才陆续出现,中国学者开始有关理论研究大约十多年。国内外现有研究主要集中于突破性技术创新基本理论研究方面,有关突破性技术创新商业化的研究较少且系统性欠缺,但商业化是突破性技术创新最关键的环节之一。系统研究突破性技术商业化的有效机制,可推动突破性技术创新加快发展,它可能加快企业超越世界先进技术的进程,促进企业快速成长。

二、理论背景

(一)技术创新基础理论

创新理论提出至今已逾百年,技术创新理论研究 20 世纪 50 年代后逐渐增多,而突破性技术创新研究始于 20 世纪 80 年代前后。下文勾勒技术创新的主要理论脉络,以更好理解突破性技术创新理论发展。

技术创新定义及其分类。(1)定义。1912 年熊彼特在《经济发展理论》一书中最早系统提出创新理论,是创新理论的源头。弗里曼(1982)将技术创新定义为包括与新产品销售或新工艺、新设备第一次商业性应用有关的技术、设计、制造、管理以及商业活动。傅家骥(1998)认为技术创新是新技术(包括新产品和新生产方法)在生产等领域的成功运用,是新技术成果商业化全过程。技术创新定义还有很多,但大多认为技术创新是一个以成功商业化为目的复杂技术经济过程。(2)分类。根据技术创新性质不同,将技术创新分为渐进性创新和突破性创新(Radcial/Breakthrough Innovation),Radcial 也被译为激变性、激进性、革命性等。Tushman 和 Anderson(1986)等提出不连续创新(Discontinuous Innovation)的概念,是指打破以往技术、流程和组织模式,建立新技术、流程和组织模式,显著提升顾客价值的创新活动。Bower 和 Christensen(1995)提出破坏性创新(Disruptive Innovation)概念,是指提供一套差别较大的产品性能组合或者不同的产品性能实现方式的创新,Disruptive 被译为"颠覆性"、"破坏性"、"裂变性"等十多种不同中文词语。原始创新是前所未有的重大科学发现、原理性技术发明等技术创新成果,具备首创性、突破性和带动性三大特征,它包括科学发现原始创新、技术发明原始创新、产品创造原始创新三个层次。原始创新概念内在含义最接近突破性技术创新概念。Abernathy 和 Clark(1983)根据技术创新对技术、生产能力和市场顾客联系的影响,将技术创新区分为常规性创新、利基性创新、架构性创新和革命性创新。Henderson 和 Clark(1990)依据创新对产品元件和不同元件之间联系的影响,将创新分为渐进性创新、模块化创新、架构性创新和激进性创新。技术创新分类较多,这些既密切联系,也区别明显,严格界定突破性技术创新概念对科学严谨地开展深入研究非常必要和重要。

技术创新理论历经半个多世纪的漫长时间逐步发展完善。该理论发展呈现出从宏观到微观、由浅入深、由简单到复杂、由稀疏到密集、由相对封闭到开放的自然深化发展过程。在熊彼特提出创新理论后的四十年,创新理论研究似乎陷于停滞,直到索洛模型出现,之后技术创新研究越来越多,新理论提出频率越来越快。主要理论有:(1)宏观技术创新理论。索洛(1957)在《技术进步与总生产函数》一文中构建了索洛模型,首次实证证明了技术进步对经济发展的促进作用,该模型揭示了技术进步是经济发展动因,引发了对技术创新持久、广泛、越来越强烈的关注。戴维斯和诺斯(1971)在《制度变革与美国经济增长》一文中提出制度创新理论,论述了制度对创新的促进作用,指明了制度对技术创新的重要作用,该理论将技术创新理论拓展到非技术因素领域。20 世纪 80 年代英国学者弗里曼和美国学者纳尔逊等提出国家创新系统论,认为除了企业努力外,国家创新系统推动企业技术创新。该理论是制度创新理论的深化发展,指出国家政策支持对技术创新的重要作用,为国家鼓励支持技术创新提供了理论依据。Rome(1990)在《内生技术进步》一文中提出基于 R&D 的内生增长理论,认为企业将更多的生产性资源投入 R&D 追求利润最大化促进技术进步。该理论指出企业 R&D 投入促进技术进步对宏观经济发展的重要作用,揭示了企业是技术进步的重要源泉。技术创新理论是从技术进步对宏观经济影响的研究肇始的,但对其影响宏观经济的机制揭示还不够系统、深入。(2)技术创新动因。20 世纪 50 年代卡特和威廉斯提出"技术推动"技术创新模型,认为技术创新始于科学发现。如牛顿力学、相对论等科学史上的重大发现引发了众多技术创新。20 世纪 60 年代梅耶(Myers)和马奎斯(Marquis)提出"需求拉动"技术创新模型,认为技术创新由市场需求引发。市场需求引发的技术创新不胜枚举,如大多数医疗设备、大多数交通运载工具等技术创新均由需求引发。Rothwell(1992)认为技术创新源自技术推动,市场拉动,通过反馈实现研发和营销的耦合推动技术创新。技术创新动因可能因技术性质、需求性质等不同而不同,大多数技术创新是技术和市场互动的,但主导动因不同。技术创新动因的研究使技术创新理论研究回归技术本身。(3)技术创新过程理论。美国学者 Utterback 和 Abernathy(1975)提出了技术创新动态理论模型(即 A－U 模型),描述了技术创新过程中产品创新与工艺创新的动态规律。英国经济学家 Dosi(1982)提出技术规范—技术轨道模式认为,技术创新演化过程中包含了技术累积性的渐变和跃迁式的突变过程,突破性技术改变原有技术轨道。Foster(1986)指出技术演化过程呈现 S 曲线特征,新旧技术 S 曲线之间存在突破性技术跳跃。Anderson 和 Tushman(1990)提出技术循环模型,认为技术创新是突破性技术和渐进性技术交替循环的过程。该理论将研究重点投向技术的性质和特点、技术发展全过程特性以及技术创新产业化特点,并与产业化密切结合,将理论研究引向深入。该理论也揭示突破性技术创新的性质、特点及其与渐进性技术创新的关系,推进了突破性技术创新理论发展。(4)技术创新链理论。随着技术创新理论积累和研究深入以及技术创新实践发展,技术创新链理论的出现水到渠成。Kline 和 Rosenberg(1986)认为技术创新是一个知识基础、商业界、政府、市场互动的"创造性破坏"的链环过程,呈现互融互通、循环开放、网络化特征,是一条循环创新链。Bamfield(2006)指出创新链由试探研究、工艺开发、试制、市场启动、建立生产和销售五个阶段构成,商业化是基本出发点。洪银兴(2011)认为以科学发现为基础的技术创新,包括科学发现和知识创新、新技术孵化和新技术产业化 3 个环节。该理论阐明技术创新呈现链式发展和阶段特性,前阶段发展诱发下阶段发展,下阶段发展会拉动上阶段发展,因果联系紧密,诸多非技术因素参与技术创新过程并以非线性方式发挥作用。该理论研究最接近技术创新实践,对技术创新包括突破性技术创新实践具有很强的指导作用,标志着技术创新理论发展趋于成熟。

(二)技术创新衍生理论

随着技术创新理论发展趋于成熟,技术创新理论与其他学科交叉融合发展趋势的增强,衍生出了一些技术创新理论,这些理论是技术创新的外围理论,以独特视角揭示技术创新规律,与基础技术创新理论相得益彰,是技术创新基础理论的有益补充。主要的衍生理论有:(1)技术共生理论。该理论受生态学启发而发展起来。Hannah 和 Freeman(1977)认为技术发展呈共生状态,单一技术发展离不开技术生态系统。毛荐其等(2011)认为技术系统由核心技术、相关联的补充性技术和支撑技术所构成,它们相互依存、相互制约,形成共存共生、共同进化的技术共生体。李纪珍(2006)认为产业共性技术处于政府和企业之间的中间地带,它对产业技术水平、经济和社会效益有巨大带动和影响作用。当今科学技术日益分化和深化,在多学科交叉融合式技术创新大行其道的时代背景下,技术共生更加明显。对突破性技术创新而言,突破性技术很可能是一个技术生态系统,核心技术是突破性的,技术生态系统的其他技术未必一定是突破性的,但这些技术对突破性技术创新发展不可或缺,有可能起很大促进或制约作用。(2)技术机会理论。Nieto和Quevedo(2005)认为技术机会是在给定的技术领域,企业在时间和成本上易于产生创新的可能性。也就是说,在同一技术领域存在多种可能技术创新路径,不同创新者在同一领域的技术创新在内容上具有相似性。选择何时以何种方式何种力度开展技术创新最为有利是技术机会理论的重要内容。技术机会的扫描、预测和恰当决策是企业技术创新的重要方面。(3)技术跨越理论。荷兰学者 Luc Soete(1985)最先提出技术跨越概念,认为技术后发者可通过不断模仿达到跨越。技术跨越理论是在研究技术后进者、特别是发展中国家如韩国、日本等技术赶超过程中发展起来的理论。韩国学者 Keun Lee 和 Chaisung Lim(2001)提出技术跨越的两种路径。该理论对跨越的前提条件、跨越的基础、跨越的实现机制等研究尚不够系统深入,该理论处于发展初期。(4)技术创新商业化理论。它由技术创新商业化失败率高的现实引发,研究起步较晚,也不够深入系统。如 Teece(1986)开创性地提出独占性、互补资产以及主导技术影响企业技术创新商业化的理论模型。Branscomb 和 Auerswald(2003)将发明创造转化为市场需求的巨大鸿沟称为"达尔文之海",这是一个经过大量优胜劣汰的技术供给与商业需求对接的生死之海。技术商业化是技术创新后端最关键环节,最终决定技术创新成败,但它是理论研究相对薄弱的环节。对风险更高的突破性技术创新而言,商业化显得更加重要。

(三)技术创新发展的新趋势

近些年技术创新理论发展越发多元化,理论发展速度越来越快。主要有三种理论发展趋势:一是 Chesbrough(2003)提出的开放式创新理论。它是有意识地利用知识流入与流出加速企业内部创新,利用外部创新来扩张市场的一种创新模式。这很大程度上颠覆了过去企业主要依靠自有资源创新和相对封闭的创新方式。开放式创新条件下企业技术创新方式发生剧变,最佳方式是在与外部技术资源交流、合作、竞争或并购过程中,大力提高自主技术创新能力,同时最大限度利用外部资源加速技术开发速度、降低技术开发成本、提高自身技术资源价值。二是创新网络理论。在经济全球化、网络化、管制放松的全球经济环境下,Imai 和 Baba(1989)提出创新网络是企业系统性创新的一种基本制度安排,之后创新网络理论快速发展,研究越来越深入广泛,该理论与开放式创新理论协同对技术创新产生了深刻影响,对突破性技术创新影响也是如此。三是突破性技术创新理论。Abernathy 和 Utterback(1978)最早提出突破性创新的概念和理论。随着突破性技术的不断出现及成功产业化,突破性技术创新受到越来越多关注,相关理论研究快速发展,对技术创新理论和实践产生了越来越深刻的影响。突破性技术创新是在技术创新理论深入发展过程中产生的,该理论发展深受技术创新理论影响,同时必然受开放式创新理论和技术创新网络理论的深刻影响。

第二节　研究问题和研究价值

一、研究问题

从近代迄今,中国仁人志士在孜孜不倦地探索赶超世界先进技术之道,矢志不渝地走科技强国实现民族复兴之路,但道路艰辛曲折,可谓路漫漫其修远。十九世纪中期爱国志士魏源提出"师夷长技以制夷",清朝政府发起洋务运动,大力引进西方先进技术兴办实业以图强国富民,1894 年甲午海战失败残酷地证明洋务运动不成功。北洋政府和民国政府时期全面战乱和动荡严重阻滞技术创新发展。新中国成立至改革开放,在科技教育落后的条件下,广揽海外中华科技英才如钱学森等,最初引进苏联技术,后开展封闭式技术创新,奠定了国家发展现代工业和科学技术的良好基础,但赶超世界先进技术成效有限。改革开放后,先后经历了技术引进、以市场换技术、"二次创新"、自主技术创新几个技术追赶阶段,如今中国主要产业如钢铁、汽车、彩电、手机、大多数关键装备制造等技术取得了长足进步,但依然相对落后,通信设备、高铁、海工装备、电力设备、量子通信、高超音速武器等技术大大缩小了与世界先进的差距或实现赶超。实践证明:技术引进、以市场换技术在特定阶段有积极作用,但长远看对技术赶超不利;"二次创新"式技术赶超实效远低于预期;自主技术创新是比较有效的技术赶超之道,中国大多数技术赶超成果主要在实施自主技术创新的企业或产业获得,如华为的通信设备、振华重工的海工装备等。回顾近现代科技发展史,国家间实现科技赶超最成功最典型的是一次世界大战后美国、德国超越英国,而"二战"后日本部分赶超美国、苏联在美苏争霸期间缩小与美国差距或局部赶超、韩国 20 世纪末期前后部分产业技术赶超等还不够持久稳固。可见,大国家间局部技术赶超相当艰难,全面赶超极为困难。

世界大国间技术赶超是教育、基础科学研究、产业发展、创新制度、创新活动等长期竞争发展的综合结果,但更重要的是尊重和利用技术创新规律的结果。现代科学技术向生产力转化过程中,一般经历科学发现、技术发明和技术商业化三个紧密联系、密切互动的链式环节。从科学史及科学发现实践看,基础科学研究是国家创新系统最基本最重要的职能,科学发现主要由基础科学研究承担,主要由高校或专业研究机构完成,很小部分由企业或个人取得,如美国贝尔实验室科学家十多次获诺贝尔奖。技术发明主要由企业完成,相当一部分由基础科学研究机构或个人完成,国家往往给予补贴等多种鼓励,世界 PCT 发明专利主要由企业和在企业任职者持有。技术发明的取得建立在企业长期投资形成的出色研发能力和发明者的技术灵感及努力上。技术商业化全部由企业完成,商业化门槛相对较低,企业可选择多种方式参与。技术商业化是技术创新末端最重要的环节,它不仅决定技术创新成败,而且可诱发更多技术发明,拉动基础研究,实现科技创新良性循环。因此,技术创新商业化成功是决定科技创新发展的最终决定力量。在科技创新中,既有科学技术发展推动商业化完成的技术推动过程,也有技术商业化对技术发明和科学研究提出需求的市场拉动过程,有时二者交替或共同发生作用推进技术创新。

当今时代是科技主宰的时代,是科技大放异彩的时代。美国微软公司在电脑视窗操作系统的霸权、英特尔公司和 AMD 公司几乎垄断世界电脑核心部件 CPU 供应、思科公司主导世界网络设备市场、苹果公司 IPhone 手机热销等,这些企业借科技创新崛起,成长迅猛,世界领先。1999 年科索沃战争中美国将现代信息技术和 B - 2 隐形战略轰炸机、B - 1 远程战略轰炸机等尖端武器一体化使用震动寰宇。欧洲豪华汽车劳斯莱斯、兰博基尼、宾利等闪耀世界豪车市场,瑞典爱立信公司引领世界通信技术发展等,这些世界优秀企业基业长青,世人艳羡。这些说明先进科学技术是企业强大、国家经济发展、社会进步和国防巩固的支柱。美国科学技术在世界独占鳌头,德国和日本科技先进闻名世界,以色列科学技术让世界刮目相看,标志世界科学重大发现的诺贝尔物理、化学、生理或医学、经济学奖主要被美、英、德、法等国科学家获取。反观中国,除屠呦呦获诺贝尔生理或医学奖外,世界基础科学领域的重大科学理论发现难觅中国人身影,尚无人问鼎诺贝尔物理、化学、经济学奖,中国大学缺大师,中国拥有 PCT 发明专利占世界比重很小,当今世界有影响的重要产品鲜有中国人发明创造;中国相当多重大和关键设备主要依赖进口,美国限制高技术产品出口中国、欧盟对中国禁售高科技军事武器;中国低端制造业利润仅 5% 左右,但西方高科技产品利润相当丰厚,欧洲豪车利润高出成本几倍甚至 10 倍。因此,科技落后使中国企业在激烈地国际竞争中惜败,技术创新水平低是制约企业竞争力提高的最根本问题,也是攸关国家强大的最根本问题,然而,技术创新追赶、跨越的可行路径又在哪里呢? 这是本文研究的核心主题。

二、研究价值

在中国基础科学研究和技术创新能力不强的条件下,开展难度和风险更大的突破性技术创新的胜算多大,有什么价值呢? 渐进性技术创新在现有技术轨道和技术范式下开展技术创新,世界先进国家在相关领域基础科学研究积累远比中国深厚,拥有众多发明专利且实施有效专利战略,形成很高的专利壁垒,而且专利一般与发达的产业化协同发展,产业竞争优势强劲,中国渐进性技术创新赶超它们难度非常大,如中国钢铁、汽车产业的技术创新等。渐进性技术创新主要依赖企业持续的技术创新投入、R&D 能力积累、企业适宜的技术创新机制以及国家创新系统、制造业技术达到一定水平等条件,具有很强的路径依赖特征,一般耗费资金量巨大,需要时间较长。基础科学研究水平、PCT 专利拥有量、企业能力及渐进性技术创新的性质等决定了中国主要产业的技术赶超是一个需要长期努力竞争的艰辛过程。据 2016 年4 月自然出版集团公布的全球自然指数国家或地区排名,中国居全球第二,而美国指数是中国的 2 倍多,中国与德国、英国差距较小。2014 年自然出版集团推出的自然指数依据各国或各科研机构在每年发表的约 6 万篇高质量科研论文中贡献情况,既计算论文总数,又计算不同国家和机构在每篇论文中的相对贡献,通过加权计得出。自然出版集团是世界最权威、最有名望的学术杂志出版机构,是世界少有的发表多学科最新科学研究成果的出版集团,公认在该杂志发表论文数量是国家基础科研实力的重要反映。中国科研论文数量增长快,质量提高幅度也快,但中国基础科学研究赶超世界强国,特别是美国,道路将相当漫长。基础科学研究相对落后将长期严重制约中国技术创新全面赶超美、欧盟等发达经济体,特别是在量大面广的渐进性技术创新领域,因此,中国渐进性技术创新应有所为而有所不为。

突破性技术创新根本不同,存在越来越多诱人的技术赶超机会。突破性技术创新大多属新兴科学技术领域,一般开辟新技术轨道,在新技术范式下创新。中国与世界发达国家在有关领域基础科学研究差距不大,世界银行和国务院发展研究中心课题组研究(2013)认为中国前沿性技术和突破性发现极有可能在2020后发生,相关发明专利申请和产业化同处于起步期,中国企业并无明显劣势。中国企业已取得一些突破性技术创新成果,典型的如近几年潘建伟院士等发明的量子通信技术,2000年后三一重工的混凝土泵送技术、中国数字电视技术等,20世纪90年代大唐电信等企业的3G通信技术,20世纪80年代王选院士的汉字激光照排技术、中科院福建物质结构所的非线性光学晶体材料LOB和BBO技术、中科院王震西院士的钕铁硼永磁体材料技术等,这些成果是中国情境下突破性技术创新的开拓者和引领者。不仅如此,中国社会各界对发展新兴技术产业形成广泛共识,政府政策支持力度越来越大,新兴技术产业链日益发达,发展环境持续优化,高智商高素质低成本的人力资源丰富,国内市场广阔,中国企业突破性技术创新可以有更大更多作为,这些对发展突破性技术创新非常有利。相对渐进性技术创新,从基础科学研究、技术专利拥有量、技术商业化等方面与世界发达水平比,中国发展突破性技术创新更具比较优势。不仅如此,根据技术循环理论,突破性技术创新发展到一定阶段将转变为渐进性技术创新,今天的突破性技术创新不远的将来会成为渐进性技术创新,突破性技术创新与渐进性技术创新实质是相互促进的,发展突破性技术创新是预防在新技术创新领域再度落后和技术赶超的重要突破口。

在基础科学研究和技术创新落后的情况下,开展突破性技术创新的理论和实践可行性怎样呢?技术创新分为科学创新、技术发明与技术商业化三个环节,它们紧密联系、相互促进形成了技术创新链。从理论上看,技术创新基本路径有三条:第一条是沿技术创新链由科学创新向技术商业化顺向发展,这是美、英、德等先进国家的技术创新路径,它以高水平、雄厚、发达的基础科学研究和技术商业化能力为依托,是效益最好难度最大的路径。第二条是依赖有限的基础研究和技术能力,引进国外先进技术,消化、吸收技术,再进行改进提高或赶超型技术创新,也就是吴晓波和倪义芳(2001)所谓的"二次创新",技术水平达到一定程度后开展技术发明,最后是科学创新。这是基础科学研究薄弱、经济技术落后的发展中国家普遍的技术创新路径。由于此类技术创新中企业技术创新能力一般成长慢,跟不上发达国家企业技术创新速度,大多数陷于一波又一波的"二次创新"中,与西方企业技术创新能力差距很难缩小,技术水平长期落后,这是中国不少企业技术创新惨痛经历的真实写照。第三条是最主要力量投入高水平产品技术创新,大力开展技术发明活动,有选择地进行基础科学研究追赶世界先进水平,以先进的产品技术创新拉动技术发明,通过小部分基础科学研究推动技术发明再推动产品创新,三个环节良性互动,努力缩小技术差距,10～20 年内在部分技术领域赶超世界先进水平,这是日本、韩国等国家 20 世纪走过的成功技术创新道路,中国正在循此道前行。

主攻技术发明,优选基础研究领域赶超世界前沿科学技术是中国技术创新的可行路径。国家极为重视科学技术发展和基础科学研究,特别是 2006 年提出建设创新型国家目标后,研发投入从占 GDP 不足 1% 快速上升到 2016 年的 2.08%,政府出台了系统支持科技创新的战略,国家创新系统不断完善,技术创新能力不断发展,基础科学研究水平持续提高,企业技术创新日趋活跃。如 2014 年 SCI 收录中国科技论文 26.35 万篇,连续第六年居世界第 2 位,占世界总数的 14.9%,2014 年 EI 数据库收录中国论文 17.29 万篇,占世界论文总数的 31.6%,居世界第 1。中国各学科论文 2005—2015 年被引用次数处于世界前 1% 的高被引论文15011 篇,占世界的 11.9%,居世界第 4 位,这些论文总体质量与世界先进水平差距较大,但总体质量提高较快,高质量国际论文快速增加,其中中科院、清华大学、中科大和深圳华大基因研究院等在有关基础科学的细分学科领域达到国际领先水平。从技术共生理论和技术机会理论分析,国家基础科学研究发展到一定阶段和水平后,部分企业技术创新能力随之成长壮大。由于一般基础科学研究成果可公开获得,通过查询发明专利可掌握世界最先进技术进展和部分技术细节,企业可从事相关支撑技术或互补技术发明,或者直接以不同技术路径发明核心技术,径直进入世界最先进技术创新链,在技术发明上努力追赶世界先进,经过一定时期快速发展可跻身世界一流,实现技术跨越,华为、中兴和中星微电子等企业的技术创新路径基本如此。在互补性技术和支撑技术领域可以有更大作为,如邓国顺和成晓华发明的闪存盘技术领先世界;在技术商业化领域大有可为,如中国企业并不掌握太阳能光伏发电和风电核心技术,但选择产业链中具有竞争优势的制造环节介入,现在该产业国际竞争力很强,在世界市场所占份额不小。太阳能光伏发电产业竞争优势超过了掌握核心技术的英国等国家,行业主导企业技术研发能力也在快速成长。

因此,从科技创新基本规律和国际基础科学研究、技术发明、技术商业化等比较优势,中国长期存在科技创新与经济发展脱节严重、技术成果转化率低的现状,以及从国家技术赶超、经济社会发展需要、国家政策等方面考察,突破性技术创新研究对推进技术创新理论加快发展,对于指导企业自主技术创新实践,赶超世界先进技术,实现技术跨越发展,提高产业国际竞争力等,具有极为迫切和重要的现实意义和长远的战略意义。在面临剧烈的世界经济科技竞争,以及国内产业转型升级、资源环境巨大压力、发展创新驱动型经济等时代背景下,发展突破性技术创新有利于抓住世界科技经济发展新机遇,更好地参与世界科技经济竞争,有利于赶超世界先进技术实现技术跨越发展,有利于推进创新型国家建设。

由于非制造业突破性创新主要由商业模式变革驱动,制造业突破技术创新主要由一套完全不同的科学原理或工程原理驱动,二者明显不同。本文研究对象是制造业突破性技术创新,称之为"突破性技术创新",其含义与"突破性创新"含义完全相同,仅是为研究便利所做的字面区别。突破性技术创新有其特殊规律,商业化是其最重要的关键环节,也是技术创新实践中的难点,理论界对此系统研究较少,中国在技术创新商业化中具有独特优势。本文试图在中国情境下以案例研究突破性技术创新规律及其有效实现机制,以推动相关理论研究和技术创新实践更好更快发展。

第三节　研究内容和研究方法

本节简述主要研究内容和研究方法。

一、主要研究内容

基于对中国企业技术创新实践和技术创新理论的分析,主要研究内容如下:

一是突破性技术创新是企业提高自主创新能力,实现技术创新跨越发展的主要路径之一。全面分析当今世界企业竞争现状,显而易见技术创新水平低是中国企业国际竞争力不强的最主要原因。通过全面考察日本、韩国企业技术跨越赶超的成功经验,近代自洋务运动到建国初期引进苏联技术、改革开放后全面引进世界先进技术但技术创新能力依然羸弱的深刻教训,以及华为技术、三一重工等企业技术创新的成功实践,从国外国内技术创新实践正反两方面的对比分析发现,自主技术创新是提高企业技术创新能力唯一正确路径。深入研究技术创新理论和实践,比较渐进性技术创新和突破性技术创新两种技术创新特性及其实践,发现突破性技术创新是企业实现技术跨越发展的主要路径之一。

二是突破性技术创新机制是决定突破性技术创新发展的关键。通过深入系统的理论研究发现,与渐进性技术创新比,突破性技术创新具有成长性高、创新周期长、投资规模大、收益高,以及风险大、成功率很低的特性,大多企业视其为畏途,严重影响企业技术创新积极性,根源在于对突破性技术创新规律把握不到位。本研究通过深入的理论剖析和理论拓展构建了突破性技术创新机制理论模型(见图1.5),以促进更好地认识、掌握和利用突破性技术创新规律。接着以案例研究法研究了天士力制药集团股份有限公司复方丹参滴丸、三一重工股份有限公司拖泵和泵车、大族激光科技产业集团股份有限公司激光打标机的突破性技术创新机制,并进行跨案例比较研究,证实了理论构建的破性技术创新机制理论模型的有效性。

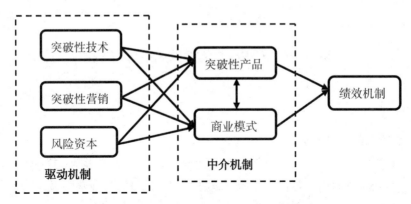

图1.5 突破性技术创新机制理论的简化模型

来源:作者绘制。

二、研究方法

本研究主要采用了文献研究、案例研究、实证研究、比较研究等方法。

文献研究法通过系统梳理中英文创新文献,深入研究突破性技术创新的概念、特性等,以及密切相关的机制、商业模式、突破性营销等理论,将这些理论作为研究的主要理论基础,用于指导理论研究和实证研究。

案例研究法是人类学、社会学和管理学的主要研究方法之一,常常用于研究实践中已经或正在发生的引人注目的社会、经济现象,尝试探索发现隐含在其中的某些规律或理论,以构建或发展理论。案例研究遵循理论抽样原则,研究对象必须足够典型。如本研究中选择的天士力复方丹参滴丸等三个突破性技术创新案例,正在发生、足够典型,此类技术创新案例在当今中国较少,不适合定量研究或者定量研究无法揭示中国情境下突破性技术创新的某些特殊规律。案例研究形成了一整套研究方法,详见第六章《案例研究设计》。

实证研究。选择了国内三个企业案例深入系统研究,再比较三个案例研究的异同,推进案例研究深入发展。本研究以三个案例企业十多年的年度销售收入及其增长率数据,与其他标准协同,验证理论研究中断定企业突破性技术创新与渐进性创新阶段转换主要依据的理论正确性。同时,以实证研究证实本研究构建的突破性技术创新机制理论模型的有效性。

比较研究。通过三个案例的跨案例比较,发现三个案例突破性技术创新的相同点及不同点,发掘案例研究中发现的真知灼见,深化案例研究,推动理论研究深入发展。

第四节　研究技术路线和总体结构

一、研究的技术路线

本研究历程。本研究技术路线在长期研究过程中逐步形成,主要研究过程是:(1)初步构思阶段。最初思考始自 2009 年 10 月研究产业集群及主办有关研讨会,到秦川发展、宝钛股份等企业实地参观考察,发现浙江温州和河北等省份的一些产业集群由于技术创新少而逐步衰落。这使作者开始关注技术创新对产业集群的影响以及技术创新在企业快速崛起中所起的重要作用。(2)初步研究。2010 年南开大学读博士,对技术创新的思考更加深入系统。2010 年 6 月、11 月撰写并中标的技术创新领域的纵向科研课题有:天津市哲学社会科学规划课题(批准编号:TJGL10 – 867)、国务院侨务办公室课题(批准编号:GQBY2011002),2010年 9 月撰写并中标的金融领域课题是天津市科学技术委员会课题(批准编号:10ZLZLZF07300),在这些课题研究过程中,深入研究了技术创新及相关的金融领域,逐步加深对技术创新的理解,发现突破性技术创新是非常重要的一类技术创新。(3)专业研究。2011 年 9 至 12 月撰写《突破性创新战略管理研究——基于风险投资的视角》,2012 年 9 月在 CSSCI 期刊《当代财经》发表。2011 年 4 月构思企业 R&D 能力与创新网络论文,先作为课程论文成果,2011 年 12 月继续深入研究,2012 年 7 月完成论文《开放式 R&D、R&D 网络与 R&D 能力的互动演进——跨案例的纵向比较研究》,2013 年 6 月在国家自然基金委认定的重要管理学期刊《科学学与科学技术管理》发表。通过撰写这些论文,深入系统地研究了突破性技术创新,为学位论文开题和研究打下了比较坚实的基础。(4)撰写论文。2012 年 5 月开始构思博士学位论文,2012 年 10 月导师组讨论开题报告,提出修改意见,2013 年 8 月开题,2014 年 3 月完成论文。在前期研究和文献综述基础上,研究构建突破性技术创新的理论模型,通过案例研究验证发展模型,最后得出研究结论。研究技术路线如图 1.7 所示。

二、总体结构

根据研究的技术路线,本研究由十一章组成。

第一章绪论,分析研究背景,确定研究问题、研究的逻辑思路,以及研究目标、研究内容、研究方法、研究意义等,确定研究的总体结构等。

第二章文献综述,梳理了国内外创新理论、技术创新理论、技术创新核心——外围阶段有关理论,研究了与突破性技术创新密切相关理论如商业模式理论等,奠定突破性技术创新研究的理论基础。

第三章研究机制功能及突破性技术创新机制理论模型构建、运作及功能。

第四章研究突破性技术创新的主要驱动机制——突破性技术机能、突破性营销机能、风险资本机能,以及这些机能的形成及作用机制等。

第五章研究突破性技术创新的主要中介机制——商业模式和突破性产品及其机能的形成及作用机制。

第六章案例研究设计,阐述案例研究理论及方法,采用案例研究的原因,本研究案例企业选择的依据、标准、过程,以及案例研究总体设计等。

第七章天士力突破性技术创新案例研究,并将研究结果与理论研究结果进行模式匹配,以检验、验证和发展理论。

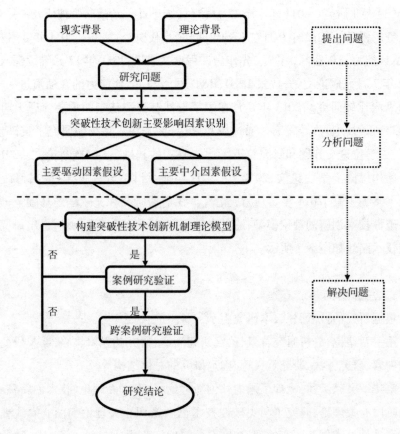

图 1.6   本研究的技术路线

第八章三一重工突破性技术创新案例研究,并将研究结果与理论研究结果进行模式匹配,以检验、验证和发展理论。

第九章大族激光突破性技术创新案例研究,并将研究结果与理论研究结果进行模式匹配,以检验、验证和发展理论。

第十章跨案例比较天士力复方丹参滴丸、三一重工拖泵和泵车、大族激光打标机突破性技术创新机制,推进案例研究深入发展,以检验和发展理论,提出案例研究的理论新发现。最后评估本案例研究过程,确保案例研究质量。

第十一章研究结论、研究创新点、研究意义,研究局限及未来研究展望。

第二章

文献综述

创新理论源于熊彼特20世纪初的宏观经济理论研究,索洛在近半个世纪后构建了揭示技术进步重要作用的索洛模型,技术创新理论自此快速发展。到20世纪90年代前后技术创新理论趋于成熟,核心理论分化、深化发展,突出表现为渐进性技术创新和突破性技术创新、原始创新、不连续技术创新等理论的出现和快速发展,这些理论概念既交叉发展又相互影响。与此同时技术创新理论出现衍生化趋势,在核心理论外围出现技术机会理论、技术跨越理论和技术共生理论等次生理论,直接影响核心理论如突破性技术创新理论发展,技术创新理论进入核心—外围发展新阶段。突破性技术创新理论是技术创新理论发展到一定阶段的产物,它既受技术创新核心理论发展支配,也深受技术创新衍生理论影响。突破性技术创新理论发展的逻辑如图2.1所示。梳理突破性技术创新发展的理论背景

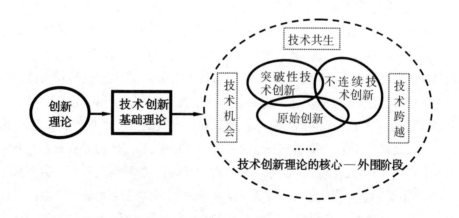

图 2.1 技术创新理论演进的逻辑模型

来源:作者绘制。

和脉络对深入研究突破性技术创新具有重要的理论和现实意义。在技术创新最末阶段即技术商业化阶段,有更多的非技术资源进入技术商业化过程,突破性技术创新也如此。突破性营销、风险资本、商业模式及产品创新等已深深融入突破性技术创新过程中,下文研究这些理论。

第一节　创新理论

人类创新活动源远流长,但熊彼特提出创新理论时已是 20 世纪初,该理论源于宏观经济理论研究中对企业微观创新行为的系统考察,是创新理论研究的源头。经过数十年停顿后,创新理论研究重新复兴,出现了创新理论和技术创新理论的分化发展,创新理论研究主要沿宏观经济视角发展深化,技术创新理论在微观层次快速发展。宏观创新理论阐明了技术创新与经济发展的关系,为微观技术创新发展提供基础理论支持,技术创新理论发展不断丰富着创新理论内涵。到 20 世纪末,随着经济全球化深化发展,创新内部条件和外环境发生巨变,创新网络、开放式创新等颠覆传统创新理论的创新范式出现并迅速发展。本节主要研究宏观创新理论、创新网络理论和开放式创新理论。

一、宏观创新理论

宏观创新理论是从宏观经济视角研究创新行为的理论集合体,并非严格的理论体系。熊彼特(1912)在《经济发展理论》中系统提出了创新理论,认为企业创新是经济发展和经济周期波动的重要原因,认为创新是将创建的新生产函数(生产要素重新组合)引进生产体系中推进经济增长。生产要素组合包括采用新产品、采用新生产方法、开辟新市场、掌控原材料或半成品供应来源、创建新生产组织。这五要素中,前两个要素与技术及工艺密切相关,第三第四要素和企业外部市场紧密相连,第五要素涉及企业内部管理。可见,熊彼特创新理论认为创新是与技术、市场和企业管理密切相关的复杂商业过程,成功创新取决于企业内部要素和外部要素的相互作用,既有技术因素作用也有非技术因素作用。熊彼特认为创新内生于生产过程,是一种革命性变化,必须创造新价值,主体是企业家等,突出强调生产技术革新和生产方法变革对经济发展的作用。该观点明确指出了创新必须商业化以创造出新价值,商业化是判定创新成败的唯一标准。后来经济学家研究发现熊彼特式创新可使创新者获得相应的经济租金,此种创新所获经济租金被称为熊彼特租金。20 世纪 50 年代后,新熊彼特学派继承其学术传统,研究了新技术扩散,技术创新与市场结构、企业规模的关系等问题。索洛(1956)在《对经济增长理论的一个贡献》一文中提出索洛经济增长模型:

$$Y = A * F(K, L)$$

其中:Y——经济产出;

A——技术发展水平;

F——总增长函数;

K——资本;

L——劳动

该模型认为劳动、资本和技术进步对经济增长做出了贡献。1957 年他在《技术进步与总生产函数》一文中推算出 1909—1949 年美国制造业总产出约有 88% 归因于技术进步,实证证明技术进步是经济增长的主要动力。索洛从宏观经济角度定量论证了技术进步对经济增长的重要贡献,将创新理论研究重点聚焦到技术进步与宏观经济关系方面,是熊彼特创新理论的深化和发展。戴维斯和诺斯(1971)在《制度变革与美国经济增长》一书中提出了制度创新理论,认为制度是经济增长的关键,技术发展必须用产权制度保护发明者收益,从而促进经济增长,论证了知识产权制度对技术创新及经济发展的重要作用。制度创新理论指明了国家宏观经济制度安排对经济增长的影响,是熊彼特创新理论的完善和发展。20 世纪 80 年代英国学者弗里曼和美国学者纳尔逊等提出国家创新系统论,认为除了企业努力外,国家创新系统推动企业技术创新。国家创新系统是一个国家内参与创新的企业、政府部门和机构等相互作用形成的关系网络和运行机制的综合体系,通过国家制度安排及政策激励引导,推动技术创新传播、扩散和应用,不断提高国家技术创新绩效。国家创新系统的理论基础是技术创新理论和新增长理论等。国家创新系统建设是一项长期系统工程,是国家创新能力的基础和依托,但大多数情况下它对企业技术创新的影响是间接的。Rome(1990)提出基于 R&D 的内生增长理论,认为企业将更多的生产性资源投入 R&D 追求利润最大化而促进技术进步,技术进步是经济增长的内生变量,但一些新古典论理论学者对该理论提出批评,该理论继承和发扬了熊彼特的创新思想。

二、创新网络理论

随着经济全球化及信息网络、交通等技术发展,在技术创新日益复杂,技术知识分散化和技术人才流动性增大,企业技术创新周期缩短、不确定性和风险增大等背景下,技术创新网络化趋势日益明显。Imai 和 Baba(1989)最早提出创新网络概念,认为它是应付系统性创新的基本制度安排,网络构架的主要联结机制是企业间的创新合作关系。创新网络主要指企业在创新活动中为更有效更迅速实现创新目标,与供应商、顾客、竞争者、高校科研院所等科研机构、政府、市场中介、金融机构等多主体构成的获取信息、技术、资源和促进合作的混合网络。Freeman(1991)认为创新网络关系的主要类型有:直接投资、合资公司、合作 R&D 协议、合作研究项目、生产分工网络、供应商网络、技术交流协议、技术许可、研究协会等。郝迎潮和万迪昉(2008)认为企业创新网络特点是:核心内容是合作创新;合作关系的稳定性、长期性;合作形式的开放性;网络关系联结的多元性;网络关系驱动力是组织学习。

企业与创新网络的关系是创新网络理论研究的最重要内容,此种关系与企业在创新网络中的地位、作用以及对创新网络功能的利用等密切相关。格兰诺维特(1985)将其分为结构性嵌入和关系性嵌入。结构性嵌入主要包括网络规模、网络密度、中心性三方面,反映网络整体特性。网络规模一般用企业联系的创新伙伴总数表示,网络密度一般用企业与创新伙伴间的关系种类数目表征,中心性是企业与网络中第三方联系的总状况及其所带来的网络优势。关系性嵌入主要包括企业与创新伙伴的联系频率和联系持久度。联系频率可用企业与创新伙伴在特定时间内联系次数表示,联系持久度指企业与创新伙伴交流的时间跨度。不同的网络关系类型对创新具有不同的作用和功能。蔡宁和潘松挺(2008)实证研究发现企业网络的强弱关系与技术创新模式存在耦合性、呈现协同演化特征。弱关系能够提供丰富异质性信息,有利于探索式创新,强关系可传递复杂知识,有利于利用式创新。Dittrich 和 Duysters(2007)实证发现基于知识探索与知识挖掘的创新网络为企业提供了创新机会、战略弹性以及适应市场变化的能力。企业在外部构建创新网络也会促进内部沟通网络化,推动企业创新。Allen 等(2007)实证研究发现企业研发部门内部的非正式网络可促进利用其新创意,能有效扩散信息。

企业创新网络形成发展演化的动因、功能、作用趋于多元化。当今创新网络已成为企业创新几乎无法回避或抗拒的有效组织形式。Das 和 Teng(1998)认为企业构建创新网络主要是为了获取其他企业优势资源。DeBresson 和 Amesse(1991)认为创新网络内 R&D 创新成本递减促使创新网络形成。Goyal 等(2001)认为面临 R&D 竞争的公司有更多激励构建 R&D 网络链接。邢小强和仝允桓(2007)认为企业技术能力越强,可吸引更多高质量网络关系。可见,创新网络形成的原因有：获取外部资源、降低创新成本、技术创新竞争、技术发展的内在需要等。Rogerio 等（2007）通过案例研究发现创新网络向商业模式提供必要资源可增强企业竞争优势。李玲（2011）认为创新网络就是多组织参与的典型开放式合作创新组织。创新网络还可提高企业对创新机会的感知能力和敏感性，可促进企业充分利用、发掘内外部有价值创新资源，促进构建新商业模式，提高有效应对创新竞争的能力，可加快创新速度，提高企业创新竞争优势。创新网络将企业置身于更加复杂的创新资源、关系和竞争环境中，对企业管理能力、组织能力和应变能力提出了更高要求，使企业面临更高的发展风险和机会成本。

三、开放式创新理论

Chesbrough（2003）最先提出开放式创新概念，认为它是同等重视和均衡协调企业内部、外部创意和企业内部、外部市场化资源开展创新的创新范式。它颠覆了传统创新理论，转变了创新理论研究和实践的范式，已经并将继续产生深远影响。Chesbrough 和 Crowther（2006）将开放式创新分为内向型和外向型两种，前者指企业从外部获取创新资源，后者则是企业将创新资源如技术等出售以获取创新收益。企业获取外部创新资源的主要方式有技术信息、技术交流、技术许可、合作研发、外包、合资企业、并购等。

越来越多理论研究认为，成功实施和运用开放式创新理论有很多影响因素和前提条件。袁晓东和孟奇勋（2010）提出开放式创新必备两要素：知识产权保护和知识产权交易中介市场，制度经济学理论指出产权制度对技术创新发展的重要作用。Enkel 和 Gassmann（2007）研究认为行业特征对企业开放式创新选择有较大影响。Christensen 等（2005）认为不同企业开放式创新管理模式与企业在创新系统中的地位以及技术发展阶段有关。Ulrich 和 Eckhard（2009）提出开放式创新过程中管理企业内外部知识的六种关键能力：发明、吸收、变革、组织、创新和解吸能力。Laursen 和 Salter（2006）认为技术专属权程度与企业开放式创新意愿成正比，并以企业与外部合作创新要素的个数测量开放式创新的开放度。开放式创新既涉及知识产权制度、行业因素、市场因素，也涉及企业相关能力、技术实力及发展阶段等因素，可见开放式创新是宏观与微观、企业外部与内部、技术因素与非技术因素相互作用的长期复杂过程。

开放式创新可明显提高企业创新绩效。陈钰芬和陈劲（2009）研究证实企业开放式创新获得市场信息、技术资源可加快技术创新，提高创新绩效。Hao - Chen

(2011)认为企业采用开放式 R&D,技术创新能力更强。Ulrich(2009)实证研究发现技术动荡程度、技术市场交易频率、技术市场竞争程度增强了外向型开放式创新对企业绩效的积极影响。曹勇等(2011)研究发现企业商业化能力和开放式创新能力对企业专利管理与技术创新绩效之间耦合效果影响十分显著。陈艳和范炳全(2013)以中小企业实证研究了发明、吸收、变革、组织、创新和解吸能力六种企业知识管理关键能力,发现发明能力、吸收能力、连接(组织)能力和创新能力对中小企业的创新绩效具有显著正向影响,而变革能力和解吸能力对创新绩效影响不显著。陈劲和吴波(2012)发现开放度与创新绩效的曲线关系呈倒 U 型。王雎和曾涛(2011)建立以价值创新为起点和核心,包括价值识别、价值创造与价值获取三个维度的开放式创新认知性框架,参透了开放式创新的商业本质。开放式创新对企业创新绩效的影响因外部环境、作用方式、作用过程、企业能力不同而异,但它对绩效的积极影响总体是确定、积极的。

吸收能力与开放式创新。Cohen 和 Levinthal(1990)最先提出了吸收能力概念,认为它是企业评价、同化和商业化应用外部新知识的能力。Van den Bosch 等(1999)认为吸收能力是企业评价、获取、整合和商业化应用外部知识的能力,强调组织特征对企业吸收能力的影响,克服了 Cohen 和 Levinthal 研究忽视组织作用的不足。Zahra 和 George(2002)将吸收能力划分为 2 大类别(潜在吸收能力和现实吸收能力)和 4 个维度(知识获取、知识消化、知识转换、知识应用)。Lichtenthaler(2009)认为吸收能力包含探索性学习、转化性学习和利用性学习三个过程,探索性学习指对外部知识的识别和同化,转化性学习指对所吸收知识的保持和再生,利用性学习指对新知识的转换和应用。有关吸收能力分类及其发生作用过程的分析,有助于深化对该理论的认识,可使企业自觉运用和提高吸收能力。陈劲等(2011)认为提高企业吸收能力是开放式创新成功的关键因素。钱锡红等(2010)研究认为企业知识获取、消化、转换和应用能力有效推动企业创新绩效提升。学者们还从主体层次、产生机制、构成维度、前因及结果变量和实证测量等方面不断扩展和深化吸收能力研究。吸收能力不仅可促进企业绩效提高,也是开放式创新能否成功的关键决定因素之一。

开放式创新出现的原因及其局限。开放式创新的主要原因是:高技能核心员工流动性大大提高,接受高等教育人数快速增长,风险资本快速发展,科研成果商业化有更多选择,外部供应商产业链延伸能力提高。West 和 Gallagher(2006)认为开发内部创新的新途径、实现内部外部创新融合、激励科研人员为外部创新提供持续支持是企业开放式创新面临的三大挑战。陈劲和吴波(2012)认为开放式创新在资源获取方面的局限主要是：难以获取核心技术、难以获取专有互补资产、难以获取能力。开放式创新使企业管理更加复杂、更加不确定，也对企业管理能力提出新要求、新挑战。开放式创新理论研究和实践时间不长，但随着对开放式创新面临问题研究的深入发展，该理论将不断得到完善发展。开放式创新和创新网络在企业创新理论研究和实践中是紧密联系在一起的、相互协同，推动创新发展。

第二节　技术创新基础理论

技术创新基础理论是在创新理论基础上发展起来的，是技术创新发展早期主要理论的集合，是技术创新核心—外围发展阶段的重要理论基础。

一、技术创新定义

数十年来技术创新被下了好多定义，可分为侧重技术创新过程或商业化两类。Enos(1962)认为技术创新是选择发明、投入资本、建立组织、制定计划、招用工人和开辟市场等行为综合的结果。Myers 和 Marquis(1969)认为技术创新从新思想、新概念开始，不断地解决各种问题，最终使有经济价值和社会价值的新技术在实际中成功应用。这两个定义侧重从技术创新源头至市场成功的全过程定义技术创新。弗里曼认为技术创新就是新产品、新过程、新系统和新服务成功商业化。傅家骥(1998)认为技术创新是企业以获取商业利益为目标，高效经营管理，推出新产品、新生产(工艺)方法、开辟新市场等的过程。在 1999 年国务院文件《关于加强技术创新，发展高科技，实现产业化的决定》中，技术创新的定义是企业运用创新知识和新技术、新工艺、采用新生产方式和经营管理模式，提高产品质量，开发生产新产品，提供新服务，占据市场并实现市场价值的经营过程。高建(1997)、吴贵生(2000)、Narayanan(2002)、银路(2004)等认为，技术创新是新技术在生产中成功商业化，包括新发明、新技术研究、新技术开发、新技术商业化及其产业化扩散过程等。这四个定义出现时间相对较晚，均从不同侧面强调技术创新的市场成功及商业效果，反映出技术创新更强调经济效益的时代主张。这些定义的含义有差异，但均认为技术创新是一个技术、经济和社会过程，均以技术成功商业化为技术创新的最终价值追求。本研究认为技术创新是以科学技术为基础，以产品构想为起点,以技术开发推动技术商业化发展,承载技术的新产品获得商业化成功的技术经济过程。

二、技术创新动因

关于技术创新发生原因的观点很多。20世纪50年代卡特和威廉斯提出"技术推动"的技术创新模型,曼斯菲尔德、厄特巴克等也持此观点。该模型中技术创新始于科学发现,依次经历应用开发研究、试生产、商业化生产,最后完成市场销售,各个环节之间是直线关系(见图2.2)。这类技术创新一般由原创技术引发,呈技术推动的线性范式,如相对论引发原子能技术创新、信息技术基础发明引发互联网技术创新等。Myers和Marquis随后提出"需求拉动"的技术创新模型,认为市场是企业R&D构思来源,市场需求驱动产品创新和工艺创新并助其取得市场成功,该模型中技术创新过程是线性的(见图2.3),不少消费电子产品技术创新是市场拉动型的,如小灵通等。Schmookler(1966)对美国1948—1951年铁路、石油提炼等四个工业部门专利与投资关系实证研究发现,技术创新由市场需求引发并发挥关键性作用。Rothwell(1992)认为技术创新源自技术推动、市场拉动,通过反馈实现研发和营销耦合,组织形式趋于网络化(见图2.4)。孙冰(2010)研究发现技术创新的其他动因有市场竞争、利益驱动、成长需要、企业家精神等。技术推动、市场拉动和技术—市场互动三种动因在技术创新实践中都发挥重要作用,技术推动方式以原创技术创新为主,市场拉动方式以消费或需求驱动的产品为主,技术—市场互动以在市场中持续演化的复杂技术为主,其他动因归根到底是这三种动因的间接表现形式。深刻全面认识和把握技术创新发生的原因,对企业加快技术创新速度和提高技术创新成功率具有重要作用。

图2.2 技术推动的线性技术创新模型

来源:作者绘制。

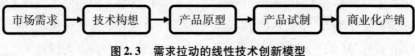

图2.3 需求拉动的线性技术创新模型

来源:作者绘制。

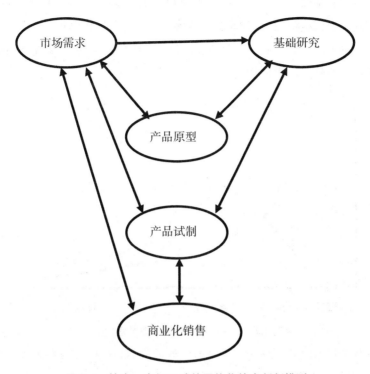

图 2.4　技术—市场互动的网络化技术创新模型

来源:作者绘制。

三、技术创新过程理论

技术创新过程理论是技术创新发展过程规律的理论集合体,主要有 A－U 模型、技术规范—技术轨道模式、S 曲线理论、技术生命周期理论。

A－U 模型及其理论改进。美国学者 Utterback 和 Abernathy(1975)提出了技术创新动态理论模型(即 A－U 模型),描述了技术创新过程中产品创新与工艺创新的动态规律。此模型将技术周期分为三阶段:在初期不稳定阶段,产品创新率高于工艺创新率;在接续的过渡阶段,产品创新率降低,工艺创新率上升并超过产品创新率;在稳定阶段,产品创新率和工艺创新率都降低且二者比率趋于平衡(见图 2.5)。Abernathy 等(1983)改进 A－U 模型进而提出 ACK 模型,研究了创新过程与市场和产品变化之间的相互关系。Daghfous 和 White(1994)将信息维加入 ACK 模型,提出三维创新理论模型,研究了产品创新、工艺创新的动态变化及其与市场和信息的关系。A－U 模型清晰区分了技术创新过程中三个截然不同的阶段及每个阶段的主要技术特点,以及三个不同阶段技术变化规律,对正确认识和实施技术创新,提高技术创新成功率具有重要意义。A－U 模型的两个改进型进一步研究了技术创新过程及其与产品、市场和信息的关系,丰富了该理论内涵,对促进技术成功商业化具有重要作用。

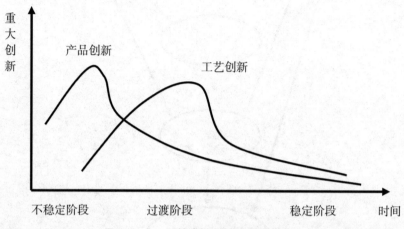

图 2.5　A－U 技术创新动态过程模型

来源:毕克新,艾明晔,李柏洲. 产品创新与工艺创新协同发展分析模型与方法研究[J]. 中国管理科学,2007,15(4):140。

技术范式—技术轨道模式。英国经济学家 Dosi(1982)提出该理论,认为在技术创新发展过程中会逐步形成技术范式,技术在发展中会形成技术轨道。技术范式指运用具体技术和科学原则解决技术问题的模式,技术轨道是在技术范式的基础上解决问题的一般模式。技术创新演化过程中包含了技术累积性的渐变和跃迁式的突变过程,突破性技术改变原有技术轨道。该理论深刻揭示了技术发展规律,与 A－U 模型相互补充,丰富和发展技术创新理论。

S 曲线理论。Foster(1986)认为技术演化过程呈现 S 曲线形状,新旧技术 S 曲线之间存在突破性技术跳跃。Reinhard 等(2007)研究认为突破性技术始于技术生命周期 S 曲线的最前端,越靠近 S 曲线最前端突破性技术涌现的可能性越大(见图 2.6)。S 曲线理论对技术创新发展规律揭示更加形象化,增加了理论的认知度和可操作性。

技术生命周期理论。Anderson 和 Tushman(1990)提出该理论,认为新技术产生于非连续状态,经过技术竞争产生主导技术范式后,技术进入渐进变化状态直至下一个非连续性技术出现,非连续性技术和渐进性技术交替循环发展。该理论表明技术创新具有阶段性和时间性,必须抓紧时间依据技术发展规律推进技术创新。

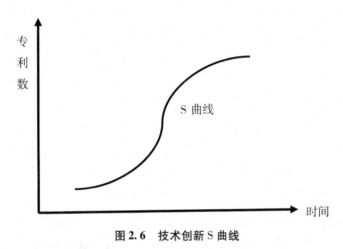

图2.6　技术创新S曲线

来源:作者根据有关资料绘制。

以上这些理论,被理论和实践证实基本是有效的,但也有争论,比如有研究认为技术发展未必完全符合S曲线等,有关理论将逐步被完善、充实和发展。

四、技术创新链理论

Kline和Rosenberg(1986)认为技术创新是一个知识基础、商业界、政府、市场互动的"创造性破坏"链环过程,呈现互融互通、循环开放、网络化特征,是一条循环创新链。Foxon(2003)认为创新链是包含研发、技术开发、市场示范、商业化、市场积累、扩散等阶段的非线性过程。Bamfield(2006)认为创新链由试探研究、工艺开发、试制、市场启动、产品生产和销售五个阶段构成,商业化是基本出发点。王玉民(2012)认为创新链条可分为科学创新、技术发明与产品创新3个环节。技术创新链中内隐技术成长链条和技术商业化发展链条,技术链和商业链互动贯穿于技术创新纵向发展全过程,也贯穿于技术创新各阶段中各创新要素的相互作用,它们相互作用共同推进技术创新发展。该理论说明技术创新过程不单单是技术发展过程,更是技术与非技术、市场与非市场等因素相互作用的商业化发展过程。

五、研发（R&D）理论

研究与开发活动（简称 R&D）一般指企业或科研机构的科学技术创新或新产品开发活动。Alessandro 等（2011）将 R&D 活动分为基础研究、应用研究、试验发展三类，基础研究是应用研究中发明创造的关键。Wolfgang 和 Grimpe（2008）将 R&D 活动分为宽度（多样性）和深度（强度）两类。毛荐其（2009）认为 R&D 活动是作为产品研发底层因子的知识、信息、技术的交互作用，是技术元的重组、嫁接、遗传与变异过程。李占强和李广（2013）提出 R&D 能力发展演进具有路径依赖性和累积性特征，R&D 能力被削弱将很难弥补，代价惨重。R&D 活动最重要的成果之一是产生专利、特别是发明专利，专利是企业技术能力的集中体现和竞争力的重要源泉。Manuel（1990）研究证实专利数与同期的 R&D 高度相关。Kendall 等（2010）实证发现，研发支出与授权专利数正相关，研发支出呈现规模报酬递增的特点，研发支出和新产品之间是正 U 型关系，新产品数和销售增长率及资产利润率正相关。R&D 活动是技术创新基础活动，几乎贯穿技术创新全过程。Cohen 和 Levinthal（1989）认为研发生产信息，增强企业吸收外部信息和利用现有信息的能力。骆品亮等（2004）认为整个研发过程与知识紧密相关，其目的在于通过研究解决问题的原理和方法，通过开发将其转化为产品，从而实现经济价值。刘敏等（2010）研究认为企业 R&D 能力对知识获取和产品创新之间有显著、完全的中介效应。R&D 活动还可增强企业获取外部知识信息和生产知识信息以及开发新产品的能力，对企业技术创新经济效果产生直接影响。汤二子等（2012）实证发现研发提高企业生产率从而提高企业利润，开展研发企业的生产率、利润规模与利润率显著高于未研发企业。Lee（1982）认为决定研发投资的因素是：现有技术水平、决策影响期限、基础研究。R&D 活动是企业增强竞争力和提高利润水平的战略性活动，受到越来越多企业的高度重视。

第三节　技术创新理论的新发展

20 世纪 90 年代前后，技术创新理论出现深化和分化发展趋势，在原有技术创新理论基础上分化出新理论，如渐进性技术创新、突破性技术创新、原始创新、不连续创新等，这些理论发展很快。另一方面，在分化出的主要技术创新理论周围出现了技术共生、技术跨越和技术机会等理论。主要创新理论发展迅速而外围理论发展相对较慢，且外围创新理论受主要创新理论发展影响和制约，这是非常值得注意的理论发展现象（见图2.1）。这与区域经济发展中出现的"核心—外围（边缘）"理论描述的经济现象非常类似。"核心—外围（边缘）"理论由美国学者John Friedmann（1966）在《区域发展政策》一书中提出，它描述发展中国家中创新往往从大城市中心向外围地区扩散，城市核心区是具有较高创新变革能力的地域社会组织子系统，外围区是依附于核心区并由其决定的地域社会子系统，核心区与外围区共同组成完整的空间系统，核心区居于支配地位。技术创新理论发展呈现出的理论图景与区域经济发展中出现的核心—外围经济图景极为相似。因此，本研究将技术创新理论发展新阶段出现的此种理论现象称为"核心—外围"理论发展阶段。本节将研究技术创新发展新阶段出现的主要理论。

一、突破性技术创新概念

（一）突破性技术创新定义

在创新研究中常遇到"破坏性创新"、"突破性创新"、"颠覆性创新"、"不连续性创新"、"原始创新"、"渐进性创新"、"架构创新"等词汇，英文词汇也有"Radical Innovation"、"Breakthrough Innovation"、"Disruptive Innovation"、"Discontinuous Innovation"等，这些中英文词汇中，有些含义相同或相近，有些含义交叉，有些含义差别很大，有些含义差别较大的概念常被混用，给理论研究、学术交流和指导实践造成很大阻碍。必须明确清晰定义突破性创新，以便更好地开展相关研究，指导实践。

Abernathy和Utterback（1978）最早提出突破性创新概念后，其他学者也提出了定义，主要有：

（1）Dewar和Dutton（1986）认为突破性创新建立在一整套不同的科学和工程原理之上，它常常开启新市场和潜在应用，可能导致整个产业重新洗牌。

（2）Tushman和Anderson（1986）认为突破性创新是一种高度非连续性和革命性本质能力突破型创新，需要全新科技知识和资源。

（3）Anderson和Tushman（1990）提出突破性技术引起激烈的技术变化，最终会形成一个主导设计。

（4）March（1991）认为突破性创新是指一种全新产品或全新工艺，或者两者兼而有之。

（5）Rajesh 和 Tellis（1998）认为突破性创新是指企业引入与现有产品不同技术或能够比现有产品更好满足关键用户需求的新产品。

（6）Kotelnikov（2000）认为突破性创新是产品、工艺或服务具有前所未有的性能特征或者具有相似特征，但性能和成本有巨大提高，或者创造出一种新产品。

（7）Tidd 等认为（2001）突破性创新涉及新技术开发、产品设计、试制、生产、市场营销等一系列环节，是研发、组织、营销、管理等一系列活动综合作用过程。

（8）陈劲（2002）指出突破性创新是基于突破性技术的创新。

（9）Thomond 等（2003）认为突破性创新是一种成功的开拓性产品、服务或商业模式，它有效地改变了主流市场需求，并且突破了以前竞争范式。

（10）Song 和 Di Benedetto（2008）认为突破性创新是对技术、产品、过程和商业模式创新，它使现有产品和服务获得重要改进，有利于赢得现有和潜在市场顾客。

以上定义主要从技术基础、变革程度、行业影响、产品特性及满足消费者需求等方面描述突破性技术创新。考虑突破性技术创新过程高风险、周期长和高收益等特点，为凸显其技术驱动本质特性，本研究倾向于以"突破性技术创新"以替代"突破性创新"（本研究中二者含义完全相同），特给出以下定义：突破性技术创新是以一套完全不同的科学原理或工程原理为主要基础和主要驱动力，大幅度提升产品性能或创造全新产品，深刻影响现有市场、产业，或创造新市场、新产业，更好满足顾客需求的长期高风险技术商业化过程。如药物遗传学制药技术通过解析病理机制，针对目标疾病精准创制新药，通过药物与个体独特基因匹配的方法治疗疾病，采用此技术制药的公司有美国安进公司（Amgen）、基因科技（Genentech）和健赞（Genzyme）等，而传统制药技术通过成千上万的混合物测试方法发现新药，极耗时、代价异常昂贵。药物遗传学制药技术是突破性技术创新，深刻影响制药市场，从根本上改变了制药行业，影响深远。因此，突破性技术创新的英文表达以"Radical Innovation"、"Breakthrough Innovation"最贴近，"Radical Innovation"的中文表达有"突破性"、"革命性"、"根本性"、"颠覆性"、"激进性"等，而原始性创新和不连续技术创新与突破性技术创新含义几乎等同。破坏性创新（Disruptive Innovation）与突破性技术创新区别很大，但也有些共同点，理论研究中将二者混同的现象比较多，而"Disruptive Innovation"被译成突破性创新比较多见。

突破性技术创新的突破性技术及其产品市场特性与其他产品区别明显。对于突破性技术创新特性，Leifer 等（2000）认为是：一整套全新的绩效特征、已知绩效特征改进5倍或5倍以上、成本节约30%或30%以上；张洪石（2005）认为它导致产品主要性能指标发生巨大跃迁,对市场规则、竞争态势、产业版图等产生重大影响。秦剑(2009)认为,与渐进性创新相比,它在技术轨道、技术规范、技术标准、创新目标、创新过程、创新战略等方面显著不同;余浩(2008)认为它创新难度大、资源投入强度高、创新周期长、高风险、低成功率等增加了创新困难性,如20世纪70年代雀巢买下胶囊型咖啡机 Nespresso 专利,花费了十多年时间研发完善机器的萃取泵、胶囊等部分,80年代中期建立了全资子公司 Nespresso 推进咖啡机商业化,该公司亏损经营15年后才盈利,现在畅销世界,销售额年增长25%~30%,销售额上亿美元。突破性技术创新过程中可产生大批技术创新,特别是会产生一些发明专利,这些技术往往导致企业技术领先或实现技术跨越,这些技术发展及其商业化是突破性技术创新的根本驱动力,也导致突破性技术创新规律具有鲜明特性。

(二)突破性技术创新相近概念辨析

与突破性技术创新相近的概念较多,特选要者作简要辨析:

突破性技术创新与渐进性技术创新。主要以技术变革强度区分,前者技术变革是根本性的,后者在既定技术轨道和技术范式下进行的累积性、逐步前行的技术创新,二者技术创新前提、技术性质、创新过程、规律截然不同,此二者理论研究中常成对出现,后者是最常见的企业技术创新活动,前者相对较少。

突破性技术创新与原始性创新。清华大学沈德忠院士(2002)认为原始创新是创造出促进社会发展进步的、前人没有的知识、技术或艺能的活动。陈劲等(2004)认为原始性创新首次系统地提出基本概念、基础理论和技术方法,或首次做出重大发现,其成果在世界范围内是突破性的。美国学者 Louis S. Peters 认为原始性创新是一种根本性创新,它采用新技术,包括新产品、新工艺或者是二者的结合。Hienerth 和 Lettl(2011)认为当创新主体是企业,原始性创新包括创新概念的产生、完成和商业化成功。以上原始性创新定义中包括了突破性技术、工艺及商业化等,更突出科学与技术的原创性,概念外延更小,含义与突破性技术创新最接近,可归入突破性技术创新中的一类。

突破性技术创新与不连续创新。Anderson 和 Tushman(1990)认为不连续创新是企业采用的新技术与其原主导技术根本不同,导致企业相关技能和知识基础改变。魏江和冯军政(2010)认为不连续创新是导致企业技术基础或竞争基础或者两者均发生重大变化的创新。不连续创新可分为基于技术的不连续创新和基于市场的不连续创新两类。基于技术的不连续创新也就是不连续技术创新,其含义和突破性技术创新几乎相同,该定义直观地突出了突破性技术创新 S 曲线轨迹是不连续的。

突破性技术创新与架构性创新。Henderson 和 Clark(1990)根据创新对产品元件和不同元件之间联系影响不同,将创新分为渐进性创新、模块化创新、架构性创新和突破性创新。架构性创新是在保持有关产品科学和工程技术原理及核心设计概念不变的前提下,以改变产品元件之间的结构或联系方式等为主要方法实现创新的过程。结构创新不改变产品的科学和工程原理,这与突破性技术创新截然不同,但它是美国学者 Christensen 提出的破坏性创新的主要方式之一,因此突破性技术创新与架构性创新概念区别鲜明。

突破性技术创新与破坏性创新。Christensen(1997)根据创新对组织结构和市场变化影响程度不同,将创新划分为破坏性创新和维持性创新。维持性创新针对市场主流用户看重的产品功能属性及价值维度,不断完善提高现有技术以改进产品,向客户提供更优质产品。破坏性创新是通过提供更优产品性能实现方式或一套差别较大的产品性能组合方法,提出新价值主张(低成本、更好用、更方便、更简单等),创造新市场或重塑现有市场的创新过程。维持性创新和渐进性创新含义几乎等同,理论研究中破坏性创新和突破性技术创新含义在技术变革程度上有根本区别,但二者被不加区别的使用较多,不仅对理论研究造成很多不应有的麻烦,实践中将产生长远的不利影响,故将二者做全面比较(见表 2.1)。突破性技术创新必然是破坏性创新,反过来绝对不成立。

(三)突破性技术创新过程

突破性技术创新过程和其他技术创新过程具有共同规律,但有鲜明特性。根据 Foster(1986)提出的技术演化 S 曲线理论和 Reinhard 等(2007)对突破性技术的 S 曲线规律研究,认为突破性技术发明主要在 A 点以前涌现,大概在 P 点时产品主导技术出现(见图 2.7),P 点后突破性技术创新过程基本结束,进入渐进性技术创新阶段,这说明突破性技术与渐进性技术处于技术演化过程中完全不同的阶段。美国学者 Utterback 和 Abernathy(1975)提出了技术创新动态理论模型(即 A‑U 模型),将技术创新周期分为不稳定、过渡和稳定三个阶段,并分析了三个阶段中产品创新和工艺创新变化的规律,突破性技术创新过程基本涵盖不稳定、过渡两个阶段,渐进性技术创新基本包含稳定阶段(见图 2.5),这说明突破性技术创新与渐进性技术创新过程中产品创新和工艺创新规律区别明显。从技术创新过程三个环节看,突破性技术可来源于重大科学发现,如爱因斯坦狭义相对论的

质能方程 $E = mc^2$ 导致原子弹发明等;可来源于技术发明,如邓国顺和成晓华发明的闪存盘技术等;也可来源市场需求,如 CT 机的发明等。从创新动因看,突破性技术源于技术推动、市场拉动或技术—市场互动。从创新链角度看,突破性技术创新可起步于创新链三大环节之一,但突破性技术创新均以突破性技术为根本驱动力,创新过程主要呈现非线性、互融互通、网络化发展等特征。Anderson 和 Tushman(1990)提出了"技术生命周期"概念,揭示了技术创新过程中突破性技术和渐进性技术交替发展的规律。结合突破性技术创新过程特点,借鉴其他技术创新过程,李占强(2012)认为突破性技术创新过程包括模糊前端、原型产品、产品试制、规模化市场扩张四个阶段,四个阶段相互关联,相互作用。模糊前端阶段从突破性技术构想到技术研发立项,原型产品阶段从产品技术设计至造出原型产品,产品试制是由产品原型到生产中小批量产品,规模化市场扩张阶段是产品大规模引入市场,产品市场销售收入从高增长转变为平稳增长为止的时期。

表 2.1 突破性技术创新和破坏性创新比较

项目	突破性技术创新	破坏性创新
创新基础	全新科学或工程技术原理,根本性变革,开辟新技术轨道	科学或工程技术原理不变,技术实现方式变化很大,可开辟新技术轨道
耗费时间	平均 10 年,短的 1～2 年、长的达数十年	一般几年,几乎不超 10 年
行业影响	深刻影响行业,改变行业竞争规则或版图,一般产生新行业标准	对行业影响较大,产生行业标准但较少
市场影响	对现有市场低端或高端破坏,如手机破坏固话市场,也可能创造新市场,最终成为市场主流	对现有市场低端破坏,如小尺寸硬盘破坏大尺寸硬盘市场,主要在利基市场竞争
产品特征	绩效改进 5 倍以上或全新产品	性价比有很大提高
技术专利	产生很多技术和工艺发明专利	工艺发明专利为主,技术发明专利少
投资总额	一般超预算,但很难准确测算	较多,一搬可预算
创新难点	技术、市场、产品	市场
发起主体	很多行业外小企业,行业内大小企业均有	一般为业内企业,小企业居多
创新收益	可达创新成本几十倍,高达成千上万倍,渐进性创新难与之相比	高出创新成本很多,一般比渐进性创新好很多

续表

项目	突破性技术创新	破坏性创新
技术后果	技术领先或技术跨越	技术跟随,技术领先的可能性很小
创新风险	成功率一般低于10%	成功率相对高很多

资料来源:作者根据有关资料整理。

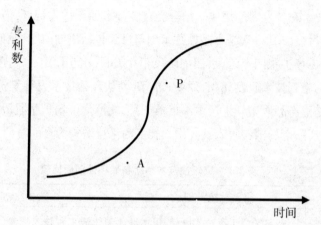

图 2.7　技术演化 S 曲线

来源:作者根据有关资料绘制。

（四）突破性技术创新关键影响因素

突破性技术创新是技术变革最激烈的技术创新,它既受一般技术创新成功因素的驱动,更有其独特驱动因素。技术创新主要影响因素有技术、市场、组织、商业模式和环境等。Freeman(1991)认为技术创新不确定性来自技术、市场、一般商业三方面。Balachandra 和 Friar(1997)研究发现决定技术创新成功的因素是市场、技术、环境和组织。Chesbrough(2010)认为技术本身没有固有价值,技术价值是由将该技术推向市场的商业模式决定的。突破性技术创新的独特驱动因素还有风险资本、资源等,技术和商业模式更重要。美国 Rice 等(2002)研究世界 500强企业创新项目多年后认为,突破性技术创新不确定性源于技术、市场、组织和资源。彭灿和陈丽芝(2008)提出技术、市场、组织、其他(因素)是突破性战略管理分析框架的主要维度。陈建勋等(2011)实证研究发现有机式组织结构对突破性技术创新具有显著正向影响。Hwang 和 Christensen(2008)、Bers 和 Dismukes(2009)提出突破性技术创新必须与创新的商业模式匹配。Teece(2010)认为新技术在市场上取得成功常常需要新商业模式。Rice 等(2000)提出支持突破性创新的公司风险资本模型。风险资本是推动新技术发明实现商业化的多能资本,美国硅谷不断创造商业传奇主要源于高新技术和风险资本紧密结合,协同演进发展。因此,突破性技术创新的主要决定因素是突破性技术、市场、商业模式、风险资本和组织等。

突破性技术是突破性技术创新发展的根本驱动力。突破性技术共生体中核心技术、支撑技术和互补技术相互依存、相互制约,技术内在的不确定性制约或延缓创新发展。技术研发过程受多方面动态复杂因素影响,如突破性技术研发方向、研发速度和进度、技术突破程度、所获技术发明专利数量和质量、专利技术对产品标准的影响等都与突破性技术创新进程息息相关。不仅如此,技术机会窗口期内常常有其他类似技术意外加入技术竞争,使现有技术研发面临更激烈技术竞争和更大技术风险。市场作为突破性技术创新决定因素,与突破性营销密不可分。由于领先用户是突破性技术的重要来源或直接贡献者,而使其加入突破性技术创新过程并做出贡献,必须通过突破性营销发掘领先用户;由于突破性新产品投入市场后,面临特有的开拓新市场或新客户,使顾客打消疑虑接受新技术产品,迅速回应市场种种挑剔或质疑,迅速有效应对市场动荡、市场高速成长等问题,应当以突破性营销应对。本研究以突破性营销作为市场因素的替代物。商业模式是关于价值创造、价值获取和价值实现的一套经营思想和运营体系,是突破性技术向成功市场销售发展的中介和桥梁,直接决定突破性技术商业化成败。风险资本可提供或帮助突破性技术商业化获得最急需和最紧缺的核心资源,是不可替代的最重要创新资源来源之一,是影响突破性技术创新的重要因素。很多西方大企业拥有不少杰出的突破性技术发明,但其商业化却频遭败绩鲜有成功,施乐公司的帕洛阿尔托研究中心是最驰名的典型代表,而该中心很多技术自己商业化频频失败,被出售给外部小企业后,商业化却大多获得成功,学者研究发现这些大企业现有组织弊端是导致其商业化失败的主要原因。在中国情境下,大企业鲜有突破性技术,中小企业商业化高新技术的组织学习能力很强,也鲜有因组织问题导致突破性技术商业化失败的典型案例。在当前中国情境下,组织在突破性技术创新中的作用和西方根本不同,因此本研究中突破性技术创新的决定因素是突破性技术、突破性营销、商业模式和风险资本。

二、外围创新理论

外围理论相对技术创新核心理论而言,主要有技术共生理论、技术跨越理论、技术机会理论。

（一）技术共生理论

借鉴生态学理论,一些学者认为技术与技术、技术与环境相互依存、相互制约形成技术共生体。技术共生现象和理论受到理论界越来越多关注和深入研究。Hannah 和 Freeman（1977）认为技术发展呈共生状态,单一技术发展离不开技术生态系统。许志晋（2006）提出适用技术共生创新概念,认为它是具有合理共生结构的技术系统与外部环境形成共生关系,获得科技、经济、社会等效益协调发展的技术创新活动或过程。毛荐其等（2011）认为技术系统由核心技术、支撑技术、相关联的补充性技术构成,它们相互依存、相互制约,形成共存共生、共同进化的技术共生体。黄鲁成和蔡爽（2010）研究发现根本技术突破之后,很可能需要本领域或其他领域大量配套技术、支持技术。影响技术共生演化的因素主要有技术、制度、需求及其内在演化机制等。Adner 和 Levinthal（2001）分析了需求异质性对技术演化的影响。Geels（2002）提出技术和消费者偏好之间存在共生演化。李纪珍（2006）认为产业共性技术处于政府和企业中间,它对产业技术水平、经济和社会效益有巨大带动和影响作用。Kenney 和 Patton（2006）以硅谷高技术集群为对象分析了技术与制度的共生演化。朱方长（2005）认为非线性作用机制、多样性产生机制以及选择机制是技术创新的生态实现机制。技术共生理论产生是由技术固有的发展规律和技术创新的经济社会过程本性决定的,技术深化发展、技术分工深化、多学科技术交叉融合助推了技术共生发展。该理论指出在技术创新过程中技术与技术之间相互依存但其地位、作用不同,技术与非技术因素之间也相互依存。

（二）技术跨越理论

技术跨越理论是在研究发展中国家技术追赶的背景下提出的。Luc Soete（1985）最先提出技术跨越概念,认为技术经济范式中存在很多技术发展的机会窗口,技术落后者有可能在新一代技术发展早期选择进入并取得跨越发展。陈德智（2006）认为技术跨越是技术落后者以赶上或超过技术领先者的技术能力为目标,以突破性自主技术创新为核心机能的、不同技术曲线之间的非连续技术进步行为,判断技术跨越的标志是市场份额、技术创新能力和技术发展潜力。Lee 和 Lim（2001）将技术跨越分为路径创造和路径跳跃。前者是在同一轨道内的技术跨越,后者跨入新技术领域,建立新技术轨道。其他学者也研究了技术跨越的途径、主要影响因素等。突破性技术创新是技术跨越理论提出的重要理论基础,技术机会把握是技术跨越的前提,而突破性技术创新是技术跨越的最主要方式。世界科技史上成功的技术跨越有:一次世界大战后美国、德国超越英国,"二战"后日本成功追赶美国,20 世纪末期韩国的技术跨越等。

(三)技术机会理论

技术机会理论指企业探索不同的技术路径以规避技术领先者的技术专利壁垒,从而实现技术追赶或赶超。赵明剑(2004)认为技术机会是指技术创新方向较多地受技术可能性制约,不同创新者同一领域的技术创新在内容上表现出相似性,这是由技术内在特点决定的。Hicks 等(2001)认为企业在战略、机会、环境耦合的基础上,围绕技术机会展开技术创新实践。Nieto 和 Quevedo(2005)认为技术机会是在特定技术领域,在时间和成本上企业易于取得技术创新成功的可能性。黄鲁成和蔡爽(2010)通过研究主要技术领域及其相关领域的发明专利等判断技术机会。技术机会既可源于如纳米技术、石墨烯等原创新技术出现,也可来自现有技术的改进和创新。技术机会理论说明技术领先者必将面临更多竞争压力。跟踪和判断技术机会是企业技术创新的重要任务和决策的重要基础,对企业技术创新影响深远。

三、技术创新商业化理论

商业化尚无权威定义,主流研究认为商业化指以生产某种产品为手段,以营利为主要目标的经济行为,包括创新构想、发现构想的新应用、构想产品化、产品市场化成功并保持和扩大市场优势等过程。商业化贯穿技术创新全过程,集中体现在此过程的最末端,它的成败最终决定技术创新成败。技术创新商业化的理论研究是技术创新理论研究的重要组成部分,但尚无系统深入的技术创新商业化理论。该理论出现比技术创新理论晚数十年,或许太多技术创新实践失败将商业化理论研究提上议事日程。Branscomb 和 Auerswald(2003)将发明创造转化为市场需求的巨大鸿沟称为"达尔文之海",这是一个经过大量优胜劣汰的技术供给与商业需求对接的生死之海。Nerkar 和 Shane(2007)认为研发是技术创新成功的必要非充分条件,技术创新成功取决于出色的技术商业化过程。技术创新商业化的艰难和重要已被无数失败的案例反复证实,如二十世纪末期美国铱星系统的商业化失败是最近最典型的突破性技术创新失败案例,令世人扼腕叹息。

现有关于技术创新商业化研究从不同视角揭示了影响商业化成败的因素。技术因素是技术创新商业化的驱动因素,但商业化更多受市场、竞争、顾客等非技术因素影响。Chiesa 和 Frattini（2011）实证研究发现高技术创新商业化面临的主要困难是市场中技术的易变性、相互联系、扩散，管理理论和实践尚未清楚解释商业化决策如何影响高技术市场中新产品失败。Yuan Li 等（2008）研究了技术动荡对企业家主导和技术商业化的影响。Wouters（2010）研究了高新技术小企业技术商业化过程中顾客价值主张的作用。政府和高校等科研机构对技术创新商业化也会产生影响。Almenkaita 和 Salo（2002）研究了政府介入新技术商业化的基本准则。Markman 等（2009）研究了美国大学作为技术供给者对技术商业化的影响。影响技术创新商业化绩效的研究较多。Shapiro（2000）指出企业创新取得多数专利保护，是实现创新技术商业化的途径之一。段利民等（2012）研究发现技术因素和市场因素对新兴技术商业化绩效有显著积极影响。Chen Chung‐Jen（2009）研究了技术商业化、孵化器和风险资本支持对新创业企业绩效的影响，发现技术商业化在组织资源、创新能力和新创企业绩效之间具有很强的中介效应，实证证据表明孵化器和风险资本支持对技术商业化影响新创企业绩效具有调节作用。Zahra 和 Nielsen（2002）实证研究了企业使用内部和外部资源对成功技术商业化的多维度影响，发现内部人力资源和基于技术的制造资源与成功技术商业化正相关。蔡新蕾和高山行（2011）实证研究发现市场专有互补资产对创新商业化有显著正向调节作用。Frishammar 等（2012）实证发现整合新产品开发中产生的特定领域知识、程序知识和一般知识对企业识别技术商业化机会的能力非常重要，技术机会识别与技术商业化绩效密切相关。Teece（1986）开创性地提出专利独占性、互补资产以及主导技术影响技术创新商业化的理论模型。这是技术创新商业化最早最深刻的理论研究。Kassicieh 等（2002）用定量研究比较突破性技术和渐进性技术商业化过程，认为二者差异主要在产品实现、收入形成、研究支持和市场潜力四个方面，突破性技术开发必须用不同技巧，市场开发方式必须更有创造性，该研究揭示了突破性技术创新与渐进性创新有非常大的差异。可见，技术、市场、知识产权制度、风险资本、吸收能力、重要互补资产等对技术创新商业化绩效具有显著影响，这些因素也是突破性技术商业化成败的重要影响因素，贯穿于突破性技术创新全过程和过程各方面。

第四节　突破性技术创新相关理论

突破性技术创新过程是企业由突破性技术开发突破性产品,继而在市场成功大规模持续销售该产品而获得商业化成功的过程。此商业化过程既受宏观经济、行业经济及政府政策影响,也受企业内外部众多微观因素影响。这些因素除突破性技术外主要有:突破性营销、风险资本、商业模式和突破性产品,本节详细研究这些理论。

一、突破性营销理论

传统营销关注市场大多数用户,通过市场需求调查、需求预测等实施营销战略、策略、计划等而取得营销成功。突破性营销是营销理论的新兴分支,并未根本改变营销基本理论,但其营销理念、运作流程、实施方式等与传统营销有很大不同。与传统营销比,突破性营销面临的问题更大、挑战更多,更多要在学习、探索中推进。Christensen(1997)认为过分关注现有主流用户需求不利于创新,甚至导致成功企业失败。主流用户一般难以接受与其熟悉的产品几乎完全不同的突破性产品,更无法准确预知突破性产品的未来市场需求。如1983年麦肯锡咨询公司为美国AT&T公司预测突破性创新产品——移动电话在2000年的市场潜量,预测结果是90万部,实际1994年销量已达1700万部。以传统营销方法销售突破性产品一般必导致商业失败,如二十世纪末美国铱星公司突破性产品——铱星移动电话销售失败与采用传统营销方式密切相关。

李颖灏(2012)认为突破性营销因企业开发产品使用的技术范式发生根本变化,核心产品或服务给顾客带来的效用显著非线性提升,营销活动一般以非连续方式展开。突破性技术创新产品建立在全新的科学技术或工程原理基础上,突破性产品的性能、采用技术与传统产品根本不同。传统产品营销面临的主要问题在图2.8的Ⅰ和Ⅱ所示区域,而突破性产品营销面临的主要问题在图在2.8的Ⅲ和Ⅳ所示区域,两者营销任务和营销面临问题根本不同。突破性产品商业化销售必须由突破性营销承担。突破性营销要么在全新市场搜寻突破性产品领先用户群,企业与其合作完善、发展新产品,将领先用户作为突破点切入和扩大市场销售(见图2.8Ⅲ);要么在现有市场寻找突破性产品的领先用户群认可、接受、完善新产品,获得市场立足点从而扩大销售(见图2.8Ⅳ)。Lettl 等(2006)对医疗设备技术突破性创新项目多案例研究发现,领先用户在突破性营销中发挥独特而重要的作用,企业可从领先用户获取突破性产品概念和出色的突破性产品原型设计,领先用户能帮助企业持续改进产品,减少新产品开发时间,降低开发成本,提高创新效率。领先用户是市场中了解或掌握突破性产品技术的数量微小的专业技术群体,它们在突破性产品营销中具有非常重要的作用。

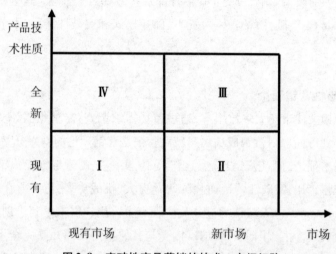

图2.8　突破性产品营销的技术—市场矩阵

来源:作者绘制。

突破性营销可加速突破性产品商业化,它主要由领先用户开发能力、突破性价值传递能力、创新性市场开发能力组成(见图2.9)。领先用户开发能力主要指在突破性产品开发的模糊前端阶段和原型产品阶段,企业发现、保持和深化发展与领先用户的关系,利用领先用户的特殊专门知识、能力等促进突破性产品开发,在市场试销阶段以领先用户为支点开拓市场。突破性价值传递能力是指企业将突破性产品非线性显著提升的价值顺利传递给顾客,使顾客接受、认可并持续购买突破性产品的能力。创新性市场开发能力是指在市场环境激烈变化的突破性产品销售中,富于创造性地、敏锐地综合运用产品、价格、渠道、促销、服务等要素开拓市场的能力。如在突破性产品初步引入期,重点在使顾客认识到突破性产品优异的使用价值,提供更多帮助顾客掌握使用技能,增加使用体验,从而使顾客认可、接受和购买产品。在突破性产品成长期,重点在根据销量和产品成本的变化适时适度降价,根据实际需求迅速增加突破性产品销售渠道和销售服务,促进销售快速成长,同时根据顾客反馈改进完善产品,逐步建立品牌美誉度。必须根据突破性产品市场销售状况适时变革、提升市场开发能力,以促进突破性产品商业化。

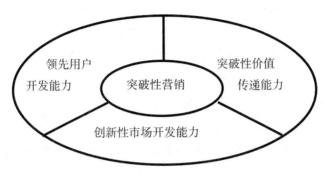

图 2.9　突破性营销的主要构件

来源:作者绘制。

突破性营销对突破性技术创新成功和绩效提高必不可少。突破性营销影响企业绩效而且风险高,并且受企业技术研发活动影响。Walsh 等(2002)研究发现顾客抵制是突破性产品商业化面临的主要困难之一,突破性产品营销是高风险、代价高昂、失败率很高的活动。李先江(2011)构建了创新导向—突破性营销创新—企业绩效的连锁关系模型,发现突破性营销对企业绩效有正向积极影响。Brettel 等(2011)研究认为突破性产品开发要通过研发了解产品特征以形成良好的沟通及市场推广战略,领先用户对突破性产品开发非常有帮助。

二、风险资本理论

风险资本是在促进高新技术产业化过程中逐步成长起来的。世界首家风险资本公司 1946 年在美国诞生,20 世纪 70 年代末期和 90 年代是美国风险资本业的两个高速发展期。当今世界,美国风险资本业发展最成功,英国、德国、日本和以色列等国风险资本业发达,中国、印度风险资本业发展迅速。中国首个风险投资企业是 1985 年创立的中国新技术创业投资公司。在风险资本全球化发展和国家政策引导鼓励下,中国风险资本业快速成长。安永会计事务所数据表明 2011 年中国风险资本额超过 50 亿美元,全球 510 多亿美元,大约占全球 10%。

根据数据分析公司 CB Insights 和会计公司毕马威联合发布的《2015 年全球风

险投资数据报告》显示,2015 年全球风险投资总额 1285 亿美元,其中中国 274 亿美元,占全球 21.3%,中国风险资本投资额占全球比重快速提高。风险资本理论源于对风险资本实践研究。美国全美风险资本协会认为风险资本是由职业金融家投入到新兴的、迅速发展的、有巨大竞争潜力的企业中的一种权益资本。欧洲投资银行认为风险资本是为了形成和建立专门从事某种新思想或新技术生产的小型公司而持有一定股份形成承诺的资本。陈钰芬和陈劲(2009)认为风险资本作为一种权益融资,解决了技术创新融资问题,具有一定专业才能的风险资本家参与管理和控制,能为企业带来有价值的市场信息和技术信息等,从而促进创新。风险资本以投资新创立的高新技术企业为主,也投资于快速成长的其他行业企业。风险资本给企业投入资金并参与企业管理,可给企业带来急需的其他资源或资本,它是一种独特的投资方式。风险资本三种典型经营模式是以私营风险资本机构为主的美国模式,以大公司大银行为主的日本模式,以国家风险资本为主的西欧模式;一般认为有天使投资、风险资本公司、产业附属投资公司和风险资本家四种风险资本机制。

风险资本提供资金、重要资产和经验等专长促进突破性技术创新。Park 和 Steensma(2012)实证发现风险资本可给新创企业提供加快技术商业化的互补资产,当新企业最需互补资产和在不确定环境中经营时是新创企业引进风险资本的最有益时机。Fitza 等(2009)认为风险资本机构所提供的经验和专长对高科技企业的成功非常关键。Dushnitsky 和 Lenox(2005)认为风险资本可通过促进被投资企业技术学习、提供经验、吸取教训等促进技术商业化。风险资本可加快产品开发和上市。Hellmann 和 Puri(2000)认为风险资本的介入显著减少了将产品推向市场的时间。Jonathan 和 Lowell(2006)通过配对比较发现风险资本介入的公司在产品开发和管理能力发展方面展现出更大的动态能力。风险资本可促进企业技术商业化及提高企业创新绩效。Peneder(2010)将风险资本对企业经济绩效的传导机制归结为:融资功能、选择功能、价值增加功能。Hirukawa 和 Ueda(2011)研究美国制造业发现技术创新增加了对风险资本的需求。大企业内部成立风险资本企业促进技术商业化是风险资本运作的一种比较特别的方式。Maine(2008)研究了公司内部风险资本商业化纳米突破性技术面临的挑战、组织设计、管理战略。20 世纪 60~70 年代至少四分之一的财富 500 强企业成立风险管理部门专责实施突破性技术创新,1976 年后一半部门不再运营,但最成功的风险资本案例是外部风险资本创造的。

三、商业模式理论

商业模式引起实业界和理论界越来越多的兴趣和关注,它对突破性技术创新成功不可缺少。Johnson 等(2008)认为在以速度为基本特征的新经济时代,商业模式是比新兴技术本身更为重要的创新成功因素。Jones(1960)首次在论文标题中使用"Business Model",在 20 世纪 70 年代计算机科学论文中商业模式被用于描述资料与流程之间的关联与结构。20 世纪 90 年后商业模式受到强烈关注,被引入企业管理领域,近年来管理学对商业模式研究骤然增多。

商业模式的定义多种多样。Chesbrough 和 Rosenbloom(2002)认为商业模式是反映企业商业活动价值创造、价值提供和价值分配等活动的一种架构,它具有 6 个功能:说明价值主张、确定细分市场、定义价值链结构、评估产品成本结构和利润潜力、描述公司在价值网中位置、制定竞争战略。翁君奕(2004)认为商业模式是企业价值对象、价值内容、价值提交和价值回收等一系列价值活动的组合。罗珉等(2005)认为商业模式是组织在明确外部假设条件、内部资源和能力前提下,用于整合组织本身、顾客、供应链伙伴、员工、股东或利益相关者来获取超额利润的一种战略创新意图和可实现的结构体系以及制度安排集合。Teece(2010)认为企业或明或暗地使用特定商业模式,描述企业创造、传递、获取价值机制的设计或结构,它的本质是寻找企业给消费者提供价值,吸引客户支付价格及将支付转化为利润的方式。龚丽敏等(2011)认为商业模式是企业以资源和能力投入为基础,通过构建其所处的价值链和外部网络来实现价值创造和价值获取的方式。以上概念主要从价值创造及实现、价值链、客户、经营等视角解构商业模式,既有共同点,也各有侧重。本研究认为商业模式是企业根据经营所处产业商业生态环境和企业在产品或服务价值链中的优势劣势,根植于动态产业价值网中,不断寻求企业具有优势的产品或服务价值链环节与产业价值网中产品或服务的其他价值链环节的最优组合,以最大价值、最低成本、最快速度、最低风险地为顾客最有效地创造、传递、实现价值,不断增强企业竞争优势的持续优化的经营系统。商业模式以有效整合企业内外部资源实现最大商业利益为核心,与将企业经营运作为主要对象的管理模式和价值链等有明显区别。

商业模式的主要构件。加里·哈默(Hamel,2000)认为商业模式分为四大要素:核心战略,包括经营使命、产品及市场范围和差异化基础;战略性资源,包括核心能力、战略性资产和核心流程;顾客界面,包括履行与支持、信息与洞察力、关系

动态和价格结构;价值网络,包括供货商、合伙人和联盟。瑞士学者施塔赫勒
(Stähler,2002)认为商业模式由价值主张、产品与服务、价值结构和收益模式四大
要素构成。Johnson 等(2008)提出商业模式由顾客价值主张、盈利模式、关键资
源、关键流程构成。李东等(2010)认为商业模式由定位板块、利益板块、收入板块
和资源板块四大功能板块构成。魏炜等(2012)认为商业模式由业务系统、定位、
盈利模式、关键资源能力、现金流结构、企业价值六要素组成。张洁等(2013)研究
认为商业模式由客户价值定位——确定目标客户并为其提供价值、企业交易模
式——设计企业的交易方式和交易结构、企业盈利模式——成本结构、收益方式
和盈利方式三要素构成,各模块和构成要素之间互相作用形成企业特定的商业模
式。从价值创造、实现、传递、获取及创造主体视角审视,本研究认为商业模式由
供应商价值创造系统模块、内部价值创造系统模块、顾客价值创造系统模块、外部
互补价值创造系统模块组成(见图2.10),供应商价值创造指产品价值

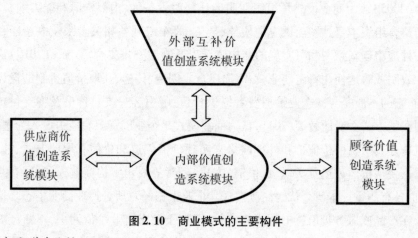

图 2.10　商业模式的主要构件

来源:作者绘制。

中由供应商创造的部分,内部价值创造指产品价值中由企业的技术、管理等活动
创造的部分,顾客价值创造指产品价值向顾客传递过程中由营销等活动创造的部
分,外部互补价值创造指产品价值中由外部主体向企业提供互补的技术、服务、管
理等活动创造的部分,这四个价值创造系统模块在企业发展中相互作用、相互协
同,促进企业竞争力生成、发展。

　　商业模式的形成过程。李东等(2013)认为商业模式创新是一个多阶段、逐步

试错——学习的实验过程。苏江华等(2013)认为商业模式形成具有特殊性:第一,商业模式是逐步试验出来的。第二,非完全内生;第三,商业模式在理念层的蓝图创意和实践层的规则构建交互作用过程中形成。李东和苏江华(2011)认为商业模式的功能在于它发起一个由多主体参与的协同行动的高效率商业生态体系,通过特定规则指导与约束,实现可重复的联合价值创造与获取。苏江华等(2013)认为商业模式的基本构成要素是各种各样的规则,这些规则通过引导、约束、强化等作用使企业有效开展价值获取和顾客价值创造活动。秦志华和王永海(2013)认为商业模式具有企业价值测评功能,商业模式研究的发展与网络企业发展过程密切相关。商业模式是在复杂动态的商业生态系统中经过反复探索、试验、试错中逐步发展形成的,一般经历由简单到复杂、由低级到高级的长期发展过程。

商业模式是突破性技术成功商业化的系列商业行为路线图,是深层商业哲学的显性反映。突破性技术商业化必须和商业模式结合。Chesbrough 和 Socolof(2000)认为商业模式是技术与经济价值的中间构件,商业模式形成过程是将技术潜力与经济价值联系在一起的过程。王俊娜等(2012)认为只有将突破性技术和新商业模式结合才能产生突破性技术创新。突破性技术是商业模式变革的重要原因,刁玉柱等(2012)认为技术、知识及组织创新是商业模式创新的主要动力。Morris 等(2005)认为创新商业模式能产生更高的价值创造,商业模式应随技术范式变化创新。突破性技术与商业模式协同发展,李志强和赵卫军(2012)研究企业技术创新系统与商业模式创新系统的相互作用及协同机理。风险资本会影响突破性技术创新商业化,Joshua 等(2002)考察 118 个企业后发现风险资本在新创企业商业化战略方面发挥了非财务作用。

四、产品创新理论

产品创新是承载技术创新成果使用价值和实现技术创新成果经济价值的唯一载体,也是满足顾客需求的唯一载体。产品创新是以满足顾客需求为中心的长期复杂的创造性技术商业化活动。胡树华和汪秀婷(2003)认为产品创新是贯穿产品构思、设计、试制、营销全过程的以市场为导向的系统工程,它是功能创新、形式创新、服务创新多维交织的组合创新。曹勇等(2009)认为产品开发过程包括模糊前端、产品设计及开发、样品生产和检验、规模化生产、市场化扩张等首尾相接的几个阶段。产品创新的影响因素很多,如 Balachandra 和 Friar(1997)认为影响产品创新的背景变量是创新性质、技术性质、市场性质、产业性质,齐旭高等(2013)实证研究发现企业间合作关系、产品技术知识壁垒、激励机制完善程度对供应链产品创新协同效应和产品创新绩效均产生显著影响。Sundaresan 和 Sheth(1989)认为消费者感知的新产品风险可分为经济风险、物理风险、社会后果和功能风险4类。产品创新过程中的产品创新与工艺创新紧密联系但功能不同。毕克新等(2007)认为产品创新可不断改善更新产品、增加新产品种类、优化新产品组合,工艺创新可改进生产工艺、优化生产过程,提高新产品质量,降低新产品成本,二者协调互动是新产品创新成功的重要影响因素。毕克新等(2012)认为产品创新可提高产品差异化,工艺创新可降低产品生产成本,产品创新与工艺创新协同发展是提高企业技术创新绩效的基础。产品创新可导致商业模式变革,Gronlund(2010)等研究认为新产品开发是商业模式变革的重要原因。Reid 和 Brentani(2004)认为新产品开发的模糊前端是企业开展突破性新产品创新成功的根源。秦剑和王迎军(2010)研究发现营销资源和技术资源与突破性产品创新绩效正相关。突破性产品创新与一般产品创新经历的过程基本相同,但其中每个阶段的难度、风险和耗费时间与一般产品创新差别很大,突破性产品创新有自身特有影响因素,突破性产品创新影响突破性技术创新绩效,甚至成败。

第五节　理论述评及展望

从创新理论到技术创新理论、技术创新理论的核心—外围阶段,是不断深化、分化发展的内在理论过程,相关理论反映了创新或技术创新的某些规律,有力推动创新或技术创新理论和实践发展,也展露出理论存在的某些不足或可能的发展方向,创新基础理论研究是本文研究的理论基础。通过技术创新理论的系统梳理,厘清了突破性技术创新、破坏性创新、原始创新、不连续创新等概念的含义及其相互关系,在此基础上科学严格定义了本文研究的核心概念——突破性技术创新的含义。以此概念为核心,识别了突破性技术创新的主要影响因素,发现突破性技术创新的难点在于技术商业化环节,进而结合中国制造业突破性技术创新商业实践,将影响突破性技术创新的因素区分为驱动因素及中介因素,构建了突破性技术创新机制理论框架。随后从理论上研究该理论框架及其运作,进而结合多个单案例研究和跨案例研究验证、完善、发展该理论框架,完成本文研究。

一、创新理论述评与展望

创新理论主要从宏观视角揭示了创新活动对经济发展的影响,也是技术创新理论产生的理论源头,有力解释了企业技术创新行为的宏观经济意义。熊彼特创新理论奠定了创新研究的理论基础,索洛经济增长模型定量论证了技术进步对经济增长的作用,戴维斯和诺斯的制度创新理论指出制度对技术创新发展和经济增长的重要作用,国家创新系统论阐明了企业外部的国家创新基础设施对技术创新的重要作用,Rome 的 R&D 内生增长理论指出技术进步是经济增长的内生变量。创新网络理论和开放式创新理论展示出与之前创新理论几乎完全不同的理论发展范式,它们既适用于企业创新活动,也适用于区域、产业或国家层面的创新活动。传统创新理论从不同侧面或层面反映了创新活动规律,这些理论只是创新理论的集合体。这些理论的不足是任何单个理论均从某方面或某层次揭示创新活动规律,尚无系统理论从整体上全面阐释创新理论,它们对创新作用的内在机制和作用方式研究可能还不够深入、系统,未来发展方向是应更好地与微观层面的企业技术创新活动结合,深入研究创新活动内在机理。创新网络理论和开放式创新理论是新兴创新理论,应实践而生,正在发展演变中,必将对传统创新理论产生深刻影响。

二、技术创新基础理论述评与展望

技术创新基础理论是链接创新理论和技术创新理论发展新阶段的承上启下的重要理论桥梁。技术创新动因有技术推动、需求拉动和技术—市场互动三种。技术创新过程理论主要有:A－U 模型,它描述了技术创新过程中产品创新与工艺创新的动态变化规律;技术规范—技术轨道模式,它深刻揭示了技术演进的特点和规律;S 曲线理论,它形象展现了技术创新活动演化过程;技术生命周期理论,它反映了突破性技术和渐进性技术交替循环发展推动技术发展的规律。技术创新链理论反映技术创新过程中技术要素和商业要素非线性相互作用促进技术创新发展的本质。R&D 理论反映出企业 R&D 活动是微观技术创新的基础和关键,是技术创新发展的根本驱动力。技术创新基本理论反映了技术创新基本规律,揭示了技术创新发生的根本原因及驱动力,不足之处是它们是理论集合体,如 A－U 模型、技术规范—技术轨道模式、S 曲线理论均从不同角度反映了技术创新过程中技术演进规律,但各自独立,不易开展理论沟通与理论对话,更难于统一,这不利于创新理论发展。陈向东和张晨(2006)研究发现制药业技术创新,尤其是重要药物技术创新过程很难符合 A－U 模型,有研究发现技术创新演进并不完全符合 S 曲线理论。未来发展方向是结合技术创新理论以及技术创新实践发展,深入研究如渐进性技术创新、突破性技术创新理论等,增强理论间的沟通和对话,促进技术创新基本理论完善发展。

三、技术创新理论核心—外围发展阶段述评与展望

技术创新理论核心—外围发展阶段肇始于 20 世纪 90 年代前后,核心理论主要有渐进性技术创新、突破性技术创新、原始创新、不连续创新等,外围理论主要有技术共生、技术跨越和技术机会等理论,此阶段是创新理论分化和深化发展时期。渐进性技术创新、突破性技术创新、原始创新、不连续创新、破坏性创新等理论处于发展初期,初步研究了各类创新的一些规律,理论生长快,概念多,推动了技术创新理论发展。外围主要理论是:技术共生理论,它认为技术创新是各类技术相互依存、相互作用共同发展的过程;技术跨越,它认为技术落后国家采用适当的技术创新路径可赶上或超越技术领先国;技术机会理论,它认为技术创新可通过多种技术路径实现,抓住技术创新时间窗口非常重要。此阶段技术创新核心理论存在的主要不足是处于理论发展初期,概念和理论多,概念相互交叉,与技术创新基础理论沟通不多,对外围理论影响力不够。外围理论发展相对缓慢,与核心理论联系较少。未来主要发展趋势是核心理论在发展中会逐渐凸显渐进性技术创新、突破性技术创新和破坏性创新三个主要理论,原始创新、不连续性技术创新逐步会被突破性技术创新吸纳、同化,核心理论对外围理论支配力增强,核心—外围理论联系更加紧密。技术创新商业化理论处于发展初期,指出了影响技术商业化的一些因素,还有待深化发展。突破性技术创新的相关理论主要有突破性营销理论、风险资本理论、商业模式理论和产品创新理论。突破性营销理论是营销理论的分支,只是与传统营销的实施方式不同,但其理论研究对突破性技术创新理论和实践发展非常重要,未来会得到更多研究和发展。风险资本理论引入国内大约十多年,国内风险资本发展的制度和产业环境与美国等发达国家差别较大,本土理论研究处于发展初期,未来随风险资本实践发展必将迎来快速发展。商业模式理论研究兴起十多年,处于理论发展初期,但该理论对商业实践太重要了,未来将获得快速发展。突破性产品创新理论与产品创新理论区别不大,主要是操作过程中的实施方法和面临的问题等差别较大而已。

第三章

突破性技术创新机制的理论模型构建

本文研究的突破性技术创新对象一般是多元化经营企业的以突破性技术创立的风险事业单元或以突破性技术创立的新兴技术企业,其突破性技术创新活动可在技术创新过程三阶段中任何时点发起或参与,但必须拥有足以供创立企业的核心技术或重要关键技术,比如有重要发明专利或技术诀窍等。否则就不是本研究的适格对象。

突破性技术创新是高收益、高风险的技术商业化动态过程,但成功率极低,主要原因在于对突破性技术创新规律认识不成熟,从而不能成功运用建立在该规律基础上的突破性技术创新机制造成的。因此,在突破性技术创新理论研究基础上,本章继续深入研究突破性技术创新机制的主要构成、运作及功能。

第一节 机制及机制功能

机制是当代中国使用频率最高的热词之一。研究机制及其功能是科学构建突破性技术创新机制的理论基础。

一、机制的含义

"机制"一词来源于机械工程学,指机器的构造和工作原理。《现代汉语词典》中机制的定义是:(1)机器的工作原理;(2)有机体的结构、功能和相互关系。机制自 20 世纪 80 年代初在国内经济改革中使用骤然增多,现已被广泛用于政治学、经济学、管理学及化学、医学等几乎所有自然、社会科学研究领域,机制可能是科学研究中与其他学科词汇结合组词最多的词语,但机制本身尚无科学定义,严谨地研究机制的专业论文寥寥无几。机制一般是系统的机制,随系统发展变化而发展变化,受系统内在规律支配和制约,是系统实现功能和系统内在规律发挥作用的必然方式,机制反映系统及其内在规律的发展变化。机制产生、构建、发展、变化反映客观规律并受其制约。实现系统功能的机制是多样的,系统各组成部分及其内部功能的实现机制也是多样化的,这些机制相互联系、相互作用、相互促进、相互制约,共同推进系统发展。如企业是向市场提供产品或服务的经济系统,由生产、研发、营销、财务、人力资源等部门构成,企业经营机制是多样化的,企业部门职能的实现机制也多样化,它们在相互联系、相互作用中实现企业经营目标,受市场价值规律支配和制约,反映价值规律的发展变化。本研究中机制是指在系统发展过程中各组成部分或要素相互联系、相互作用形成的有效实现系统目标的运行规则和协调方式。

二、机制的特点和功能

机制在系统发展演变中逐步形成,一般要经过较长时间。马维野和池玲燕(1995)研究认为机制具有以下特点:一是依存性,系统是机制的载体,机制依赖系统存在。二是自控性,机制自动调节系统要素运行,对系统要素具有控制力。三是内在性,机制在系统内部发生作用,是系统的内在作用力。四是规律性,机制运行和发展变化具有规律性,是系统规律的体现和外在反映。五是多重性,指系统的同一功能可由多种不同机制实现。经济领域内的机制深受系统内利益关系、社会文化和外部环境动态等影响。机制特点是机制内在规律在运行中的外在反映,掌握其特点有助于更好地理解和运用机制。

机制的价值在于它是实现系统目标必不可少的工具,具有特定的功能。机制一般具有以下功能:一是行为导向功能。机制建立和运行后,以实现系统目标为使命,引导、协调、规范、激励各要素或组成部分充分发挥效能,有序、有效实现系统目标。二是提高效益功能。机制使系统整体及各部分充分发挥效能、密切协作、协调顺畅,有效运作,使经济系统收益最大投入最小。三是稳定功能。机制形成后将在一定时期保持相对稳定,使机制各要素或组成部分积极、规范和可预期的发挥效能。四是自组织功能。机制必须反映规律,但它往往在各要素或组成部分的相互联系、相互作用、相互协调、相互制约中自然形成,具有自组织性,不符合规律的人为干预往往导致机制失能或失效。

第二节 突破性技术创新机制构建

突破性技术创新机制构建应以深刻认识突破性技术创新规律为前提和基础，以实现突破性技术创新目标为根本目的，从影响突破性技术创新过程的主要因素中识别该机制的要素或组成部分，继而开展理论构想和推演初步形成机制框架，再经实证检验后确认机制有效性。前文理论研究发现，突破性技术创新的决定因素是：突破性技术、突破性营销、商业模式及风险资本。突破性产品及其销售收入必然是突破性技术创新机制不可缺少的组成部分。从实践考察突破性技术创新过程发现：一是从突破性技术到突破性产品再到突破性技术创新绩效的突破性技术创新实践过程，二是从突破性技术创新绩效到突破性产品再到突破性技术的突破性技术创新逻辑解析过程。这两个过程表明突破性技术创新实践和逻辑分析是一致的，从而确定了突破性技术创新过程中突破性技术起推动作用、突破性产品是中介。另外突破性技术创新过程实质是突破性技术的商业化过程，商业化在突破性产品向突破性绩效转变过程的作用尤其重要，商业化是有关突破性技术价值发现、价值创造、价值转移、价值回收的一整套逻辑，近些年将其称为商业模式，它贯穿突破性技术商业化全过程及过程各方面，在突破性技术商业化过程中起中介作用。突破性营销主要协同突破性技术研发，促进突破性产品销售从而实现突破性技术创新绩效，因而它在突破性技术创新过程中起推动作用，与突破性技术作用相当。风险资本是致力于突破性技术商业化，通过突破性产品及商业模式实现卓越的突破性技术创新绩效，推高投资权益价值，从而获得超额投资收益的权益资本，它推动突破性技术创新，与突破性技术和突破性营销作用相当。因此，在突破性技术创新中起推动作用的因素是突破性技术、突破性营销、风险资本，起中介作用的是突破性产品和商业模式，突破性技术创新的目标是获取创新收益，主要通过突破性产品销售收入实现。产业环境和国家创新系统是影响突破性技术创新的主要外部环境因素。下文分述突破性技术创新机制的各组成部分。

一、突破性技术创新的主要驱动机制

在突破性技术创新过程中，突破性技术、突破性营销和风险资本相互协同推动突破性技术创新发展，本研究将此作用机制称为突破性技术创新的主要驱动机

制,该机制贯穿于突破性技术创新全过程及过程的各方面。突破性技术是突破性技术创新发展的根本驱动力,贯穿于突破性技术创新过程始终,突破性技术成果的主要体现是发明专利。黄鲁成和蔡爽(2010)认为专利是技术创新中创新技术、创新产品、创新工艺的核心内容和基础,突破性技术最终要物化到突破性产品中,转化为突破性产品的优异性能、特性等,通过突破性产品销售提升创新绩效。突破性技术是商业模式确立和发展的核心动因和依据,突破性技术的垄断性、先进性、技术关联性、复杂程度、技术商业化难易程度等直接决定商业模式发现、创造、传递和实现技术价值的方式,进而决定商业模式的竞争力,它物化到突破性产品中并通过商业模式影响创新绩效。突破性营销贯穿突破性技术创新全过程,它可发现领先用户,帮助企业开发突破性技术,改进完善产品概念和产品设计,在试生产阶段听取领先用户意见改进产品,在大规模销售阶段给客户提供更多支持以帮助其接受突破性产品等,突破性营销参与突破性技术价值发现、创造、传递和回收,创造性地开拓突破性产品市场,影响商业模式,促进突破性技术创新绩效提升。风险资本可投资于突破性技术创新的各阶段,它可促进突破性产品开发并缩短产品上市时间,它参与企业决策,可能为企业带来核心互补资产,或提供市场、技术等增值服务,必然影响突破性技术创新的商业模式。风险资本通过商业模式、突破性产品提升创新绩效。突破性技术、突破性营销和商业模式是突破性技术创新主要驱动机制的组成部分,它们是实现各自职能的机能系统。

二、突破性技术创新的主要中介机制

在突破性技术创新过程中,突破性技术创新的主要驱动机制影响突破性产品和商业模式,通过其实现突破性技术创新绩效。本研究将突破性技术创新过程中突破性产品和商业模式相互协同推动突破性技术创新发展的作用机制称为突破性技术创新的主要中介机制。突破性产品是突破性技术创新的物质载体,突破性产品是承载突破性技术的总体技术设计、产品性能设计、工业设计等的物质载体,其中技术独占性和设计独特性等是市场竞争优势的根本来源,它也是突破性营销能力发展和吸引风险资本的载体,对满足客户需求实现突破性创新绩效具有重要作用。突破性产品从根本上影响商业模式构建并通过商业模式实现其市场价值。突破性产品不断发展可能促进突破性技术改进或发展,但其与突破性技术驱动突破性产品发展的基础性、根本性、强大的直接因果推动作用不具可比性。突破性产品规格系列的增加、设计的改进等可能对突破性营销产生影响,但相对于突破性营销对它的影响要小得多。突破性产品是吸引风险资本投资的重要因素,但相比风险资本对它的影响,作用可能要小得多。

商业模式是关于价值发现、价值创造、价值传递和价值实现的商业系统,集中体现了企业内隐的商业逻辑,它是突破性技术创新中突破性技术、突破性营销和风险资本商业理念和商业价值创造的逻辑载体。特别要强调的是,商业模式直接影响突破性创新绩效。如日本丰田公司生产经营汽车的商业模式与美国通用汽车和福特汽车差别很大,小米公司智能手机商业模式与国内其他厂商根本不同,商业模式往往是经营绩效差别的主要原因。网络经济时代,商业竞争日益激烈,企业对产业价值网内不同商业经营要素搜寻、发现的广度、深度、频率和创造性组合能力大大增强,这些往往导致产生不同商业模式,因此,网络经济时代商业模式创新更频繁,商业模式竞争更激烈,先进商业模式颠覆落后商业模式越来越频繁,越来越多,如电商对传统零售业的颠覆,微信对移动通信的颠覆等。商业模式可能影响企业突破性技术开发及其发明专利申请及使用,但此种影响与突破性技术影响商业模式的作用相比太小。商业模式对突破性营销可能产生影响,但相对突破性营销的影响要小得多。商业模式是吸引风险资本投资的重要原因,但相比风险资本对它的影响可能要小得多。商业模式构建和发展可能对突破性产品产生影响。因此,在突破性技术创新过程中,突破性技术、突破性营销和风险资本对突破性产品和商业模式的影响居于支配地位,是本研究的重点。而突破性产品、商业模式对突破性技术、突破性营销和风险资本的影响小很多,本文对此种影响暂不作重点研究。

三、突破性技术创新的绩效机制

技术创新绩效测度理论研究较技术创新理论研究晚。向坚和刘洪伟(2011)研究发现技术创新测度研究20世纪50年代起步,70年代步入规范化、科学化发展轨道,80年代理论体系快速发展,90年代更多使用现代评价方法,理论体系趋于完善。突破性技术创新是复杂的技术经济活动,涉及技术、经济、制度、人员、管理等方面,产出必然多样化,导致测评绩效理论的多样性。突破性技术创新绩效测评理论主要有:一是财务指标测评理论。如Cooper和Kleinschmidt(1987)用利润、销售额、投资回收期等作为产品创新绩效度量指标,单红梅(2002)以新产品销售收入、新产品占销售收入比例作为新产品创新绩效的衡量指标,Kendall等(2010)用资产回报率和销售增长衡量发明和创新对企业绩效的影响,Yam等(2011)认为财务指标是衡量创新绩效的最佳选择。二是定量评价理论。如1998年Tremblay用加权平均比例法计算技术效率,此外有层次分析法、模糊综合评价法、灰色综合评价法等。三是综合评价理论。如王青云和饶扬德(2004)认为技术绩效评价应分成经济效益和社会效益两个二级指标,其中经济效益指标主要包括创新产品总数、创新产品销售收入、专利增加数等,社会效益指标包括技术创新的社会贡献率、创新产品对促进就业的作用等。Alegre 等(2006)评价产品创新绩效中使用了效果和效率两类指标。陈劲和陈钰芬(2006)提出企业技术创新绩效指标体系,包括新产品销售率等经济效益指标、新产品数等技术效益指标、专利申请数等技术积累指标。以上测评理论在理论基础、指标构成、测评方法、测评目的等方面不同,每种测评方法既具有其优势,也存在不足,实践中应根据具体情况选择适用的测评理论。

突破性技术创新最主要的目标是大规模销售突破性产品,销售收入持续快速增长,促进企业加速发展,获得创新经济收益。突破性技术创新的最大困难是风险很高、成功率很低,直接表现在开发成功突破性产品之前突破性技术创新活动被迫终止,或者突破性产品无法获得市场成功,即无法跨越"达尔文之海",此时突破性技术创新即告失败,突破性技术创新机制衰亡。突破性技术创新成功后,销售收入快速增长,推动突破性技术创新机制效能阶段性提升,从而销售收入规模更大成长更快,突破性技术创新机制效能再阶段性提升,形成突破性技术创新绩效和突破性技术创新机制效能强正回馈的良性循环,推动突破性技术创新机制效能螺旋式上升(如图 3.1 所示)。本研究将之称为突破性技术创新的绩效机制。

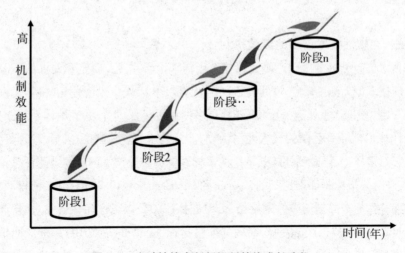

图 3.1　突破性技术创新机制效能成长路径

来源:作者绘制。

此种绩效机制在成功的破性技术创新过程四个阶段必然发生。

　　根据突破性技术创新的目的及特点,本研究认为财务指标如销售收入、销售收入增长率等是测评突破性技术创新的理想指标,选取这些指标与突破性技术创新的基本目的、技术进步是经济增长主要动力等理论研究和商业实践相符。本研究中的突破性产品凝结着突破性技术带来的产品性能跃迁及成本降低等优异性能,突破性产品的销售收入及实现利润一般大大优于行业内同类竞争产品,突破性技术创新的财务指标不仅绝对数字要足够大,而且应持续数个财务年度、同比增长率远高于行业平均增长率,甚至数倍于行业平均增长率,这样才能证明突破性技术创新的市场成功是稳定的、突破性创新优势明显。此测评指标符合本研究对突破性技术创新绩效的定义,符合研究的基本目的,测评指标客观、易获取,可满足研究的基本要求。

四、产业环境影响突破性技术创新的机制

　　突破性技术创新无论在现有产业内进行,还是开创全新产业,随着产业结构日益网络化,开放式创新越来越大行其道,脱离产业环境和缺少产业内其他企业密切合作,突破性技术创新不可能成功。产业环境是突破性技术创新赖以产生、发展的产业"土壤",它深刻影响突破性技术创新及其商业化机制。产业环境对突破性技术创新机制的影响是系统、动态和持久的,主要表现在:

　　产业市场特性的影响。突破性产品的价值主张被顾客接受,赢得市场销售的快速成长,很大程度上受产业市场特性影响。产业市场特性包括市场规模、市场结构、市场成长性、市场的行业及地理分布和顾客需求偏好等。如智能手机是替代数字手机的突破性产品,该市场规模巨大,顾客遍及全社会各行业等,总体市场结构是垄断竞争型的,技术进步很快,市场竞争激烈,企业进入和退出壁垒不是太高,市场成长快速,销售市场几乎遍及全球各国各行业,智能手机的顾客更新换代周期较短,市场增长潜力很大。顾客普遍使用数字手机及熟悉互联网使顾客认知和接受智能手机产品相对容易,此种市场特点对智能手机突破性技术创新机制发挥作用产生了持续广泛地积极影响。

　　产业技术特性及技术竞争的影响。突破性技术是突破性技术创新机制发挥作用的根本驱动因素,突破性技术的先进性、涉及的技术学科、技术关联性、应用的产业领域等以及产业内核心技术、支撑技术、关联技术的技术结构及技术关系等,对产业内突破性技术开发投入、开发方式、开发进程和开发风险等产生深刻影

响,进而影响产业内突破性技术创新进程。此外,突破性技术开发直接决定突破性产品的技术标准形成,影响突破性产品技术设计,进而决定突破性产品商业化发展。如在全球微电脑产业,美国英特尔和 AMD 公司垄断 CPU 技术、美国微软垄断操作系统,硬盘主要由 IBM、迈拓、希捷、西数、三星等厂商生产,其他技术含量低的部件生产厂商众多,此种产业技术特性决定了微电脑技术发展很大程度上取决于 CPU 厂商和操作系统厂商的技术创新,带动下游支撑技术和关联技术创新,上游技术产品市场是寡头垄断、中游技术产品市场是垄断竞争、下游技术产品市场竞争激烈,对微电脑的商业化机制发生深刻影响。技术标准、突破性产品设计对网络状产业结构的微电脑商业化机制产生了广泛深远的影响。

产业内互补资产的影响。突破性技术创新企业往往是轻资产企业,在商业化初期需要从外部获得生产制造、营销和售后服务等关键核心资产。这些资产能否获得以及获取的成本及时间等直接影响突破性技术创新,影响商业化的速度、时间和竞争力。如三一重工和中联重科的突破性产品混凝土泵车的核心部件是混凝土输送泵、泵车臂架等,装载混凝土输送泵的车辆及其他部件、生产制造、营销及售后服务资产共享企业现有互补资产,大大加快了混凝土泵车商业化进程,提高了突破性产品市场竞争力。

产业政策及法律规范的影响。国家产业政策和法律规范对突破性产品商业化机制也产生影响。国家产业政策及相关的税收、财政补贴、市场准入、土地、环保等政策对突破性技术商业化产生直接影响。如中国对高技术企业所得税实行政策优惠、对企业某些研发提供财政支持等,中国制定了产业指导目录,对新兴产业从用地、人才引进及环保政策等方面给予支持。再如世界各国对新药包括突破性新药的临床试验及临床使用进行严格系统的法律规制,对通讯牌照如 3G 牌照实施政府许可。政府政策和法律规制影响突破性产品商业化启动时间、商业化成本及进入市场领域等,进而影响突破性技术创新机制发挥作用。

五、国家创新系统影响突破性技术创新的机制

国家创新系统是与突破性技术创新最密切的外部宏观环境系统,当今世界主要科技大国非常注重国家创新系统建设。中国自 1998 开始建设国家创新系统,主要行动是 1998 年国家批准中国科学院实施国家知识创新工程,建设 985 高校、实施 973 计划等国家科技创新计划、建设国家重点实验室及国家工程技术研究中心、实施 2011 协同创新工程等,建立了一大批企业博士后科研流动站和工作站。

国家科技教育投资持续大幅增加促进创新型国家建设快速推进,也带动企业研发投资大幅增加。根据国家统计局《国家科技经费投入统计公报》,1999 年国家财政科学技术支出 543.9 亿元,全国研究与试验发展(R&D)经费 678.9 亿元,占国内生产总值(GDP)的 0.83%,根据《2016 年国民经济和社会发展统计公报》,2016 年全国研究与试验发展(R&D)经费支出 15500 亿元,占 GDP 的 2.08%,其中企业 R&D 投入 10881.3 亿元,占全国 R&D 投入的 76.79%。17 年间全国研发投入增长 20 多倍,占 GDP 比例也增长了 1 倍多,这足以证明国家对技术创新的重视。同时,国家科技管理体制、教育管理体制逐步改革,促进了科技、教育加快发展并与企业技术创新紧密结合,促进科技发展的法律法规如知识产权保护的相关法律不断制定和完善,技术市场不断发展,技术交易规则及制度不断完善,支持高新技术产业化的风险投资产业不断发展壮大。

国家创新系统建设使国内高校和科学研究机构的基础研究能力持续提高,源源不断培养大量高素质科技人才,促进企业研发水平快速提升,使高校、科学研究机构与企业技术创新互动合作更加密切、富有实效,全社会科技创新网络体系逐步形成并持续发挥促进技术创新的巨大作用。国家创新系统发展影响突破性技术创新机制主要表现在:可促进产生更高水平、更多突破性技术;可培养出更多发明突破性技术的高质量技术人才;可使现有突破性技术研发迅速、低成本获得所需研发技术人才等资源及研发合作者;更容易低成本迅速获得突破性技术发展所需的支撑技术、互补技术;可促进开发更多突破性产品;可使突破性技术创新更易获得高质量的风险资本以加快突破性技术创新过程。如天士力复方丹参滴丸和三一重工拖泵和泵车突破性技术创新依托国家 863、973 和科技攻关等项目支持,与高校、科研院所的一流研发团队合作建立研发平台,快速突破了一大批核心技术,加快突破性技术创新进程。

以上五种机制的相互作用构成了突破性技术创新机制,简单表述为:突破性技术创新的主要驱动机制——→突破性技术创新的主要中介机制——→突破性技术创新的绩效机制,即:在突破性技术创新过程中,突破性技术、突破性营销和风险资本推进突破性技术创新发展,并通过突破性产品及其商业模式的中介机制影响创新绩效。产业环境和国家创新系统是影响突破性技术创新机制形成发展的外部环境,上述关系用图 3.2 表示,此图是突破性技术创新机制的理论模型,它展示了本研究中五个主要变量的理论关系,是理论研究的逻辑框架,它既是理论研究的成果,又为后续研究奠定理论基础,具有承上启下的重要作用。

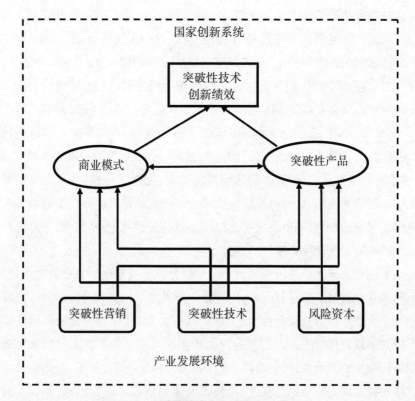

图 3.2 突破性技术创新机制理论模型

来源：作者绘制。

第三节 突破性技术创新机制的运作及功能

本节研究突破性技术创新机制的形成、运作及主要功能。

一、突破性技术创新机制的形成

突破性技术创新机制是在突破性技术创新过程中逐步形成的。根据该机制在突破性技术创新过程四个阶段的发展情况，将其形成过程依次分为萌芽期、孕育期、初建期、成熟期四个阶段。在萌芽期，确定了突破性产品概念和突破性技术创新的初步行动规划。突破性技术、突破性营销在发展突破性产品概念中发挥了主导作用，考虑了突破性产品的商业模式，风险资本也可能发挥重要作用，突破性技术创新尚未付诸实践,该机制处于萌芽期。在孕育期,开发原型产品,它是突破性产品雏形,可根据其初步谋划商业模式,突破性技术创新的产品中介初步成形,但突破性产品还没有销售。突破性技术发挥根本驱动作用,突破性营销发挥独特不可替代的重要作用,风险资本可能发挥重要作用,促进突破性技术创新机制的形成,该机制处于孕育期。在初建期,突破性产品基本定型,突破性产品生产顺利,商业模式加速形成,可获得销售收入,商业化初步推开,但突破性产品尚未达到盈亏平衡点。突破性技术、突破性营销发挥根本驱动作用,风险资本一般会发挥重要作用,突破性技术创新机制初步形成并运作。在成熟期,突破性产品趋于成熟稳定,商业模式基本成熟,销售收入规模很大并连年高速增长,利润率较高。突破性营销发挥根本驱动作用,突破性技术发挥重要作用,风险资本一般选择时机出售股权以兑现投资收益,突破性技术创新机制成熟、高效。在企业有足够资源而风险资本不介入的情况下,企业投资替代风险资本机制推动突破性技术创新发展,企业投资必须以风险资本的理念和方式运作,企业必须有足够的资金、丰富的管理经验支持创新,应当有能力适时引入重要互补资源,但这种情况比较少见。

突破性技术创新机制形成过程一般是多主体参与和路径依赖的。此过程一般有风险资本参与,风险资本常常以数家联合投资的方式介入。不仅如此,突破性技术、支撑技术、互补技术的开发往往是多家企业参与的竞合过程,重要部件、重要互补资产及配套产品一般来自很多不同企业。此过程是突破性技术商业化过程,随着产业化深入推进参与企业越来越多。突破性技术创新机制是在既定国家或区域的经济、技术、社会及文化等条件下运行的,深深嵌入经济社会系统中,众多主体在长期商业竞争与合作中逐步形成公认的商业规则、商业惯例等,对推动突破性技术商业化发展及突破性技术创新机制形成发挥重要作用,因而突破性技术创新机制形成是路径依赖的。相同或类似突破性技术往往有多个类似的相互竞争的商业化机制,如智能手机的商业化竞争中,出现了以美国苹果公司、华为公司、韩国三星为主导的各具特色的商业化机制。

突破性技术创新机制适用于普通产品或复杂产品,也适用于不同产业,但其运行方式可能有差异。复杂产品的突破性技术创新稍显复杂,往往整体产品和组成该产品的部分模块都是突破性技术创新的产物,突破性技术创新机制同样适用于复杂产品及其各相关模块,如高速铁路、第三代核电站、第五代军用战斗机、某些新型导弹等复杂产品的突破性技术创新。部分复杂产品可能并无原型产品或试制阶段,这些产品用户往往掌握高度专业的复杂产品技术知识,密切参与企业突破性技术创新并提出意见建议,与企业密切协同参与突破性技术创新过程直至制造出需要的产品,单台套的复杂产品尤其如此。但突破性技术创新机制可能并不适用于类似中国探月工程、载人航天等以科研为直接目标的复杂突破性技术创新过程。突破性技术创新机制运行在产业间存在差别,如医药产业的突破性技术创新过程与其他产业区别较大,医药产品或医疗器械的突破性产品创意几乎全部来自医疗过程中的疑难病症,原型产品主要由专业人员开发,试制表现为临床试验,这些过程中消费者由于专业知识和专业技能欠缺,参与突破性技术研发程度相当低,消费者或市场对医药医疗器械的突破性创新影响相对较小。

二、突破性技术创新机制的主要机能

在突破性技术创新过程中,以突破性技术成功商业化为目标,各部分的机能分别是:突破性技术机能是以突破性技术开发为根本动力,以突破性技术开发管理和技术外取为两翼,不断加速突破性技术开发的机能系统;突破性营销机能是与突破性技术开发协同,不断提高突破性技术的商业化程度,促进突破性营销能力不断发展并发挥作用的机能系统;风险资本机制通过风险资本的项目筛选机制、投资机制、管理机制、监督鉴证机制、咨询建议机制等促进突破性技术创新;突破性产品的中介机制主要是将突破性技术开发的使用价值不断物化到突破性产品中接受市场和其他各方面检验、突破性营销将顾客和市场的需求不断融入突破性产品使其接受市场检验、风险资本以特有功能或专长促进突破性产品尽快成功推向市场;突破性营销必须服从服务于构建具有竞争力的商业模式,风险资本始终将构建优异的商业模式作为突破性产品商业化不可逾越的中介。作为突破性技术创新主要驱动因素的突破性技术机能、突破性营销机能和风险资本机制在突破性技术创新过程中是相互协同的,如 Kenneth(2010)研究认为营销和研发高度整合可降低以全新产品、市场和技术创业的新产品失败风险,风险资本机制与突破性技术机制、突破性营销机制的相互协同是不言而喻的。突破性产品中介机制和商业模式中介机制在突破性技术创新过程中是相互作用的。突破性技术创新的主要驱动机制和中介机制在突破性技术创新中相互作用从而形成突破性技术创新机制的有效运作。

突破性技术创新的根本目标是突破性技术成功商业化,突破性技术创新机制是实现该目标的最有效方式。突破性技术创新机制的作用过程是:在模糊前端阶段,突破性技术、突破性营销或风险资本等相互协同,以突破性产品的价值主张、市场前景和商业化路径为中心,也就是突破性产品和商业模式为中心,竭尽全力构想优秀的突破性产品,经过系统严格评估确定突破性产品概念,它是突破性技术进一步商业化开发的主要依托。此阶段处于突破性技术创新启动期,突破性技术、突破性营销或风险资本初始运作、初步发挥作用、机能初建,该机制处于萌芽期,虽然突破性产品概念确定非常重要,但该机制处于初步形成期、完整机能尚未形成。在原型产品阶段,突破性技术创新以造出实物产品为主要任务,突破性技术发挥主导作用,承担"主攻"任务,突破性营销或风险资本协同促进企业以顾客需求和市场为中心完成原型产品结构及性能设计,有助于构建有竞争力的商业模式。原型产品验证突破性技术设想的可行性,实现突破性技术从设想到技术现实的跨越,它是试制试销和改进突破性产品及其技术的母本,是突破性技术创新重要的里程碑。此阶段突破性技术创新付诸实践,各项工作稳步展开,突破性技术、突破性营销机能在创新实践中逐步形成,风险资本机制可能发挥作用,该机制雏形出现并开始发挥作用,突破性技术机能发挥主导作用,由于尚无突破性产品销售收入,但机制处于孕育期,机能逐步发展完善、逐步规范化。在试制阶段,突破性技术创新开发最优秀的突破性产品制造工艺、制造技术,初步确定突破性产品市场定位、制定初步营销规划,初步探索商业模式,加快获取重要互补资源。突破性技术、突破性营销相互协同促进突破性产品性能及设计更加完善,适应顾客和市场需求,努力探索形成最具竞争力的商业模式,加速突破性技术商业化进程。风险资本机制深深嵌入,对突破性产品完善、市场化以及形成最具竞争力的商业模式发挥着独特不可替代的重要作用。此阶段突破性技术创新各项工作全面展开,市场新进入者骤然增多,市场竞争趋于激烈,突破性技术、突破性营销机能及风险资本机制趋于成熟,可获得突破性产品销售收入,该机制初步建成,突破性技术、突破性营销机能发挥主要推动作用,机能趋于完善并有效发挥作用。在规模化市场扩张阶段,突破性技术创新形成最具竞争力的商业模式,销售收入快速增长,使突破性产品标准、设计分别成为行业主导设计、主导标准是突破性技术创新的焦点问题。突破性营销发挥主导作用,承担"主攻"任务,突破性技术、风险资本协同尤为重要。此阶段新竞争者踊跃进入,形成最具竞争力的商业模式将决定企业市场竞争地位,甚至竞争成败。突破性技术创新进入收尾期,突破性技术开发的主要任务已经完成,风险资本一般在此阶段的中后期退出。突破性技术、突破性营销机能及风险资本机制成熟,该机制进入成熟阶段,稳定有效发挥作用,销售收入快速增长,标志着突破性技术创新成功实现商业化。

　　突破性技术创新机制的主要机能是：有助于全面、深刻理解突破性技术创新各阶段面临的主要任务和困难，便于采取有效措施推进突破性技术创新；有助于有效组织协同突破性技术创新的主要驱动因素和主要中介因素，整合企业内外部资源加快创新，达到事半功倍的效果；有助于探索突破性技术成功商业化的最有效、最迅速的路径，提高企业市场竞争力；有助于提高突破性技术创新成功率、降低技术创新风险，加快突破性技术向现实生产力转化；有助于降低突破性技术创新投资风险，提高投资收益；有助于促进突破性技术创新发展，加快产业转型升级，提高产业竞争力。

　　突破性技术创新机制与渐进性技术创新机制有根本区别。两种技术创新有许多共同点，但不同点显著，主要原因在于：突破性技术与渐进性技术的技术轨道和技术范式根本不同，决定了两种技术成长规律根本不同，突破性技术更具跳跃性、风险性；突破性产品建立在与渐进性技术完全不同的科学或工程原理基础上，导致突破性产品提供给顾客的价值与渐进性产品相比具有跳跃性特点，具有更优越的性价比；风险资本惯于投资突破性技术创新而很少投入渐进性技术创新；突破性营销与突破性技术在突破性技术创新过程中密切协同，而渐进性技术与企业营销平稳有序协同，其创造性、风险性和动荡性要小得多；与渐进性技术创新比较，突破性技术创新商业模式构建比渐进性技术创新难度大的多，所需更多投资、更长时间、更丰富的商业经验、更多商业探索。

第四章

突破性技术创新的主要驱动机制

第三章提出了突破性技术创新机制的理论模型。在突破性技术创新发展演进过程中,突破性技术创新机制的各部分如突破性技术创新、商业模式等的机能是怎样形成的,如何发挥机能并相互作用? 应从理论上深入系统地解构它们,深入探究突破性技术创新机制的形成及运作,提出相关理论命题,待后续案例研究验证、检验、完善和发展这些命题,从而得出令人信服的结论,以指导或推动突破性技术创新理论研究和实践发展。

第一节　突破性技术机能

突破性技术创新因突破性技术而生,主要受其驱动发展变化。突破性技术机能是指突破性技术在突破性技术创新过程中发挥的技术功能及作用的总和。它贯穿于突破性技术商业化过程始终,包括突破性技术中的核心技术、支撑技术、互补技术各自独立及相互协同产生的功能及作用。突破性技术创新能力的形成是复杂的过程,需要一定的时间,企业一般通过 3~5 年建立支撑持续且全面创新所需要的技能、管理流程、度量标准、信息系统和价值观等。

突破性技术主要来源有:(1)基础科学或理论的重大发现,如量子理论、液晶、超导、超声波等重大理论发现导致了突破性技术创新,爱因斯坦的质能方程 $E = mc^2$ 等导致原子弹发明。(2)技术人员发明或工艺发明,如 1985 年王选院士发明的激光照排技术、1990 年美国高通公司发明 CDMA 技术、亨利·福特创立的流水线生产技术等。(3)市场需求驱动,如为应对全球疟疾流行危害人类健康,中国中医科学院屠呦呦团队 1973 年研制出抗疟中药青蒿素,1989 年美国电气工程师维克多发明心血管支架技术治疗有关疾病等。突破性技术自主开发的主要方式有科技人员自主开发、企业新设技术开发部门、独立创新主体联合开发等。突破性技术开发一般是企业的嵌入式职能单位的主要职责。在开放式创新日益盛行及创新网络日益重要的时代背景下,突破性技术开发及发展必须以充分的资金资源投入机制、优秀的技术骨干团队、适宜的技术开发组织和技术管理机制等保障,在激烈竞争的动态技术环境中通过自主开发、合作开发或外部获取等途径实现。

一、突破性技术创新过程

突破性技术开发贯穿于突破性技术创新全过程,始于模糊前端阶段确立的突破性产品技术构想。产品技术构想可在现有技术基础上产生,如邓国顺和成晓华的闪存盘就是在 USB 接口技术、Flash 芯片等基础上构想出来的,也可先构想产品再开发技术,如北斗导航系统就是在陈芳允院士等 1983 年提出的"双星定位系统"构想基础上开发出来的。模糊前端阶段是突破性技术创新最难最富挑战性的阶段,该阶段技术创新一般要掌握专业领域最前沿技术、具有强烈的产品构想意识、独到的市场理念,通过多种渠道和多种方法产生很多产品创意,再反复筛选、完善、发展,经过技术、市场、商业等多行业经验丰富的专家多次评估,最终确定突破性产品的初步设计构想,突破性技术在其中发挥主导或主要作用。产品构想基于全新科学技术原理或工程技术原理,与市场上同类产品的技术原理根本不同,它清晰展示产品的主要技术原理,是开发原型产品的技术蓝本,对降低突破性产品后期开发的技术和市场不确定性具有重要作用。形成产品构想的突破性技术可源于某个或多个技术领域最前沿的新颖技术,也可源于极具创新性的技术创意整合现有高新技术,或者源于二者的结合。

在原型产品开发阶段,在学习吸收外部技术过程中,技术开发要全面严谨审核产品构想所依据的主要技术原理及初步设计,再深入研发改进,进一步系统评估技术,确定产品基本技术框架,基本技术结构,并进行详细技术设计,初步形成产品系列技术设计文件,可申请技术发明专利。世界知识产权组织(WIPO)证实,世界上 90% ~95% 的发明申请了专利。在确定技术设计后,组织制造原型产品,初步验证技术设计可行性,探索制造突破性产品技术、工艺路径,同时改进完善产品技术设计和产品性能等。造出原型产品后,可将原型产品交市场领先用户征求意见或试用,征求各方面专家意见逐步发展完善原型产品,最终经市场、技术、制造、经营管理等方面专家评估定型。产品原型的主要作用是可检测不可预见现象,可降低昂贵重复风险,可加快其他开发步骤,可重建任务间的依赖性。原型产品设计要听取市场、制造、营销、商业等方面专业意见建议,以未来突破性产品商业化为导向,高度重视产品性能适合未来市场需求并提高市场竞争力,充分考虑产品商业模式,考虑产品制造工艺便于制造等。此阶段的主要任务是经过富于创造性的深度技术设计和技术开发,确定产品基本技术设计,制造出可验证的性能优异的初级突破性产品。技术设计对突破性产品及其商业模式影响深远,根据有关统计研究,闻邦椿等(2003)提出产品设计可决定70%的产品质量和70%~80%的全产品成本。

在试制阶段,在已有突破性产品技术原理、总体设计及详细设计的基础上,技术开发要与生产现实衔接,重点开发产品工艺技术、生产流程技术,开展产品工业设计,确定产品基本技术结构,制定初步产品规划,增加产品规格设计等,为稳定、低成本、高效生产突破性产品提供成熟先进的生产及工艺等保障。据美国国家生产率委员会调查,工艺技术对生产力发展、生产率提高的贡献约占57%。将突破性产品先小批量投放市场,再扩大批量投放市场,不断提高生产技能、技巧,积累生产经验,注重吸收技术竞争者和其他外部先进技术,逐步完善产品技术设计、生产工艺技术、产品性能等,可申请技术专利和工艺专利。根据市场反馈及生产技术实践等,前瞻性地谋划商业模式、产品技术标准、产品工业设计,探索产品市场定位,筹划市场营销等,逐步探索突破性产品规格系列化、品牌化等。

在规模化市场扩张阶段,在大批量生产和销售过程中,技术开发要根据市场竞争反馈不断改进完善产品性能,不断完善产品工业设计,大力开发系列化新产品,在技术竞争和吸收外部技术的基础上确定突破性产品的总体技术设计、工艺设计、技术标准等,建立生产技能、技术技巧和生产经验等的学习、传承和提高机制,逐步建立产品技术平台。此外,要确立突破性产品的主要商业模式,主攻突破性产品市场开拓和营销,推动企业技术标准成为行业标准或被行业标准兼容,通过激烈的市场竞争推进突破性产品的技术设计成为主导设计。当突破性产品主导设计基本形成时,突破性技术发展趋于缓慢,标志着突破性技术创新过程基本结束。

二、自主技术开发

随着技术学科分化加剧、技术交叉融合日益发展,技术在科技型企业经营中巨大潜力的日益显现,世界主要大国及其企业科技开发投入持续大幅增加,技术开发人才数量越来越多、质量越来越高、流动性越来越大,技术联盟、技术网络等技术创新方式深化发展,开放式创新变革加速推进,速度和前沿性日益成为技术开发及其商业化竞争的关键决胜因素,突破性技术开发环境更趋动荡、竞争日趋激烈、活动更加复杂。

突破性技术开发的主要目标是在既有条件下,最有效利用自身技术能力,动态选择优化最擅长的突破性技术领域,动态最有效整合内外部技术资源,以最快速度开发出领先突破性技术。所开发技术可能是突破性产品总体技术中的核心技术、支撑技术、互补技术,或是其组合。在突破性技术开发不同阶段,技术开发主要目标不同。在模糊前端阶段主要是广泛搜罗各领域前沿技术,通过各种方法产生富于创造性的技术创意,以催生优秀产品构想。在原型产品阶段主要是集中开发最优突破性产品设计及产品技术,使突破性产品性能最优。在试制阶段主要开发最优生产工艺技术及积累技术技巧等,以稳定可靠地生产突破性产品并使生产成本最低、效率最高。在规模化市场扩张阶段,主要根据市场反馈完善产品性能,形成产品技术平台、技术标准,努力使产品技术成为产业主导技术,以技术手段有效实现市场竞争优势和商业利益最大化。突破性技术开发每阶段需要几乎完全不同的技术、知识、技能、经验,表现出鲜明的间断性特性,技术开发必须掌握好每个阶段的技术开发重点,迅速有效实现目标,平稳顺利地向后继阶段推进,从速圆满完成任务。

R&D 部门的 R&D 能力是突破性技术开发的核心和基础。选择 R&D 领域后,必须有覆盖所选领域技术多样性(宽度)和深度的人员、开发设施设备及工具等,通过激励核心技术人员或技术团队推进突破性技术开发加快发展,同时须做好技术保密和技术向专利转化等工作。在此过程中通过构建的技术创新网络收集国际国内相关技术研究成果,敏锐掌握主要竞争者的最新技术进展,积极与营销协同听取领先用户的意见和建议,前瞻性地筹划商业模式和突破性产品创新,深刻分析自身技术开发优势劣势,洞察未来该领域技术发展趋势及潜力,动态调整优化技术开发目标,以更好发挥自身技术优势,确保技术开发的先进性,或决定收缩、放弃甚至完全退出技术开发,这是突破性技术的不连续性、高风险性和高失败率等特性决定的。突破性技术开发失败的主要原因有技术、资金、市场、经营,或者性能更优的同类产品出现等。技术开发应注意采用并行工程、集成产品开发(IPD)等先进管理方法以提高技术开发效率和效益。自主技术开发的动力主要来自技术进步内生动力、强烈的技术商业化欲望、激烈的技术竞争激励、潜在市场需求拉动等。

突破性技术开发过程是突破性技术逐渐由低级到高级、由简单到复杂、由不成熟到成熟的发展过程。突破性产品和商业模式对突破性技术开发的影响随突破性技术开发进程逐步由抽象到具体、由小到大、由少到多,二者发挥启发、改进和推动突破性技术开发的作用,但几乎不可能对突破性技术开发起决定性作用,它们根本改变突破性技术整体开发的情况很罕见。与突破性技术对突破性产品和商业模式的影响比,突破性产品和商业模式对突破性技术开发的影响小得多,两种影响有质的区别。

三、外部获取技术

根据技术机会理论,技术发展过程中突破性技术开发有多种可能实现路径,实践中一般有多主体从相同或不同路径开发相同或类似突破性技术。由于企业 R&D 宽度和人才有限、核心技术人员天赋和能力差别等原因,在突破性技术开发中总有其他主体在核心技术、支撑技术、互补技术甚至共生技术方面有非常好的技术,这些技术中有些与企业相同或类似但互有长短,有些企业有能力开发但却受资源人才等限制无法开发或为时已晚,有些企业无能力开发。有些技术开发主体是致力推进突破性技术开发的主要参与者,有些开发核心技术之外的技术,有些开发了技术但无意在该技术领域发展,有的可能完全是技术爱好者个人偶然的独立技术行为等。在当今突破性技术开发竞争中,任何主体很难独揽全部技术开发,往往是多主体竞相开发,各有所长,技术创新活跃,外部可利用技术资源丰富。

在企业面临激烈的突破性技术开发竞争,但在资金、人才等资源有限情况下,如果能通过外部获取或合作开发更快、成本更低的获得更先进更可靠的技术,通过开放式创新获取外部技术是必然选择。否则,企业必然在激烈的技术竞争中落后,甚至被淘汰。如领先全球手机市场 15 年的诺基亚公司 2010 年在智能手机市场竞争中因其操作系统落后不敌苹果公司和谷歌公司,诺基亚不得已放弃自己的 Meego 和 Symbian3 操作系统,但它不采用更具优势的苹果公司的 IOS 操作系统和谷歌公司的 Android 操作系统,而在 2011 年采用不具优势且缺乏第三方应用的微软 Windows Phone 系统,导致在智能手机市场竞争中彻底失败,2013 年 9 月被微软收购,诺基亚公司在智能手机核心组成部分操作系统的技术落后及其合作伙伴选择战略错误是导致经营失败的最主要原因。袁晓东和孟奇勋(2010)研究发现历年美国专利申请数量名列前茅的著名企业产品专利技术仅 1/3 来自内部研发,约 2/3 通过授权、购买或交换等方式从外部获取。Pérez - Luo 等(2011)对 2942 家西班牙公司实证研究发现 54% 的公司采纳其他公司的创新,7% 的公司内部生产创新而 39% 是两者兼而有之。企业获取外部技术的主要方式是:并购、委托开发、外包、合作研发、技术联盟、交叉许可、技术信息等。这些技术外取方式因企业获取外部技术目标、企业技术、资金和人才等实力、技术合作伙伴实力及意愿、技术竞争状况、技术发展趋势及时机不同而有不同的实现方式、条件及优劣势。但企业技术外取必须建立在企业 R&D 能力基础上，能将外取技术有机融入企业技术体系，加速企业技术开发进程，有利于促进 R&D 能力成长，更快速、更低成本的获取更可靠更先进的突破性技术，弥补企业技术弱项、不足、甚至缺陷，更好地实现企业突破性技术创新目标。

四、突破性技术开发管理

突破性技术创新一般耗时 10 年左右，全程面临巨大的技术、市场等不确定性和风险。突破性技术开发面临激烈的技术竞争，资金及资源投入巨大，一般从外部获取大量资金、技术、人才等资源，必须以有效的前瞻性管理指引其发展方向，迅速敏锐抓住有利技术开发机会，充分利用外部优异技术，预警技术开发风险和陷阱，深刻认识、剖析技术开发中遇到的困难和问题并有效解决，更有效地利用和发挥企业 R&D 能力，以持续保持或增强企业技术开发优势。突破性技术开发管理主要是通过有效的技术管理制度和技术管理能力实现。

技术管理制度主要包括专利制度、技术人员激励制度、技术保密制度、外部技术获取制度等，它是突破性技术开发必不可缺的基础制度保障。没有有效的管理制度，突破性技术开发成功绝无可能。与国家专利制度不同，企业专利制度主要根据国家专利法规和技术创新规律，在企业内部建立专利管理体制和机制，对技术转化为专利、专利申请、享有专利权专利的管理使用、对外专利合作及专利出售等做出明确的规范性规定，切实维护和发展企业合法专利权益，有效推进专利商业化，最大限度释放专利的潜在经济价值。技术人员激励制度是依据国家相关法规和行业通行惯例，根据突破性技术创新不确定和风险较大的特性，建立基于技术人员持股为核心的系统薪酬制度，有效解决核心技术人员和其他骨干突破性技术创新人员激励问题，提高突破性技术开发实效，加快推进开发进程。Leifer 等(2000)认为突破性技术创新主要由个人发动，突破性技术创新项目需要由多种才能的个人组成的核心群体推动。可见，充分激励核心人员努力实现突破性技术创新目标事关创新成败。技术保密制度是根据国家有关法规和企业实际，制定切实保护企业合法技术权益的行为规则，避免或减少企业面临的知识产权风险和损失。外部技术获取制度主要是制定企业获取外部技术的规则和决策、执行程序，明确技术自主开发或外取的条件和程序,在提高技术外取执行力的同时,更好地培育发展自主技术开发能力。企业技术管理制度应整体协调,服务于突破性技术开发。

技术管理能力主要包括技术预见能力、技术决策能力、技术开发机制、专利策略、技术竞争策略、技术标准策略、商业化机制等。技术管理能力有助于更好地实施开放式创新,更好地激发 R&D 能力发展,更好地抓住技术机遇,有效规避或减少技术风险,有效赢得技术创新竞争优势。技术预见能力主要是运用科学方法预测突破性技术发展方向和趋势,技术竞争发展态势,重要技术突破可能出现的时机或方式等的能力,它是企业技术决策的重要基础和依托。技术决策能力是根据企业形成或开发的有效技术决策方式方法、技能和经验等,迅速有效做出正确而富有远见的技术决定的能力,它直接关乎突破性技术开发的成效、成败。技术开发机制是在技术开发实践基础上形成的有效技术开发流程、程序、方法、方式和手段的总和,它可有效提高技术开发实效。专利策略是运用已有专利进行技术开发、技术竞争、技术合作、技术商业化等的系列行动方案,它可有效维护和最大限度发挥技术专利的作用。Rivette 和 Kline(2000)研究认为运用专利策略可通过保护核心技术、激励研发和树立品牌等途径建立企业独有市场优势,可通过开发新市场机会、降低市场和技术风险等方式提升企业竞争力,可通过专利许可转让、吸引新资本等方式改善财务绩效。技术竞争策略是对自主研发、合作研发、并购还是外包、委托研发等行为进行系列权衡和谋划,以期在发展自主技术开发能力的前提下,以最小的成本和最快的速度实现技术开发目标的系列行动方案。龚毅等(2004)研究发现企业自主研发还是购买外部技术由新产品投放市场时间系数、内部研发成本、新产品市场总收益及企业所占市场份额等因素综合决定。技术标准策略是将技术专利融入产品技术标准中或为其兼容,最大限度以标准谋取企业技术优势和商业利益的系列行动方案。自 2004 年以来中国政府支持的无线上网标准 WAPI 与 Wi-Fi 联盟的国际标准 Wi-Fi 持久纷争说明了技术标准中隐含的巨大商业和战略利益。商业化机制是在突破性技术开发中探索快速有效实现突破性技术商业化的流程、程序、方法和策略等,它最终决定突破性技术开发成败。技术管理能力各部分是有机的统一整体,协同促进突破性技术开发成功实现技术开发目标。

五、突破性技术机能的作用机制

突破性技术机能内生于突破性技术创新过程中并不断发展完善,它影响突破性技术创新全过程及过程的各个方面,目标是突破性技术成功商业化。自主技术开发在突破性技术机能中始终起决定作用,外部获取技术并将其有机融入突破性技术开发过程以加快技术开发进程是突破性技术机能的重要组成部分,突破性技术管理是突破性技术开发及突破性技术机能发挥作用的基本保障。突破性技术机能发展的主要动力有突破性技术进步的内生动力、强烈的技术商业化欲望、激烈的技术竞争激励、潜在市场需求拉动等。突破性技术机能作用的基本方式是在突破性技术创新过程中,以突破性技术成功商业化为目标,在突破性技术内生动力、技术商业化欲望、激烈的技术竞争、潜在市场需求拉动等推动下,以突破性技术开发为核心动力,以突破性技术开发管理和技术外取为两翼,持续发展作用并不断发展演化的机能系统(见图4.1)。

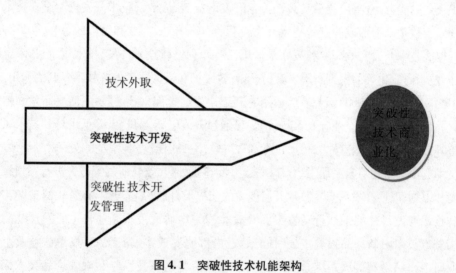

图4.1　突破性技术机能架构

来源:作者绘制。

一般地讲,突破性技术开发过程几乎是一部兴奋、曲折、挫折、失败、成功交替出现的交响曲,期间交织着骨干技术人员进入退出、资金投入变故、更优越技术或更强技术竞争者出现等,这些是导致突破性技术创新失败率高企的重要原因之一。突破性技术开发机制是克服突破性技术开发过程中诸多困难的有效方法之一。

基于以上研究提出命题:

命题1.　突破性技术推动突破性技术创新发展,影响突破性产品和商业模式并通过其影响突破性技术创新绩效。

第二节　突破性营销机能

突破性营销源于突破性技术创新对市场智慧、技能、经验、知识等的内在需求,直接由突破性技术开发诱发,服务于突破性技术创新。

一、突破性营销及其机能

突破性营销机能是与突破性技术开发在突破性技术创新互动演进过程中发挥的突破性营销功能及作用。突破性营销主要通过领先用户开发能力、突破性价值传递能力和创新性市场开拓能力等弥补突破性技术开发在潜在市场智慧、经验、技能、知识等方面不足,以及更好地满足其与潜在市场密切互动的迫切需求(见图2.9)。如美国摩托罗拉公司长期是全球无线和宽带通信技术研发的先行者和领导者,发明许多突破性产品如全球第一款 GSM 数字手机、第一款智能手机、第一个无线路由器以及提出著名的铱星计划等,但它过于专注技术创新、轻视消费者体验及个性化需求对市场竞争成败的重要作用而陷入不利市场地位,2011年谷歌公司收购摩托罗拉移动。突破性营销肩负使命几乎与传统营销迥异,主要表现在突破性技术创新的模糊前端、原型产品及试制阶段三个阶段,主要任务分别是在与突破性技术开发密切协同中寻找筛选出优秀的突破性产品创意、改进完善原型产品性能设计、改进完善突破性产品工艺设计及其生产设计等,主要目标是开发更加商业化的突破性技术、突破性产品而不是销售突破性产品。突破性营销与突破性技术开发共进退,突破性技术开发终止则突破性营销终止。在大规模上市阶段任务与传统营销比较接近,但突破性产品为顾客提供的价值出现跳跃式提升,顾客接受突破性产品是最大的挑战,此阶段突破性产品营销要么面对全新市场、要么面对全新产品,营销挑战和风险比传统营销大得多,需要更多资金投入和更多营销创新、开拓、努力。突破性营销的根本动力是突破性技术开发的拉动和强烈商业化欲望推动。

二、突破性营销的主要任务

突破性营销任务是将商业化贯穿于突破性技术及突破性产品开发全过程中,促进突破性产品成功商业化。它随突破性技术创新推进,具体任务在突破性技术创新各阶段几乎完全不同,完成后继阶段的任务需要彻底变革既有突破性营销能力。在模糊前端阶段,突破性营销的主要任务是协同突破性技术开发等搜寻、发现、完善、发展并确定突破性产品创意。突破性营销主要以未来突破性产品客户的身份与技术人员、领先用户等专业人士构想、完善和发展未来客户的突破性产品,即以"移情"作用开发突破性产品。领先用户是能提出和发展突破性产品构想的特殊用户,其主要特点是创新欲望和创新意识强烈、专业技术技能知识或相关技术经验丰富,或有突破性产品潜在需求。Von Hippel(1988)研究认为领先用户创新的主要作用是:觉察创新需求、提出解决方案、构建产品原型、使用产品原型并确定其价值、扩散新产品。突破性营销协同突破性技术开发搜寻、保持和发展尽可能多的领先用户,使其与突破性技术开发人员顺畅沟通以发展、完善、确定产品创意,同时不断探索、发展突破性产品开发的市场智慧、技能、知识和经验等以促进突破性技术及突破性产品开发。Von Hippel(1988)研究显示在各类产品中领先用户贡献了相当的突破性创新——有些高达70~85%。在原型产品阶段,听取领先用户意见,基于对市场的理解和经验等,突破性营销协同突破性技术开发完善突破性产品总体技术设计及有关详细技术设计,随后开发原型产品。突破性营销将原型产品交领先用户使用,协同突破性技术开发人员反复听取领先用户的意见或建议,结合原型产品使用等从市场视角提出性能改进及完善的意见或建议。在试制阶段,在突破性产品试销中,突破性营销负责搜集整理反馈客户对突破性产品设计、性能、销售等的意见建议,提出改进完善突破性产品工艺设计和产品设计的意见建议,逐步摸索突破性产品细分市场及目标客户,提出发展完善突破性产品规格的市场意见建议,协同企业探索构建具有竞争力的商业模式,探索客户认可、信任和接受突破性产品的有效机制,探索突破性产品市场定位及品牌定位,为大规模市场销售做准备。在规模化市场销售阶段,在突破性产品市场激烈竞争的背景下,突破性营销必须快速发展营销能力,有效应对市场挑战和风险,促进突破性产品销售高速增长,或破解市场销售困境,及时有效反馈市场对突破性产品性能、设计、维修及售后服务的意见建议。另一方面协同突破性技术开发通过突破性营销促进突破性产品标准早日成为市场主流标准,促进突破性产品设计早日成为产业主导设计,协同企业不断完善发展商业模式提高竞争力,建立产品技术开发平台,迅速有效扩大突破性产品市场销售规模,大幅降低经营成本,提高突破性产品销售收入及利润。

三、突破性营销管理

突破性营销管理是突破性营销机能运行和发展的根本保障,它包括协同创新机制、能力变革机制、业绩考核机制、激励机制等。协同创新机制指在突破性技术创新过程中,突破性营销与突破性技术开发协同,保持、维护和发展与领先用户等外部创新参与者的有组织经常联系,感知、响应和满足市场对突破性技术开发的现实需求,创造性发掘和满足其潜在需求,探索和满足其未察觉的创新需求,不断探索提高突破性营销能力成长的有效机制。能力变革机制是科学预测和把握突破性技术开发各阶段对突破性营销能力的迥然而异的需求,建立能力培训、人员招募、团队学习、组织变革等机制,以及时响应和满足突破性技术创新各阶段对突破性营销能力截然不同的需求,促进突破性营销能力成长。由于突破性营销内容和任务几乎与传统营销完全不同,并且对营销能力的要求更高,传统营销以产品或服务销售收入为核心的业绩考核机制对突破性营销并不适合。业绩考核机制是根据突破性营销特点,建立基于技术开发部门需求满足、领先用户等外部创新意见搜集利用、突破性营销能力发展及外部资深专业人士评价等基础上的反映突破性营销工作实际状况的有效业绩考核标准体系,以有效促进突破性营销能力发展。由于突破性营销在突破性技术创新前三阶段无销售收入或收入规模较小,激励机制是根据突破性营销特点,建立以科学客观反映即期工作努力和长期工作成效的薪酬制度,如以现金薪酬与营销人员持股相结合的薪酬制度,以确保和促进突破性营销能力成长。突破性营销能力管理各部分是内在统一的整体,共同服务于突破性营销机能发展。

突破性产品和商业模式对突破性营销的影响随突破性技术开发进程逐步由零散到具体,作用由浅到深、由小到大,二者对突破性营销机能完善发展必不可少,特别是在突破性产品大规模市场扩张阶段。不适时面对突破性产品和商业模式的突破性营销是不可思议的,也很难成功,但它们不可能决定突破性营销机能发展。与突破性营销对突破性产品和商业模式的影响比,突破性产品和商业模式一般对突破性营销的影响小得多。

突破性营销机能随突破性技术创新发展而成长,它贯穿于突破性营销发展全过程和过程的各个方面。目标是以市场智慧、技能、经验和知识等促进突破性技术开发,促进突破性产品加快成功商业化。突破性营销机能发展的主要动力是突破性技术发展拉动、技术商业化欲望推动等。突破性营销机能作用的基本方式是在突破性技术创新过程中,以突破性技术成功商业化为目标,在突破性技术发展拉动、技术商业化欲望推动下,突破性营销能力发挥作用并不断发展演化的机能系统。

四、突破性营销机能的作用机制

突破性营销机能因突破性技术而生,内生于突破性技术创新过程中并不断成长,它贯穿于突破性技术创新全过程及过程的各个方面,目的是加快突破性技术成功商业化。领先用户开发能力、突破性价值传递能力和创新性市场开拓能力是突破性营销机能的核心组成部分,突破性价值传递能力是领先用户开发能力和创新性市场开拓能力服从服务的中心和发展的归宿。突破性营销的管理体制和运行机制是突破性营销机能发展的组织保障。突破性营销发展的主要动力是目标客户或市场需求、突破性技术发展的客观需要、突破性技术成功商业化目标、突破性产品营销竞争等。突破性营销机能作用的基本方式是在突破性技术创新过程中,以突破性技术成功商业化为目标,在目标客户或市场需求、突破性技术发展拉动和突破性技术成功商业化目标、突破性产品营销竞争推动下,以发展突破性价值传递能力为核心目标,以发展领先用户开发能力和创新性市场开拓能力为两翼,在协同突破性技术开发过程中发挥作用并不断发展演化的机能系统。

一般情况下,突破性技术开发过程中意外突破、挫折、挑战和风险等直接决定突破性技术开发成效,进而决定突破性营销能力发展。突破性营销能力发展也有相对独立性,对市场状况准确判断能力、随突破性技术开发进程及时变革营销能力、应对市场爆发式增长或意外下跌的能力等决定了突破性营销机能发展很难避免失败的威胁。

基于以上研究提出命题:

命题2. 突破性营销推动突破性技术创新发展,影响突破性产品和商业模式并通过其影响突破性技术创新绩效。

第三节　风险资本及其机制

一、风险资本及其特点

突破性技术创新的技术、市场等不确定性大,耗费资金多,创新周期长,失败率高等特性与追求定期稳定回报的各类普通投资无法合作。风险资本因应高风险、高成长、长周期、大投资的高科技产业化而生,可满足突破性技术创新的投资需求。和普通投资比,风险资本的特点有:一是投资目标不同。风险资本主要以追求超额资本收益为目标,普通投资以获取利息或股息为主。二是投资对象不同。风险资本往往以创业期或成长期的高成长高风险企业为投资对象,普通投资以投入收益稳定的企业为主。三是投入品不同。风险资本以股权投资为主,附随提供专业管理或服务等,普通投资仅投入股权或债权。四是投资职能不同。风险资本专注于自己专长的新兴技术产业领域,并以风险资本家的经验、知识和社会资本参与被投资对象管理。普通投资投入领域广泛,一般不参与投资对象管理。五是投资期限不同。风险资本一般 3 ~ 7 年或更长,普通投资一般数月至数年,期限灵活。六是风险管理不同。风险资本一般以投资多个项目的方式形成投资组合,以超额利润项目补偿失败项目亏损管理投资风险,普通投资追求每个项目获利。如美国硅谷风险资本业公认的"大拇指定律":每投资 10 个企业,其中 3 个亏损、3 个维持、3 个公开上市、1 个获超额回报。风险资本和突破性技术创新的结合可谓"志"合"道"同,风险资本是外生于突破性技术创新企业的长期战略性权益投资。自风险资本 20 世纪 80 年代中期在中国出现至今,国内风险投资机构越来越多、投资数额巨大、专业投资经验丰富的投资公司或投资专业人士日益增多,国际风险投资如美国 IDG、日本软银等纷纷进入中国,风险资本已成为高新技术产业化不可缺少的主导力量之一。如 2001 年无锡尚德太阳能电力有限公司创立初期,无锡市 8 家风险资本机构投资。2004 年后国内风险资本先后退出获得 10 ~ 23 倍投资收益,高盛、英联龙科、法国 Natexis 等国际风险资本接力向无锡尚德投入了 8600 万美元。即使企业有充裕的资金投入突破性技术创新项目,也必须采用风险资本的理念和方式运作,否则,很有可能失败。根据投入项目发展阶段不同,风险资本一般分为种子期、引入期、成长期和成熟期投资,其中成长期投资最多。

风险资本目标是获取超额股权投资收益。风险资本一般选择高成长、高风险、高收益投资标的,以股权投资为主要形式且股权比例一般不超过 30% ,这些投资标的中新兴高科技型企业占绝大多数,突破性技术创新项目或企业是其最嗜好的重要投资对象。除投资分散风险动机之外,它占股超过 50% 很可能导致被投企业过于注重商业化而对其技术研发发展不利,如港湾网络有限公司被风险资本控股后对其技术研发及发展造成了很大的不利影响。突破性技术创新项目或企业的目标是持续获取突破性产品销售利润,做大做强企业。风险资本被投资对象的目标一般比风险资本更大、更长远。风险资本和突破性技术创新企业的目标既有相同点,也可能出现分歧,二者之间存在委托代理等问题,但风险资本对此有成熟的解决机制和运作方式。

风险资本一般要经历项目筛选、股权投资、促进企业发展、适时退出几个阶段。风险资本一般有相对固定的专长投资产业,投资产业广泛的很少见。风险资本一般在感兴趣的专长产业领域广泛筛选投资项目,几乎是百里挑一,但众多风险资本机构投资踊跃,近些年往往出现好项目遭哄抢的现象。选中投资项目后,风险资本会签订投资合同约定投资双方权利义务,一般分批多次投入资金。在国内风险资本业以一家带领多家风险资本机构投入的方式居多,但一般总股权比例很少超过30%。风险资本机构一般投资多家甚至一大批投资项目以抓住多样化的投资机会,分散单个投资项目风险。风险资本一般参与被投企业决策管理,给企业决策层提供企业发展咨询、意见、建议等,往往帮企业引入一些急需的互补资产或社会关系资本等,促进企业加快发展,但不参与企业具体经营管理。当到达一定投资阶段或在企业某些经营阶段,风险资本根据被投企业发展前景、自身判断、风险资本行业发展趋势、资本市场状况等,选择公开出售或转让股权收回投资退出被投企业。投资血本无归几乎是风险资本企业或投资人必须面对的现实。

二、风险资本机制

风险资本机制一般包括项目筛选机制、投资机制、管理机制、监督鉴证机制、咨询建议机制、投资退出机制等。项目筛选机制是风险资本机构通过在相关产业或技术领域的关系网络,广泛搜集或吸引投资项目,根据项目中的产品创意、商业模式、技术先进性、管理团队等,以投资人的投资经验和直觉等建立的筛选投资项目的决策程序和规则。风险资本评价被投企业投资价值的主要标准是市场空间、商业模式、管理团队。投资机制是投入被投资项目的决策机制、投资方式和投入股权管理等,如投资决策、占股比例、分批分阶段投资、优先股、可转债、单独投资或几家合作投资、退出时机方式的选择等。管理机制是指风险资本派员参与被投资企业管理,改善被投资企业中风险资本、其他投资方和经营者的委托代理关系,分阶段评估经营状况、多轮投资,以风险资本协议等方法监控企业经营行为,降低代理成本,改善企业治理。监督鉴证机制是指风险资本通过深入系统调查被投企业经营及财务状况后投入股权资本,在经营中持续跟踪监督企业资产财务状况,有效改善企业与外界的经营信息不对称,客观上起到鉴证被投企业投资价值的作用,有利于吸引银行等金融机构信贷资金投入和被投企业公开发行股票上市。咨询建议机制指风险资本通过参与被投企业决策、帮助解决经营难题、引入业内经验丰富的咨询机构或专家等帮助被投企业经营发展。投资退出机制是风险资本选择何时以何种方式退出以获取最大的股权投资收益,降低投资风险的机制。风险资本投入巨额资金,可缓解突破性技术开发资金短缺掣肘,必将加快突破性技术开发进程。风险资本参与企业的主要管理决策,帮助解决企业发展遇到的难题,提供咨询意见建议,引入互补资产和其他社会资本等,必将对企业的突破性营销、突破性产品创新和商业模式构建产生持续深刻影响。风险资本机制是根据风险资本发展规律逐步建立起来的内部运作发展机制,其各部分是有机统一的协同运作整体,共同实现投资目标。突破性技术创新的高成长及高收益前景将风险资本和突破性技术创新凝聚在一起,使风险资本机制主动嵌入突破性技术创新过程中,双方为突破性技术成功商业化在一定时期内同心同德并肩奋斗。被投资企业突破性技术商业化发展是风险资本机制发展的根本动力。

特别要指出的是,风险投资蕴含的异质性、甚至是革命性的商业化思想和管理方法,以及丰富的商业化经验等对突破性技术创新迅速发展会产生独特推进作用。这些往往是突破性技术创新过程中稀缺的隐性知识,它们源于风险投资的专业投资理念、丰富实践经验、在突破性技术创新实践中的创新性学习及基于丰富实践经验的直觉、甚至是灵感、顿悟,它们通过风险资本机制、风险资本家与核心人员沟通交流、提供咨询指导等途径发挥作用。

突破性产品和商业模式是风险资本做出投资决策的最关键因素之一,它们对风险资本颇具吸引力,风险资本进入后它们对风险资本影响却大大降低。相反此后风险资本以参与被投企业重要管理决策、提供咨询建议、引入互补资产和社会资本等方式强烈影响或改变突破性产品和商业模式,而它们对风险资本的影响要小得多。

基于以上研究提出命题:

命题 3. 风险资本促进突破性技术创新发展,影响突破性产品和商业模式并通过其影响突破性技术创新绩效。

第五章

突破性技术创新的主要中介机制

突破性产品和商业模式是突破性技术创新的主要中介。此中介作用贯穿于突破性技术创新全过程和过程各方面,突破性技术物化于突破性产品中及销售突破性产品获取收入是突破性技术创新过程中具有里程碑意义的两个关键环节。在突破性技术创新中,突破性产品是突破性技术创新的物化中介,以确定突破性技术是顾客需要的、性能先进的、可制造的更好新产品。商业模式是突破性技术创新从价值创造到价值实现的商业化中介,确保突破性产品经营活动可更好地嵌入动态产业商业生态系统中,快速便捷低成本地为顾客创造最大价值,使企业盈利最大化,并与合作伙伴实现商业共赢。突破性产品主要承载突破性技术创新中隐含的技术开发逻辑链,商业模式主要承载突破性技术创新中隐含的商业开发逻辑链。突破性技术被用于开发优异的突破性产品,商业模式将突破性产品价值顺利地传递给顾客并实现创新价值。本研究将突破性产品和商业模式在突破性技术创新过程中发挥的作用称为中介机制,下文分别阐述突破性产品和商业模式的中介机制及它们之间的关系(见图 3.2)。

第一节　突破性产品的中介机制

突破性技术创新的目标是开发突破性产品,成功销售并获取销售收入及利润。突破性产品是突破性技术创新的主要中介之一,是突破性技术商业化的主要物化载体。突破性产品开发和销售主要受突破性技术、突破性营销影响,一般也受到风险资本影响。在突破性创新过程中,突破性产品也对突破性技术开发、突破性营销、风险资本以及商业模式等产生影响。

一、突破性产品及其开发

与现有(渐进性技术)产品相比,突破性产品是建立在全新技术原理或工程原理之上,采用新设计、新结构、新材料或新工艺生产的技术性能显著优于市场现有同类或类似产品,生产成本大幅降低,产品性价比优异,为顾客提供更多消费者剩余的全新产品(见图5.1),它常常帮助企业开辟"蓝海"业务。如2013年11月宁波时代全芯科技有限公司发布突破性的相变存储芯片,与现有的动态随机存储技术(DRAM)芯片比,速度快1000倍,耐久性高10000倍,可使存储器体积大大减小。此前几年韩国三星、美国美光公司分别发布各自研发的相变存储芯片。其他突破性产品有:个人电脑、数码相机、自动取款机、闪存盘、豆浆机等。突破性产品往往颠覆现有产品或市场,甚至开拓全新市场、全新产业,它的技术开发及营销风险高、困难大、周期长,与一般新产品显著不同。

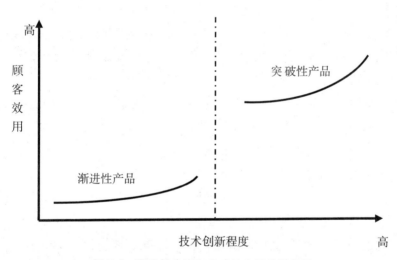

图5.1 渐进性产品和突破性产品效用曲线

来源:作者绘制。

突破性产品开发几乎贯穿于突破性技术创新全过程,在此过程中突破性产品是突破性技术商业化开发的唯一物质承载体。在模糊前端阶段,在突破性技术、潜在市场需求和富于创意的现有技术组合等驱动下,突破性产品开发通过"移情"作用设想未来顾客对产品性能的需求。一般在领先用户的启发或帮助下,广泛搜集和构思突破性新产品创意,通过技术、市场、商业等方面的比较、识别、评估、筛选、完善不同突破性产品创意,立项确定突破性产品概念,作为后续突破性技术开发的主要基础。在原型产品阶段,必须依据突破性产品技术设计造出一种或数种实物产品,该产品标志着从突破性产品概念到实物的飞跃,是突破性技术开发的重要里程碑。突破性产品原型可验证其性能实现技术设计程度和满足顾客需求程度,有利于开发人员、高层管理人员、潜在供应商、潜在合作伙伴、投资人、领先用户等感知、认识、评价和完善突破性产品,发现突破性技术开发存在的主要问题,进一步明确突破性技术开发的主要目标任务,推进突破性技术开发更好更快地发展。在试制阶段,必须确定突破性产品总体技术基本设计和详细技术基本设计,开展突破性产品工业设计,开发突破性产品主要生产工艺,制造或购买生产设备组织生产。同时听取顾客对突破性产品的反馈意见,学习吸收竞争对手突破性技术开发优点,不断完善产品性能及技术设计,促进突破性技术开发系统深入发展并更好地与市场匹配。在试制过程中逐步发展突破性产品的供应商、合作者,摸索突破性产品市场定位,探索突破性产品营销策略,初步构建商业模式。在大规模市场扩张阶段,主要通过有效的突破性营销,不断完善突破性产品,迅速扩大市场销售,创立并不断提升突破性产品品牌,同时通过突破性营销和突破性技术开发协同,推进突破性产品设计成为行业主导设计,突破性产品技术标准成为行业标准或为其兼容,不断巩固和扩大突破性产品市场竞争优势,更好地实现突破性技术创新目标。

二、突破性技术影响突破性产品的机制

突破性产品建立在突破性技术基础上,突破性技术的领先程度、开发进程快慢、开发成功与否等直接决定突破性产品性能的优异程度、开发快慢及成功与否,它是突破性技术开发进程及商业化的直接体现。黄鲁成和蔡爽(2010)认为突破性技术创新导致新产品涌现以及生产规模、效率、成本很大程度改变。

在突破性技术创新的不同阶段,突破性技术对突破性产品的影响不同。在模糊前端阶段,突破性技术往往是发动突破性产品创新的最主要原因。突破性技术的创意、开发、设计、评估等对突破性产品构想形成、突破性产品概念的确定起直接推动作用,但此时突破性产品仅是概念化产品。在原型产品阶段,艰苦、曲折的技术探索尝试和充满偶然性、随机性的创造性技术开发,以及与营销、工艺、制造等方面的密切协同制造出原型产品。以此原型产品验证技术设计的可行性、可靠性及产品性能实现程度,征求领先用户、高层管理者、合作者等方面的意见建议,

学习竞争者的同类产品长处,不断改进原型产品的技术设计,最终定型原型产品。此阶段突破性技术创新居于主导地位、起决定作用,往往产生很多技术发明创造,是盛产重要技术发明专利最多最密集的时期,但原型产品还不是成熟产品。在试制阶段,主要开发突破性产品生产工艺技术,并根据顾客反馈等完善突破性产品基本技术设计和详细技术设计,提出突破性产品初步技术标准,推动突破性技术发展完善,促进突破性产品开发。此阶段突破性产品工艺开发对突破性产品生产至关重要,可产生很多工艺技术专利包括发明专利,突破性产品趋于成熟,即将大规模投入市场。在大规模市场扩张阶段,突破性技术开发主要和突破性营销等协同,构建技术平台,企业往往也与业内其他企业组建技术联盟或开展技术合作,推动突破性产品技术标准成为行业标准,推动突破性产品设计成为行业主导设计,以最大限度的快速扩大市场销售,提高突破性技术创新利润率。此阶段突破性产品完全成熟,突破性技术促进突破性产品的作用直接通过市场销售收入快速增长体现,突破性技术对突破性产品的促进或阻碍作用往往经由市场成倍放大,甚至夸大。

　　突破性技术开发中往往形成技术专利和突破性产品技术标准,它们直接影响突破性产品开发和销售。突破性技术开发中常常涌现大量技术发明,享有这些发明创造利益的最佳方式是依法申请并获得专利权,专利是发明创造的首创者依法拥有的排他性独享权益。中国专利法规定了发明、实用新型和外观设计三种专利,其中发明专利创造性最高,是体现企业技术能力、技术水平的最主要标志。专利技术影响突破性产品开发的方式有:采取产品平台或产品族策略,融入突破性产品开发,缩短突破性产品开发周期等。Balachandra 和 Friar(1997)研究发现技术专利是突破性产品成功的关键因素,专利技术是突破性产品差异化的主要基础,一般会导致更大竞争优势和更多销售收入及利润。持有相关技术领域的关键发明专利越多,企业在技术开发竞争中越容易通过交叉许可、合作开发、委托研发、技术联盟和专利池等方式较低成本地从外部快速获取短缺或互补技术,加速突破性技术开发,从而加快突破性产品开发及突破性技术创新进程。如中国 TD－SCDMA 技术开发获得了西门子、爱立信、高通等公司的核心专利或专利许可,大大加快 3G 技术开发进程。技术标准是国际公认的企业顶级竞争形式,关乎竞争成败,对技术驱动型企业尤其如此。标准化源于 1798 年美国发明家惠特尼依统一尺寸制造部件并组装来福枪,他被誉为"标准化之父"。20 世纪中期以来随着技术迅速发展和标准经济作用的日益显现,技术标准受到企业、产业界、政府和有关国际组织越来越多的关注。邓洲(2011)研究认为新产品逐渐收敛到使用同一个技术上,形成垄断技术,技术标准就产生了,技术标准形成过程不可逆。国际标准化组织(ISO)提出技术标准是指一种或者一系列具有强制性要求或指导性功能,内容含有细节性技术要求和有关技术方案的文件,它有助于相关产品或服务达到相应的安全标准或市场准入要求。技术标准分为法定标准和事实标准,法定标准由政府部门或标准化组织制定,事实标准由企业创立。技术标准的主要作用是:可提高产品生产效率,便利产品售后维修,提高企业市场竞争力;获取市场准入权,有利于顾客认可接受产品,促进市场销售;有利于企业技术竞争,加速技术扩散,促进技术创新;有助于保证产品质量和提高产品安全性。如1999年中国企业与西方跨国企业 DVD 技术联盟的技术标准之战,举国震惊,铸就了中国当代败于技术标准缺失的经典商战案例。随着高新技术产业蓬勃发展,专利技术和技术标准日趋融合。张米尔等(2013)实证研究发现技术专利是创立技术标准的技术基础。Knut 和 Nikolaus(2004)研究认为企业的核心专利对标准创立有显著影响。王黎萤等(2004)认为技术标准对应一个技术集群,它往往决定某一行业的技术路线,最终决定产品发展方向。专利技术和技术标准融合,加速了先进技术商业化速度,强化了技术专利的领先优势和垄断优势,对产品创新、技术创新产生深远影响,也产生了一些问题。夏志豪(2008)认为从专利权人看,技术专利标准化的主要原因是:谋求专利许可权优势、突破专利权时间限制、扩展专利权地域范围、谋求交叉许可与市场垄断优势。技术标准追求统一性谋求公共利益,而技术专利追求垄断性谋求私人利益,二者融合必然产生难以调和的利益冲突,因此标准化组织对技术专利纳入技术标准采取慎重考虑、有效协调、尽量避免的态度,如国际电工委员会(IEC)截至2010年12月、国际电信联盟(ITU)截至2011年3月制定的涉及技术专利的技术标准分别是464项、475项,占标准总数的7.3%、7.57%。

三、突破性营销影响突破性产品的机制

突破性营销贯穿于突破性产品开发全过程,是开发突破性产品不可缺少的职能。在前半程,突破性营销在缺少"顾客"情况下,借助"领先用户"和市场经验、技能、智慧等行使营销职能,帮助突破性产品开发;在后半程,突破性产品给顾客提供的产品性能跳跃式提升,顾客对突破性产品的感知、性能、使用等陌生,突破性营销在全新市场探索中构建营销理念、营销策略等,在不断变化的市场实践中搜索顾客和销售市场,改进营销执行等,不断增进顾客对突破性产品价值的认知、

接受、信任、购买,努力扩大市场销售,推动突破性技术创新成功商业化。Veryzer 等(2005)研究认为用户导向对新产品开发的影响是:提高新产品开发过程中的协调性、促进创意产生、提升新产品或服务优越性、增强产品适用性。突破性营销实质是以突破性产品为中介,使突破性技术的实用性、规范性、科学性与人的私利性、情感性、社会性相互认同、碰撞、磨合、协调的经济社会过程,期间充满探索、学习、曲折、风险,突破性产品营销成败取决于此过程成功与否。

在突破性技术创新不同阶段,突破性营销对突破性产品影响不同。在模糊前端阶段,突破性营销与其他职能协同,主要以市场技能、经验和智慧搜寻、发现、保持并发展与领先用户的关系,发挥市场技能专长以"移情"作用创造性构想未来潜在顾客需求,帮助提出、发展、评估创意,确定突破性产品概念。在原型产品阶段,主要任务是以营销职能帮助改进完善突破性产品的总体技术设计和详细设计,完善和提升突破性产品性能。与领先用户保持联系,经常听取领先用户对突破性产品技术设计和性能完善的意见建议,提升领先用户对突破性产品的认可、认同度。根据对突破性产品的感知、理解,未来顾客可能对突破性产品的要求等,以及突破性产品营销、售后维修等经济性便利性,富有创造性地提出改进完善总体技术设计、详细技术设计,完善和提升产品性能的意见建议。在试制阶段,主要是开拓突破性产品市场,探索其市场定位,配合做好突破性产品工业设计、生产工艺开发,反馈顾客意见完善产品。根据领先用户意见继续完善突破性产品,发挥领先用户率先采用产品的市场示范作用,推动扩大市场销售,定期及时分析试销的市场反应及顾客意见,不断开拓市场。根据顾客意见及市场经验智慧等,提出独到的意见建议提高突破性产品工业设计和生产工艺开发水平。在大规模市场扩张阶段,主要是前瞻性提出富于进取性的突破性营销策略和营销执行方案,迅速创新突破性营销能力以推进突破性产品销售快速增长。根据试销阶段的市场反馈、突破性产品技术经济等特性、市场竞争情况以及企业的优势劣势,大力利用外部互补资源迅速构建足够的突破性营销能力,以解决快速发展、动荡不定、激烈竞争、问题层出的市场对营销能力的迫切需求,配合技术开发大力推进突破性产品标准成为行业标准或为其兼容,突破性产品设计成为行业主导设计,加速突破性产品技术平台建设,迅速扩大突破性产品市场销售规模,降低销售成本,提高利润率,促进突破性技术创新成功。

突破性产品价值和性能跳跃式提升必使营销以不连续方式推进,导致突破性产品价值在市场引入期很难被顾客接受,突破性价值传递能力成为决定突破性产品营销成败的关键,这是突破性营销与传统营销本质不同的最基本原因。Stringer(2000)研究认为突破性技术创新常常在产品能力、分销机制和顾客关系方面带来根本转变。突破性产品一般性能优异,性价比高,初始营销多主打高端顾客,如移动电话最初进入市场替代固定电话、医用 CT 机最初替代传统 X 光机用于医疗诊断等。高端顾客一般比较挑剔,最初对突破性产品的质疑和怀疑颇多,这是突破性营销必须妥善解决好的问题。Veryzer(1998)实证研究发现影响顾客购买突破性新产品的主要因素有:新产品属性、产品利益的不确定性、与新产品有关的风险、如何使用新产品、新产品安全性、新产品美学等。这些因素必须通过突破性营销有效解决,否则突破性产品销售不可能成功。解决顾客初期难以接受突破性新产品的主要途径是:一是利用前期领先用户采用突破性产品的示范作用引导顾客,努力发展早期采用者。二是通过免费或优惠试用大力发展早期采用者,帮助他们更好地认识、感知、使用突破性产品,做好售后服务,树立良好口碑,扩大市场销售。三是注重发展权威专业人士或市场舆论领导者采用新产品,扩大市场宣传促进销售。四是投入足够资金、人员,采取创新性的市场营销组合策略全力开拓市场。突破性产品销售常常要么市场销售起步艰难,要么销售突然高速增长,年度增长率可达到 50% ~100%,甚至更高,如智能手机、平板电视等突破性产品成长期都出现过此类情况,这对突破性营销市场开拓能力和弹性执行能力是很大挑战。

四、风险资本影响突破性产品的机制

风险资本是专注投资高成长的新兴科技型企业的专业金融资本。风险资本可能在突破性技术创新的任一阶段投入,但一般以突破性产品市场引入期居多,大致相当于突破性技术创新的试制阶段。不同类型风险资本各自偏好不同投资阶段,如种子期、引入期或成长期投资等。风险资本运作包括融资、投资、管理、退出四个阶段。风险资本对突破性产品创新的影响主要是提供融资、管理和市场经验、引入外部资源等间接支持。当今优秀科技型企业绝大多数都获得风险资本支持,但并不是每个新兴科技型企业都需要或接受风险资本投资,也不是每个新兴科技企业都能获得风险资本。无论风险资本投资与否,新兴科技型企业必须以风险资本理念和方式经营,而不是以普通新产品开发理念经营,否则很难成功。随着中国新兴高科技产业持续高速成长,政策支持体系更加完善,以及更多新兴科技型企业在国内创业板、美国纳斯达克、香港创业板等成功上市,极大地促进新兴

科技型企业发展,激发了风险资本投资热情。

在突破性技术创新各阶段,风险资本对突破性产品影响不同。在模糊前端阶段,风险资本可引入更多的突破性产品创意及各方面专业资源发展突破性产品创意,对突破性产品创意认识更专业更独到,偏好从商业化视角确定突破性产品概念。在原型产品阶段,风险资本主要从市场角度对产品技术设计、性能改进完善提出意见建议,可能会帮助引入领先用户资源。在试制阶段,风险资本可帮助优化突破性产品开发流程、确定试销市场策略,提供同类竞争产品试制进展的更多有价值信息,督促加快试制进程。在大规模市场扩张阶段,风险资本可帮助企业引入更多外部重要互补资源快速提高制造和营销能力,帮助企业融入更多资金,帮助企业确定更富进取性的市场营销策略和方案,全力推进市场销售快速增长,为最佳退出时机到来创造条件。

风险资本间接影响突破性产品,但其作用独特且不容忽视。主要原因如下:一是风险资本进入证明突破性产品商业前景向好。风险资本的投资目标、经验、声誉、商业眼光及投资对象筛选机制,是对突破性产品商业化前景看好的资本背书,对突破性产品商业化影响深远。二是风险资本的管理经验很重要。风险资本是专业投资,一般偏好投资少数几个产业,投资项目多,成功失败经验积累多,它对突破性产品开发的理念策略、关键决策、管理机制和流程优化等的意见建议非常重要,可以使突破性产品开发少走弯路、歧路,可帮助提高成功率,加快商业化进程。三是提供资金支持,提升融资能力。风险资本不仅给企业带来急需的资金资源,而且有效改变了企业与外部金融机构的经营信息不对称,以资本投资提升了企业的投资价值,有利于企业融入信贷和债券等资金,有利于企业成功实现 IPO 融资。风险资本提高了企业内部核心技术和经营人员所持股权的价值,有助于强化股权激励效应,有益于突破性产品开发。四是风险资本可帮助引入更多急需互补资源。突破性产品企业一般是轻资产企业,越是临近产品推向市场,对制造、营销和售后服务等重要互补资产的需求越多越迫切,风险资本可帮助引进这些资源促进突破性产品早日成功商业化。

五、商业模式影响突破性产品的机制

商业模式是关于价值创造、价值实现、价值传递和价值回收的动态商业系统,它与突破性产品开发协同发展。突破性产品开发是产品价值创造的物质载体,商业模式必然对突破性产品开发产生深刻影响。商业模式的价值实现功能,也就是

突破性产品必须满足顾客需求的市场理念贯穿于突破性产品开发全过程,突破性产品是在此理念的"洗礼"中开发出来的。在模糊前端阶段,突破性产品构想及突破性技术设计以考虑满足未来市场需求为首要条件。在原型产品阶段,在商业模式指引下,原型产品的总体技术及结构设计、产品性能设计充分考虑顾客需求,考虑商业模式竞争力,突破性产品一般采用模块化设计。在试制阶段,技术工艺开发、生产设备选用及生产地点选择等必须考虑顾客需求及商业模式竞争力。在大规模上市阶段,商业模式越是能低成本、高效率、低风险地提供顾客更多价值,商业模式越有竞争力,它将推动突破性产品销售迅速增长,促进突破性产品商业化早日成功。

商业模式促进企业在总体上理解和把握突破性产品所属的产业生态系统,根据其发展状况和企业的优势及劣势,准确定位企业在产业分工中的位置,创造性构建最具竞争力的业务模式,坚持有所为有所不为,扬长避短,充分发挥优势,加快突破性产品开发,不断提高突破性产品市场竞争优势。商业模式中的供应商价值创造系统模块、内部价值创造系统模块、外部互补价值创造系统模块和顾客价值创造系统模块随突破性产品开发和商业模式发展日益复杂化、高级化,它们相互作用,共同促进突破性产品商业化发展,充分发挥商业模式中介机制的作用。

六、突破性产品影响突破性技术创新的机制

在突破性技术创新过程中,突破性技术、突破性营销和风险资本影响突破性产品,突破性产品反过来也影响它们。突破性技术提供何种使用价值,技术是否可行、是否可靠,是否被市场认可等,必须通过突破性产品检验。突破性产品开发过程中,无论是模糊前端阶段对技术的评估,原型产品阶段对产品性能及技术设计的评价,还是试制阶段的生产工艺设计,大规模上市阶段的产品技术标准、主导设计和技术平台构建,专业人士的意见建议和市场的反馈,一般导致技术开发的某种调整或改变。只要突破性技术开发理性规范运作,如不出现更好技术淘汰现有技术的意外情况,总体技术开发和技术设计一般不会有颠覆性改变。也就是说,在突破性技术创新过程中突破性产品对突破性技术影响要小得多。突破性营销与突破性技术协同,在突破性技术创新过程的各阶段,均以专业市场技能、经验和智慧,将顾客及市场对突破性产品的需求传递到突破性产品开发中。突破性产品的优异性能、优秀设计等无疑影响突破性营销,但相对于突破性营销对突破性产品的影响要小得多。在突破性技术创新过程中,如有风险资本介入,将给突破

性产品开发提供融资、管理经验、互补资源等支持,对突破性产品加快商业化影响很大。突破性产品的市场前景和开发顺利进行,会吸引风险资本投入,推高已投入风险股权的市场价值,但相对风险资本对突破性产品的影响要小得多。

突破性产品中介机制的主要过程是:随着突破性技术创新推进,突破性技术开发成果的使用价值不断物化到突破性产品中,接受市场和其他各方面检验;突破性营销与突破性技术协同,将顾客和市场对突破性产品的需求不断融入产品开发中,并以其顺利进入市场、成功市场化为目标;风险资本以投资、管理、咨询建议和引入互补资产等加快推进突破性产品开发,促进突破性产品尽快成功推向市场,顺利退出股权投资实现战略投资收益。突破性技术、突破性营销和风险资本以突破性产品开发及成功商业化为载体推动突破性技术创新,以突破性产品成功商业化为目标完成各自使命,其中突破性产品中介机制发挥作用。

突破性产品开发面临很高的失败风险,Stevens 和 Burley(1997)实证研究发现突破性技术创新成功率是 14% ~ 20% 。突破性产品失败的主要原因有技术开发不成功、产品开发不成功、市场开拓不成功、更优的竞争产品出现等。突破性产品失败一般导致突破性技术创新失败,突破性技术创新失去中介。

基于以上研究提出命题:

命题 4. 突破性技术、突破性营销和风险资本以突破性产品为中介推进突破性技术创新发展,商业模式也影响突破性产品开发,并通过其商业化实现突破性技术创新绩效。

第二节 商业模式的中介机制

商业模式的主要功能是促进突破性产品商业化成功,是突破性技术创新的商业化中介,直接关系突破性技术创新成败。商业模式主要受突破性技术、突破性营销、风险资本影响,也受到突破性产品影响。在突破性技术创新过程中,商业模式也对突破性技术、突破性营销、风险资本等产生影响。

一、商业模式的构建及功能

商业模式受到关注大约二十多年,它是攸关企业市场竞争成败的关键因素,它被关注有深刻的时代背景。随着科技飞速进步和技术分工深化发展,特别是信息技术发展,姚凯等(2009)认为产业链纵向逐渐解体,网络状产业链和模块化分工协作的新产业分工体系不断发展,满足顾客需求的技术路径和产品越来越多,加上全球经济总体上进入买方市场,经济全球化及全球经济自由化深入发展,产业商业生态系统快速演进,产品价值链不断优化升级,追求以更高价值、更低成本、更快速度、更低风险满足顾客需求的商业模式创造、优化、升级竞争越来越激烈,商业模式就成为竞争胜败的关键。McDermott 和 O'Connora(2002)研究认为构建优秀的商业模式耗费时间、需要很多探索。如苹果公司 iPod 的成功在于它创造了一个数码产权管理系统平台,使消费者可方便地找到并廉价下载合法音乐文件到 iPod 里,极富创造性地将潜在消费者需求、互联网技术、数字技术、公司技术等完美结合并持续创新,达到消费者、苹果公司和音乐产业互利共赢,构建最具竞争力的商业模式,创造了世界艳羡的商业传奇。

商业模式贯穿于突破性技术创新全过程,它是突破性产品的商业化中介。在模糊前端阶段,主要从潜在市场需求、突破性技术机会及成熟技术的组合创意等方面,以"移情"作用设想顾客未满足的需求,提出突破性产品创意,经各方面评估,确定突破性产品概念。将商业模式中顾客价值创造系统模块和内部价值创造系统模块构想互动。此时,突破性产品处于萌芽阶段,提出突破性产品概念的往往只有少数几个企业或开发者,甚至是独家。突破性产品概念对后续突破性产品开发成败及商业模式构建影响非常大。在原型产品阶段,突破性产品总体技术设计、产品总体结构、产品性能基本确定,可据此初步展望突破性产品的产业商业生态系统,初步规划突破性产品商业模式蓝图,初步确定突破性产品的价值主张、价值链及价值创造过程,制定初步专利策略,根据初步的商业模式确定专利在产品价值链的部署策略。此时原型产品开发企业或开发者一般较少,甚至是独家,但开发此类突破性产品技术的企业或个人可能较模糊前端阶段增多。试制阶段是解构突破性产品价值链及价值创造的实践阶段,一般开发出成熟的生产工艺或者技术诀窍、技术秘密等,以可靠、低成本、高效率地生产突破性产品。领先用户、早期用户不断反馈突破性产品性能的改进意见建议,顾客的需求得到确认、尊重。此阶段突破性产品的市场前景不确定性大大降低,新研发者、大胆尝试的配套厂商及相关服务商纷纷介入,突破性产品的产业商业生态系统开始形成并快速发展,商业模式探索、试验稳步推进,嵌入既有商法、商业规则、商业惯例等,突破性产品商业化经营的商业规则、商业惯例等逐步形成。在规模化市场扩张阶段,顾客的需求特性基本确定,突破性技术重大创新基本完成,市场快速扩张,强烈吸引相关原材料供应商、配套商、互补品商、服务商及其他厂商纷纷涌入,产业商业生态系统规模、复杂性和动态性呈指数级增长。突破性产品价值链不断升级,生产工艺可靠性大大增强、产品成本大幅降低、生产效率迅速提高,追求高价值、低成本、高性能的产品价值创造竞争日趋激烈。随着网络状产业链的形成和模块化生产的发展,突破性产品的产业链分工日益分化、深化,突破性产品生产的分工协作体系高度发达,产品技术标准和主导设计已经形成,相关商业规则、商业惯例趋于成熟,商业模式高度发达,商业模式功能效率进入最佳阶段,顾客需求的满足处于最好时期。

商业模式是根据产品价值链特性及企业优势劣势,根植于产业商业生态系统,通过分工协作及商业方式、商业方法创新,不断追求以更高价值、更低成本、更快速满足顾客需求,进而实现企业利润最大化经营目标的商业化过程。商业模式发展实质是在产业价值网内,以顾客价值最大化为目标,不断进行突破性产品价值链分化重组,寻求最优价值链组合的合作价值创造过程。科技进步、需求变动、产业变化等驱动商业模式发展,造就了其与生俱来的动态性、复杂性、创新性。商业模式常常导致提供最优性价比产品的企业在竞争中发展壮大,不适者被市场淘汰。如百年老店百代唱片(EMI)公司以发行唱片、销售歌曲盈利的商业模式被突破性技术带来的互联网数字音乐商业模式颠覆,导致该公司经营陷入困境,2011年被花旗集团收购。再如以销售游戏机及其软件为主要商业模式的世界著名游戏巨头日本任天堂株式会社,面对基于突破性技术的网络游戏及手机游戏商业模式冲击于2011—2012年深陷亏损。

二、突破性技术影响商业模式的机制

在突破性技术创新各阶段,突破性技术对商业模式的影响不同。在模糊前端阶段,可能因突破性技术发起突破性产品创意,突破性技术勾勒突破性产品概念中的技术总体设计,评估突破性技术可行性,以及描述实现顾客需求的技术原理、技术路径等,深刻影响商业模式构建。在原型产品阶段,初步确定可能满足顾客需求的突破性产品总体技术设计、结构设计及产品性能等,揭示了突破性产品的基本价值链结构,勾画了突破性产品价值创造的技术路线图,初步确定的专利策略勾画了专利部署的价值链环节,直接驱动和影响商业模式的初步构建。在试制阶段,开发可靠的、低成本、高效率的生产工艺技术,或者创造技术秘密、诀窍等,初步起草突破性产品技术标准,这些直接决定突破性产品价值创造的竞争力,直接影响商业模式的价值创造功能和市场竞争力。在大规模市场扩张阶段,突破性产品技术标准、技术设计的重要作用在市场竞争中日益显现,如它们分别能成为行业技术标准和产业主导设计,将深刻影响商业模式的价值创造、价值实现能力和长远竞争力。

突破性技术影响商业模式的主要机制:一是突破性技术驱动商业模式发展。依次历经突破性技术创新各个阶段,突破性技术发展驱动突破性产品发展,必然驱动商业模式发展。二是突破性技术价值创造是商业模式价值创造的基础。突破性技术的技术设计、工艺设计及用于生产,直接导致价值创造,商业模式将其优化重组并与顾客需求相衔接,再通过商业方法、商业方式创新,将更高价值以更低成本、更快速度传递给顾客,从而实现其价值。三是突破性技术推进商业模式依赖的基本外部条件发展。突破性技术使技术分工不断深化细化,突破性产品设计多为模块化设计,便于技术竞争者参,促进技术分工及产品生产分工发展。借助现代信息技术,协作生产的地域和技术领域更广泛,协作更方便、速度更快、成本更低,产业商业生态发达,最终形成网络状产业的分工合作格局,促进了模块化生产出现。为追求更高价值、更低成本、更快速度的商业模式价值创造、价值实现方式提供了外部基本条件。

三、突破性营销影响商业模式的机制

在突破性技术创新各阶段,突破性营销对商业模式的影响不同。在模糊前端阶段,突破性营销采用"移情"作用,发挥深谙市场专长,与突破性技术等协同,将商业化思想贯穿于满足顾客需求、体现突破性产品价值主张的技术设计中。突破性营销在商业模式萌芽期通过价值主张影响其构建。在产品原型阶段,保持突破性技术与领先用户深度沟通渠道,听取领先用户等对原型产品的意见建议,结合突破性营销对技术和市场的理解,提出改进技术设计、突破性产品性能的意见建议,突破性营销不断完善价值主张,便于更好地传递价值。突破性营销通过价值主张、价值传递影响商业模式初步构建。在试制阶段,突破性营销使提供跳跃性价值的突破性产品逐渐被顾客认可、接受,使突破性产品的价值主张顺利实现,不断反馈顾客改进突破性产品的意见建议。突破性营销使突破性产品到顾客端的价值传递和价值实现成本更低、速度更快、更便利。此阶段突破性营销直接参与促进商业模式发展。在大规模市场扩张阶段,突破性营销主要促进突破性产品销售迅速扩张。随着产业生态系统迅速发展,网络状产业结构逐渐形成,突破性产

品价值链分化及产业价值网内的价值创造选择和途径更多,推进商业模式快速发展,突破性营销端的价值传递和价值实现达到最优水平。

突破性营销影响商业模式的主要机制:一是顾客价值主张驱动。在突破性技术创新前半程,突破性营销将顾客需求贯穿到突破性产品概念及原型产品开发中,促进商业模式初步构建。在后半程,突破性营销顺利传递和实现突破性产品的跳跃性价值,促进市场销售增长和商业模式构建。二是市场驱动商业模式发展。在突破性技术创新前半程,以设想的市场状况促进突破性产品开发和商业模式构建。在后半程,以突破性产品市场销售成长推动商业模式成长。三是优化突破性营销端的价值传递和价值实现,提高商业模式的顾客价值创造系统模块的价值创造能力。在突破性产品制造完成后至送达顾客之间的价值链,突破性营销不断促进其优化,以更好地传递和实现价值,促进商业模式发展。

四、风险资本影响商业模式的机制

一般情况下,突破性技术创新各阶段都可能有风险资本投入,一般以突破性产品市场引入期和成长期为主,大致相当于突破性技术创新的试制阶段和大规模市场扩张初期。风险资本对商业模式的影响是间接的。

风险资本影响商业模式的机制:一是经验指导,管理咨询。风险投资一般参与企业的关键决策,具有丰富的新兴技术产业化经验。在突破性技术创新前半程,以对产业和市场的理解对突破性产品的价值主张、价值创造和价值实现提供意见和建议,答疑解惑,促进商业模式构建。在后半程,在产业商业生态系统迅猛扩张和突破性产品价值链加速优化重组的情况下,提供咨询建议使商业模式更具竞争力。二是投入资金,促进突破性产品开发。风险资本投入资金,引来其他资金跟进投入,缓解开发突破性产品的资金缺口,加快突破性产品开发和上市进程,促进商业模式发展。三是提供互补资源,加快突破性技术创新。风险投资一般会帮助企业引入急需的制造、营销、售后服务等紧缺互补资源,加速将突破性产品推向市场,必然促进商业模式发展。

五、突破性产品影响商业模式的机制

突破性产品是突破性技术的物化载体,也是顾客使用价值的物质载体。突破性产品影响商业模式(见图2.10)源于突破性技术在突破性技术创新过程中的决定作用,也源于突破性产品影响顾客获得使用价值,从而影响突破性产品价值实现,进而影响商业模式。在突破性技术创新过程中,商业模式随突破性产品开发、市场销售推进逐步构建、发展。突破性产品对商业模式影响主要表现在:一是突破性产品所使用技术决定了价值链特性及产业分工协作方式,这始终影响商业模式构建、发展。突破性产品所使用技术决定了其价值链特点,比如价值链长度、复杂性和可分割性,该价值链特性进而决定突破性产品生产的分工协作方式,这些直接决定商业模式的供应商价值创造系统模块、内部价值创造系统模块、外部互补价值创造系统模块和顾客价值创造系统模块各自的内部构成、动态优化及相互作用,决定四大模块的相互作用方式、地位及作用。二是突破性产品开发进程决定商业模式构建和发展。突破性产品开发的快慢和成败直接决定商业模式的构建和发展。三是突破性产品的市场销售收入及增长速度,影响突破性产品价值链的分工协作程度和产业商业生态系统发展,进而影响商业模式构建、发展。突破性产品销售规模大小及增长速度,决定了突破性产品零部件、互补品、销售市场及生产规模大小,决定该产品所在产业链对新进入者的吸引力,从而影响产业分工协作发展及其发达程度,进而影响商业模式构建和发展。四是突破性产品的性能特点决定了所在产业及市场领域,商业模式必定在相应产业及市场商业生态系统中发展。如突破性产品是消费品还是产业用品,处在机械电子、生物医药还是农业产业,这些决定了商业模式嵌入的产业及商业生态系统,而这些产业中商业模式的构建和发展方式区别明显。

六、商业模式影响突破性技术创新的机制

商业模式对突破性技术、突破性营销及风险资本也有影响。在突破性技术创新各阶段,商业模式以成功商业化为目标,使突破性技术开发在满足顾客需求、适应市场的轨道上发展,将适宜的突破性技术使用价值物化于突破性产品中,促进突破性技术顺利商业化,但它不改变突破性技术的本质特性,不改变突破性技术驱动商业模式构建发展的基本因果关系。相对突破性技术对商业模式的影响,商业模式对突破性技术的影响要小得多。在突破性技术创新各阶段,商业模式以价值发现、价值创造和价值实现为目标,对突破性营销构想顾客潜在需求、根据顾客反馈对突破性产品性能改进、将突破性产品价值主张顺利转化为顾客购买力、将突破性产品价值低成本、高效率地传递给顾客等系列活动产生持续影响。相对突破性营销对商业模式的影响,商业模式对突破性营销的影响要小得多。在突破性技术创新中,风险资本可能在任何阶段投入,但无论在哪个阶段投入,商业模式是

风险资本投资决策的最核心决策变量之一,直接影响风险资本是否投入。相对风险资本在突破性技术创新中对商业模式的持续深度影响,商业模式对风险资本的影响要小得多。

商业模式中介机制的主要过程是:随着突破性技术创新推进,突破性技术必须始终以构建具有竞争力的商业模式考量推进开发;突破性营销构想顾客潜在需求、使顾客顺利接受突破性产品跳跃性价值主张、将突破性产品价值低成本、高效率传递给顾客等活动,必须服从于构建具有竞争力的商业模式。风险资本始终将构建优异的商业模式作为突破性产品商业化不可逾越的中介。突破性技术、突破性营销和风险资本以商业模式为载体推动突破性技术创新,通过突破性产品持续大规模销售成功实现突破性技术商业化。

商业模式的成功构建要经过长期探索、试验、投入,耗时间、耗精力、耗财力,它需要将突破性产品与顾客需求等有效衔接,需要充分掌握和透彻理解产业环境,创造性地找到最低成本、最快速度、最有效方式实现突破性产品价值的有效途径。差的商业模式必将阻碍其中介机制作用。

基于以上研究提出命题:

命题 5. 突破性技术、突破性营销和风险资本以商业模式为中介推进突破性技术创新发展,突破性产品也影响商业模式,并通过商业模式影响突破性技术创新绩效。

第六章

案例研究设计

定量研究和质化研究是管理学研究中最常用的两种主流研究方法。定量研究法成熟规范,使用最广泛,认可度很高。案例研究法是质化研究的最重要方法之一,在构建和发展理论方面具有独特不可替代的重要作用。案例研究法使用逐渐增多,认可度提高很快,但该方法成熟度及认可度不及定量方法,国内案例研究的规范性与国际顶级案例研究相比差距不小。因此,在此专章探讨案例研究理论及方法,对本研究构建和发展理论,增强本案例研究的科学性和规范性,提高案例研究质量,对推动案例研究方法发展,具有重要意义。本章简介案例研究方法理论及本案例研究设计。案例研究设计是使用案例研究法开展研究的总路线图,是案例研究遵循的基本规则,是解析案例研究的路标,可提高案例研究科学性、客观性,可增进案例研究的接受性和效度、信度。

第一节　案例研究方法理论

本节简要介绍了案例研究法的起源、发展及在管理学领域的应用,案例研究应遵循的基本理论原则。

一、案例研究法起源及发展概述

案例研究法起源于 20 世纪初人类学和社会学研究,英国人类学家马林诺斯基 20 世纪 10 年代对太平洋中特洛布里安岛(Trobriand)上原住民的文化研究是案例研究的先驱。案例研究法是社会科学研究的重要方法,产生了很多重要理论研究成果,如美国社会学家威廉·怀特的《街角社会》、著名社会学家费孝通的《江村经济:中国农民的生活》,以及毛泽东的《湖南农民运动考察报告》、《井冈山的斗争》等标志中国农村包围城市革命道路理论形成的重要论著均是出色的案例研究成果。案例研究法在管理学研究中的应用要晚些,也取得了重要理论成果,如1954 年 Gouldner 的《工业的官僚形式》、1962 年钱德勒的《战略与结构:美国工业企业史的若干篇章》,Nelson(1993)等提出的国家创新系统理论等。案例研究法在管理学领域应用和其他社会科学领域无明显区别,世界上管理学案例研究最著名成果最丰硕的是斯坦福大学艾森哈特教授,美籍华裔罗伯特·K·殷博士在公共管理、社会救济、城市规划等领域案例研究成果出色,他的案例研究方法理论闻名于国际管理学界。管理学中案例研究法最先在美国出现,目前也发展最成熟。无论国内国外,管理学案例研究论文数量以普通学术论文最多,其次是硕士学位论文,博士学位论文最少,这些论文绝对数量不少,但在各类别所占比例相对较小,主流研究方法是定量研究。近些年案例研究在国内受到空前重视,如国家自然科学基金委认定的重要期刊《管理世界》、《中国工业经济》设专栏经常刊载案例研究论文,至 2013 年 10 月 31 日《中国软科学》、《南开管理评论》等 15 种国家自然基金认定期刊分别至少已刊载 5 篇最多达到七十多篇案例研究论文;自 2007年起中国人民大学商学院与《管理世界》杂志社每年联合举办"中国企业管理案例论坛",自 2011 年起对外经济贸易大学国际商学院和《中国工业经济》杂志社每年联合主办"中国企业管理创新案例研究前沿论坛"等。

二、案例研究法在管理学中的应用

案例研究法尚无明确清晰的定义。Jennifer Platt(1992)认为案例研究是一种考量研究问题与情境契合性的研究设计逻辑。殷(1994)认为案例研究法适于研究"为什么"、"怎么样"的问题,研究者几乎无法控制研究对象,研究重点是现实生活中的实际问题。教学案例与案例研究法不同,前者是学生通过研讨、辩论学习知识和增强能力的工具,未必呈现真实数据,不考虑研究过程严谨性,后者则完全不同。案例研究遵循理论抽样原则,研究对象足够典型即可,同一研究的案例数一般很少超过 10 个;定量研究采用统计抽样,研究样本一般最少数十个。在管理学领域,案例研究可研究少数甚至孤例的典型案例如美国田纳西河流域管理局案例,或者管理领域新出现的典型管理现象如电子商务等,也可以是定量研究样本中的典型个例。仅有几个典型个案的情境适合案例研究以构建理论,新出现的典型管理现象往往数量少且典型,常常反映管理理论发展新趋势,案例研究可快速追踪新颖管理现象以构建理论指导管理实践,这是定量研究法胜任不了的,这说明案例研究法的出现和发展是必然的,它恰弥补了定性研究方法不足。此外,案例研究法对研究对象的全面审视和系统深入研究优势是定量研究法难以匹敌的,大样本中的典型案例研究和定量研究法可相互促进、取长补短。可见,管理学案例学派的出现绝非偶然。徐淑英考察美国管理学的早期研究历史,发现好的研究理论都是基于案例开发的。艾森哈特(2012)认为案例研究法特别适合洞察新颖见解和创建独特理论,与中国文化十分吻合,是对中国有着特殊意义的研究方法。中国经济持续高速增长30多年,中国企业成功经验备受世界瞩目,独特的文化、制度、经济技术基础等条件为管理案例研究提供了特殊优越的机遇和环境。

三、案例研究法的基本理论原则

案例研究法在发展中形成了一些理论原则。以案例数量分,案例研究分为单案例研究和多案例研究。单案例研究构建的理论往往说服力欠佳,多案例研究结论一般(通常4个以上)更强健有力。殷(1994)认为单案例研究适用于批驳或检验理论,单案例研究有极端案例或独一无二案例研究、代表性典型案例研究、启示性案例研究、同案例纵向比较研究等。以研究目的分,殷(1994)认为可分为探索性案例研究、解释性案例研究和描述性案例研究,艾森哈特(1989)认为可分为描述理论、检验理论、构建理论。这两种分类法分类依据不同,但有内在联系,无本质区别。殷(1994)认为案例研究5要素是:研究问题、理论假设(假如有)、分析单位、联结数据和假设的逻辑、解释研究结果的标准(见图6.1)。确定研究问题是研究设计的第一步。提出理论假设使研究关注问题并沿正确方向发展,但有的研究可不提假设。分析单元由研究问题决定,它能确定数据收集、分析的边界。联结数据和假设的逻辑形式有模式匹配、时序分析、逻辑模型等。研究结果并无精确标准,可在比较中确定。殷(1994)认为案例研究质量的4个标准是建构效度、内在效度、外在效度、信度。建构效度是对所研究概念形成一套正确、可操作性的测量。内在效度证明某一特定条件将引起另一特定结果。外在效度是研究结论在案例外的适用性问题。信度是指研究结论通过研究可重复得到的程度。苏敬勤和崔淼认为(2011)案例研究流程是:理论回顾、案例研究设计、数据收集、数据分析、案例研究报告撰写(见图6.2)。案例研究的作用是发现问题、启发灵感和解释说明、确证理论、扩展理论适用范围、评估研究等。案例研究的主要不足是:(1)案例研究结果不易被归纳为普遍理论。(2)案例研究严谨性易受到质疑。(3)案例研究耗费时间长,有时研究结论不够明了。

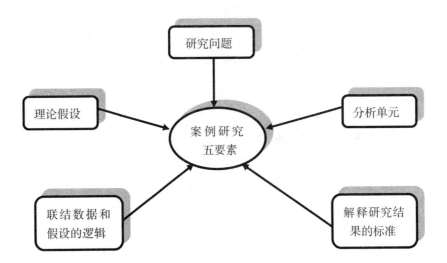

图 6.1 案例研究五要素

来源:作者根据有关资料绘制。

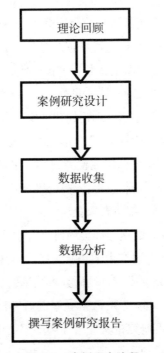

图 6.2 案例研究流程

来源:作者绘制。

第二节　案例研究部署

一、本案例研究方法论及研究流程

Crotty(1998)提出了由认识论、理论视角、方法论和方法构成的研究设计框架,Creswell(2003)认为该框架实质是知识观(包括理论视角)、研究策略和方法论三个核心问题。当今社会科学、管理学研究依赖的哲学知识观有实证主义、后实证主义、建构主义、参与主义、实用主义和唯物主义等,本研究在坚持唯物主义的基础上,更加关注实用主义知识观的使用,集中关注突破性创新的效果、功用及其影响因素,以定性研究为主辅以定量研究,采用多种方法和渠道收集研究数据。具体研究设计如下:

确定研究问题,提出理论假设。本研究是局部探索性案例研究。苏敬勤和崔淼(2011)认为局部探索性案例是研究的理论框架已经有了初步发展,但某一个或某一些问题研究处于起始阶段,研究可修正或完善已有理论体系。本研究阐述了突破性技术创新的现实背景和理论背景,回顾了相关理论,构建了突破性技术创新机制。其中突破性技术、突破性营销、风险资本、商业模式和突破性产品等理论是比较成熟的理论体系,但基于这些理论构建的突破性技术创新机制理论模型是最新理论探索,因而是局部探索性案例研究。在深入系统研究理论的基础上,本研究将逐步提出理论假设,待案例研究检验、验证、完善和发展这些理论假设。毛基业和李晓燕(2010)认为在某种意义上,理论研究是案例研究的起点和终点,它影响案例研究设计、数据收集、结论普遍化。

制订周密方案,系统收集数据。周全的研究方案和系统的数据收集是案例研究的基本保证。(1)导师组及研究者案例研究经验丰富。导师组王迎军教授长期为南开大学商学院博士研究生讲授管理研究方法论(案例研究方法是重点内容之一)专业选修课程,并且自2004年来已指导案例研究博士学位论文8篇,导师组其他两位教授撰写多篇案例研究论文或指导多篇案例研究硕士论文,对案例研究法很熟悉。研究者多年跟踪沪深上市公司突破性技术创新活动并开展相关案例研究。作者2012年9月在CSSCI期刊《当代财经》发表论文《突破性创新战略管理研究——基于风险投资的视角》,2013年6月在国家自然基金委认定的重要管理学期刊《科学学与科学技术管理》发表论文《开放式 R&D、R&D 网络与 R&D 能力的互动演进——跨案例的纵向比较研究》。深入系统地研究了突破性技术创新，为本研究打下了比较坚实的基础。撰写此论文前，作者专门向导师请教案例研究法，用大约 1 个月时间再次专门深入研读了罗伯特·K·殷著《案例研究：设计与方法》(第三版)、凯瑟琳·艾森哈特著《案例研究方法：理论与范例——凯瑟琳·艾森哈特论文集》、克雷斯威尔著《研究设计与写作指导：定性定量与混合研究的路径》、苏敬勤、崔淼著《工商管理案例研究方法》，以及优秀的国内外管理学案例研究博士学位论文、《管理世界》等国内外期刊刊载的典型案例研究论文，并与导师交流研读心得体会，务求更加透彻掌握和更规范使用案例研究法。不仅如此，导师组还通过学位论文选题、开题、中期考核、预答辩、外审、答辩等环节及日常讨论等严谨细致发现问题、改进、完善案例研究，不断提高研究水平。(2)制订周密案例研究方案。拟订周到详细的案例研究方案，研究活动遵照方案实施推进，以牢牢抓住研究重点，突出关键环节，确保研究科学有序进行，发挥方案的统领作用。同时，结合案例研究理论部分研究成果指引实施研究，以规范的案例研究方法保障研究科学有序推进。(3)优选典型案例，打好研究基础。案例研究遵循理论抽样原则，选取典型案例是案例研究的应有之义，是案例研究的基本功。一方面中国处于技术创新追赶阶段，突破性技术创新时间较短，原创型突破性技术创新少。另一方面突破性技术创新理论研究起步较晚，突破性技术创新的定义及标准处在快速发展中。故本研究对突破性技术创新案例选择以最新最公认的相关理论为依据，选取公认度高的典型案例。一般公认，上市公司代表国家或区域经济发展最高水平，其典型性、先进性、影响力在所有企业中最突出。从事突破性技术创新的企业，在前期绝大多数企业缺乏资金、重要互补资产等重要资源，以风险资本为代表的金融资本专门寻找此类极具成长潜力的企业进行专业投资，企业所在地政府往往高度重视，绝大多数成功的突破性技术创新企业努力上市融资。不仅如此，上市企业的突破性技术创新大多数技术及经营管理先进、商业模式颇具竞争力、信息披露连续规范、社会关注度高。因此在上市公司中寻找突破性技术创新典型案例成为现实选择。中国企业(不含港澳台)上市地点高度国际化、多元化，截至 2013 年 8 月底沪深 A 股上市企业 2383 家、B 股 107 家，其中创业板 355 家、中小板 701 家，截至 2013 年 10 月底在美国上市(纽约证交所、纳斯达克、美国证交所)企业 163 家，其中纳斯达克上市 100 家左右、纽约交易所 50 多家，截至 2013 年 9 月底在香港证交所上市 H 股 176 家、红筹股 122 家、民营企业 455

家,截至 2013 年 8 月底在新加坡证交所上市 124 家,截至 2008 年 6 月底在伦敦证交所上市 74 家,其中 6 家主板上市、68 家 AIM 市场(高成长市场)上市,截至 2009 年 6 月底在多伦多证交所上市 65 家,其中主板 22 家、创业板 43 家。有些企业多地上市,如中石化等在上海、香港、纽约、伦敦四地上市,中国人寿、兖州煤业等在上海、香港、纽约三地上市,在沪深及香港两地上市公司数量最多。经逐个查询在美国和香港上市企业基本资料及历年股价走势图发现,在境外上市表现出色(股价在 5 美元或 5 港元以上且最近三年股价呈上涨趋势)的企业以互联网、电商、网络游戏及国有控股企业为主,如百度、新浪、唯品会、腾讯、中海油等。或许由于中国属技术追赶型国家,企业突破性技术创新在境外发达国家上市获得足够的市场认可比国内难得多,突破性技术创新企业数量少且主要集中在新能源技术如晶科能源,通信自动化,医药医疗器械如展讯通信、深圳迈瑞等很少几个行业,在香港上市表现出色的突破性技术创新企业寥寥,这些企业作为突破性技术创新案例并不比沪深上市优秀企业更典型。在美国、香港等地上市的突破性技术创新企业质量和数量比伦敦、多伦多和新加坡要高得多。因此,本研究选取沪深 A 股上市公司作为案例研究对象。研究者通过逐个查阅沪深 A 股 2300 多家上市公司多年年报,严格依据突破性技术定义,查阅相关资料并咨询有关权威技术专家、突破性技术创新研究知名学者,以企业现有突破性技术达到或接近世界先进水平为标准,对沪深上市公司的突破性技术创新企业或有此类主营业务企业进行了甄别(见附录:《沪深 A 股上市公司突破性产品概览》)。从地域分布、所属行业、技术突破性程度、商业化阶段、经营绩效、股价表现及企业规模等方面考察,沪深股市突破性技术创新上市企业数量庞大、高质量企业很多,这些企业有足够的代表性和典型性。本案例从中优选三家典型企业研究。(4)系统数据收集,科学分类编码。收集数据渠道:从案例企业所在行业协会、有关技术协会或科研机构、相关政府主管部门搜索信息,从中国知网、国研网等搜集有关专业论文,在国家图书馆、南开大学图书馆及当当、亚马逊等网上书店查找有关专著,在所选案例上市公司指定信息披露平台采集公告信息,访谈案例企业高层、中层及基层员工及业内权威专家,搜集有关企业档案资料,调查企业典型客户或供应商,每次访谈结束后将整理妥当的信息及时反馈给被访人员订正补充,必要时及时开展针对性回访延伸和深化数据收集。搜集数据方式:网络、专业论文、专著、档案、访谈、公告、调查等多种方式,对收集的数据及时编码,建立资料数据库。三个案例分别建立独立的编码数据库,以驱动机制、中介机制和绩效机制将所收集数据归为相应类别模块 Q、Z、J,

再将此三个模块、六个问题族系分别编为 $Q_1 - Q_3$、$Z_1 - Z_2$、J_1，接着在每个模块下再根据访谈和调查、专业论文和专著、公告和档案、网络来源分类编码为访谈和调查 Q_{11}、专业论文和专著 Q_{12}、公告和档案 Q_{13}、网络 Q_{14}，其他以此类推。确定编码序列后，循序渐进阅读分析文献，逐个甄别具体事实，分别编码为更细的三级条目，最终将得到类别清楚、编码有序、数据完整的编码数据库。继而通过编码数据库的事实分析，逐步提炼逐个证明理论命题，完成案例研究。编码数据库建立，做到了可信、合理、充分、高效使用数据资源，做到不同数据来源相互验证，形成证据链，使案例研究所使用事实可追踪、可证实，研究结论可重复，从而提高案例研究信度。

选多案例研究，确定分析单元。艾森哈特(1989)提出通常 4~10 个案例效果不错，少于 4 个案例实证根基将不牢靠。毛基业和张霞(2008)认为多案例研究是更严格、更科学、更加具有理论验证能力的研究方法。本研究基于突破性技术、商业化阶段、企业规模、地域分布等因素选择三家典型上市公司开展案例研究。三个案例企业均多元化经营，研究选择对企业发展起到最核心作用的突破性产品业务进行嵌入式案例研究，清晰界定的分析单元确定了数据收集边界，提高数据收集针对性和实效。嵌入式案例研究与整体研究数据收集方式和范围稍有不同，但不影响数据收集质量和数量。

开展案例研究，解释研究结果。在案例研究开始前先开展试验研究，以测试研究方案、研究方法的可行性，并调整或修改访谈提纲等。多案例研究遵循复制法则，在首个案例研究得到结论后，完全复制或小幅调整案例研究条件以差别复制继续开展新案例研究，以验证或检验此前研究结论，通过多次反复得出更具说服力的结论。如后续案例研究发现新信息，则补充收集信息以补充、改进、完善此前案例研究。案例研究资料分析主要采取模式匹配、建构解释、时序分析、逻辑模型、跨案例分析等五种策略。模式匹配是将构建的理论模式与实证研究得到模式比较，两种模式相互一致将增强案例研究内在效度。建构解释通过多案例研究结论逐个深入验证、修改、完善已有理论命题或逻辑架构。时序分析将随时间变化的数据资料趋势与案例研究趋势比较深化完善研究结论。使用逻辑模型将案例研究所得模型与理论预测所得模型对比以深化完善研究结论。跨案例分析对单个案例研究结果进行综合，比较它们之间的共同点、不同点并剖析原因，可发现并滤除案例研究中可能混入的某些主观性或偏见，将几个单案例研究结论更好融为一体，支持研究的资料和证据更坚实，研究结论将更合理、有力、坚实(见图6.3)。在结论部分，将研究理论和现有相似或者矛盾的理论进行比较，说明研究理论对现有理论的新发展,未来理论发展趋势以及研究理论的不足,以相关质量标准衡量案例研究质量,指明研究理论的普遍意义及其理论价值。

二、案例研究背景和案例企业选择的主要标准

1949 年新中国成立至 20 世纪 70 年代末中国实施高度集中的计划经济体制,经济封闭、社会固化、科技创新体制和企业经营机制等抑制高新技术企业孕育发展。随着改革开放推进,20 世纪 90 年代确立了市场经济体制、现代企业制度,科技体制改革逐步加快,引入风险资本机制,证券市场日益发展,促进技术创新的经济体制日渐成熟,特别是 1988 年国家实施促进高新技术产业化发展的火炬计划,建立和发展高新技术产业开发区,实施一系列促进高新技术产业发展的政策措施,高新技术企业迅速发展壮大。2009 年 3 月和 12 月国务院分别批准建立中关村、武汉东湖国家自主创新示范区,2011 年 3 月批准建立上海张江国家自主创新示范区,以加速自主技术创新发展。截至 2016 年 9 月,已批准建立 15 个国家自主创新示范区。中国现代高新技术企业发端于 20 世纪 80 年代末,在 20 世纪 90 年代中期起大规模加速崛起,中国当今一些最优秀的高新技术企业在此时期创立,如天士力、三一重工、大族激光等。中国科技总体水平相对落后,企业技术创新时间较短,突破性技术创新案例不及美国等世界领先企业典型,但基于中国情境的突破性技术创新水平提高很快,从事突破性技术创新的企业越来越多,系统研究这些突破性技术创新案例对探索中国情境下的突破性技术创新规律,对促进技术创新发展具有重要理论价值和实践意义。

本研究案例企业选取以深圳主板 A 股、中小板、创业板和沪市 A 股的所有上市公司为对象,采用逐家研读各上市公司近几年年度报告的方法,严格根据典型案例的要求并依据突破性技术创新的定义、特点及规律,结合企业有关业务多年经营状况,考虑行业、区域、企业规模、产品及技术特性选择典型案例研究企业,共选取了三家沪深 A 股上市的案例企业,分别是天士力制药集团股份有限公司(股票简称"天士力")、三一重工股份有限公司(股票简称"三一重工")、大族激光科技产业集团股份有限公司(股票简称"大族激光"),三家公司分别来自医药、机械、电子行业,企业分布在中部、东部,这些企业均是所在行业的自主创新领导企业,从事突破性技术创新经营在 10 年以上,年突破性产品销售收入超过 10 亿元。下文将分别在第七章、第八章、第九章对上述三个案例企业做专章研究。

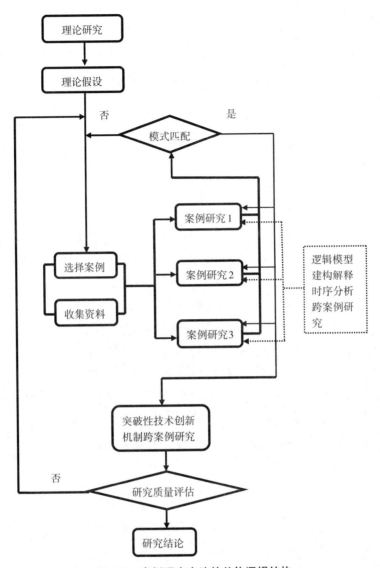

图 6.3 案例研究方法的总体逻辑结构

来源：作者绘制。

第七章

天士力突破性技术创新案例研究

　　天士力(指上市公司天士力制药集团股份有限公司及其前身)是闫希军和吴迺峰夫妇(以下简称发明人)20世纪90年代发明复方丹参滴丸后于1994年5月创建的,复方丹参滴丸销售迅猛增长使企业快速发展壮大。天士力2002年在上海证交所上市,现在已成为中国中药现代化的先行者和领军企业、国内著名的大型制药企业,主营现代中药、化学药、生物制药等。2015年营业收入132亿元,其中复方丹参滴丸销售收入35.82亿元,居全国中成药单品销售额和市场占有率首位。创业初期复方丹参滴丸销售占公司主营收入的90%以上,目前占27.1%,是公司收入、利润的最主要来源之一。2016年12月天士力复方丹参滴丸通过美国FDA三期临床试验,成为全球首例完成美国FDA三期试验的复方中药制剂,实现了中药发展历史性跨越和突破,打通了中药国际化通道,具有重大历史开创意义。天士力案例研究以复方丹参滴丸突破性技术创新为研究对象,属于嵌入式案例研究,具备案例研究的典型性。

第一节　复方丹参滴丸突破性技术创新背景

一、中药现代化的时代背景

　　传统中医药是中华民族长期与人身疾病斗争的伟大创造,是民族兴旺发达的重要保障。中医药在中国封建社会已传入朝鲜、日本等亚洲邻国,以及中东及欧洲一些国家。传统中医药因治病机制不明确,主要成分和疗效不很确切等原因长期不被现代西医、特别是西方发达国家西医接受,国内对中医药发展的质疑和争论绵延不绝,中医药发展曾遇到前所未有的挑战,但中医药发展不可阻挡,运用现代科学技术推进中医药发展的努力持续深入。除国内医学界和患者外,世界各国绝大多数华人依旧信赖中医药治病,韩国、日本等深受中医药影响的国家中医药产业持续发展。

另一方面,德国植物药研究及产业化的巨大进展扭转了现代西医界和患者对植物药、中医药的固有偏见,进一步廓清了中医药发展道路,激励中医药加速现代化。有"洋中药"之称的植物药在德国研究、制造、使用历史很长,德国植物药研发及管理领先世界。德国植物药厂超百家,其中最古老的 Schwabe 家族药厂有 140多年历史,该厂对银杏研究超过百年。1976 年德国《药品法》确定草药为药品,2002 年德国调查公司 Allensbach 调查结果显示 73% 的德国人使用植物药物。20世纪 90 年代初德国药企阐明了银杏的化学成分组成,揭示了银杏制剂治疗心脑血管疾病的机制和疗效。德国银杏制剂随后畅销美国、法国及中国等国际市场,成为治疗心脑血管病的首选天然药物,年销售额超过 10 亿美元,德国的"洋中药"——贯叶连翘制剂、银杏制剂等在中国市场占很高份额,中国同类传统中药在与这些洋中药的竞争中颓势尽显。随着西医被一些药源性疾病的困扰、崇尚自然潮流的兴起及德国植物药的成功等,逐渐改变了现代西医对植物药的固有偏见,国际现代西医界及消费者转而逐渐喜欢甚至追求植物药,植物药业获得了新发展。据世界卫生组织统计,全世界约有 40 亿人使用植物药,120 多个国家设立中医药机构,其中以日、美、德等国中医药研究人员最多。2004 年 5 月欧盟公布《欧洲传统植物药注册程序指令》,大幅降低了植物药市场准入条件。2004 年 6 月美国 FDA 公布《植物药研制指导原则》,标志着世界对植物药(中药)成见最深的美国 FDA 首次承认植物药是药品。国际植物药(中药)市场年销售额达到 600 亿美元,其中美国市场达到 300 亿美元,德国、法国植物药消费量很大,日本中药普遍使用,而中国中药年出口额仅占国际植物药(中药)市场的 3% 左右。德国植物药及日韩中药的迅猛发展给中国中医药产业发展造成巨大竞争压力,也指明了中国中药产业发展的道路。

二、中药现代化的含义及进展

传统中药是以中医药理论为指导,经过配伍、炮制、制剂等加工成的药品,以传统方法生产的中成药也属传统中药,如复方丹参片等。中药成品主要表现为"丸、散、膏、丹、汤"等,疗效可靠、价格便宜、方便易得,千百年来深受喜爱,但其治病机制不清楚,成分复杂不明,质量不稳定、毒副作用不确定等不足备受诟病。全国中成药企业大约1400多家,绝大多数规模小、技术水平低,以价格竞争为主,投巨资从事发明创造的企业很少。

中药现代化是中药发展、科学技术进步、医学发展、患者需求和崇尚自然的时代潮流等综合作用的产物。中药现代化是以传统中医药理论和临床经验为基础,借鉴现代西药先进理念和技术,借助现代科学技术,严格遵循现代医药规范和标准,种植、研发、生产、营销治病机制清楚、成分明确、高效安全、质量稳定、服用方便的新型中药的过程,具体内容包括中药理论现代化、全产业链运营标准化规范化、研发生产技术现代化、产品国际化、中药文化传播现代化等。中药现代化在相关领域以多种方式推进,突出表现为现代科学技术的运用、规范标准的实施、新产品开发等。分子生物学、现代分离分析技术、信息技术等现代科学技术广泛用于中药现代化,主要技术有:(1)色谱分离分析技术,主要用于中药的化学成分分离、分析和质量控制,此技术运用已实现自动化、智能化;(2)现代分离技术,如超临界CO_2流体萃取、大孔吸附树脂、膜分离等技术,主要用于中药有效成分的分离、纯化、富集等;(3)DNA指纹图谱技术,主要用于中药品种及有效成分鉴别等;(4)组织细胞培养技术,主要用于培育繁殖药用植物良种。现代中药产业链的主要标准规范有:中药材生产质量管理规范(GAP)、中药提取生产质量管理规范(GEP)、药品生产质量管理规范(GMP)、药品临床试验管理规范(GCP)、药品非临床研究质量管理规范(GLP)、药品经营质量管理规范(GSP)。中国现代中药开发取得了一系列成果,从中药和天然药物中开发的单体化合物新药达数十种,如黄夹苷、葛根总黄酮、延胡素乙素、喜树碱、秋水仙碱、青蒿素等,中药与天然药物的复方新药超千种,如双黄连粉针、绞股蓝总皂颗粒、复方丹参滴丸、肾炎康复片等。现代中药发展的方向是高效、速效、长效,剂量小、毒性小、副作用小,便于贮存、携带、服用。全国中药现代化处于起步时期,比较成功的产品主要有天士力的复方丹参滴丸、康缘药业的桂枝茯苓胶囊、红日药业的血必净等。

国家相继出台了一系列重大政策加快中医药现代化。主要是:2002年国家发布《中药现代化发展纲要(2002—2010年)》,全面构筑促进中药现代化政策体系,重点构建国家现代中药创新体系,制定现代中药标准和规范,形成中药现代化基础研究、应用开发及支撑条件平台,重点支持一批中药国家重点实验室、研发中心和工程技术中心等。2006年发布《中医药国际科技合作规划纲要(2006—2020)》,提出研发国际市场需求的中药、开发中药研发和生产过程中的关键技术和方法、建立中医药国际标准规范、构建中医药国际科技合作网络等发展目标。

2009年国务院发布《关于扶持和促进中医药事业发展的若干意见》,提出建立符合中医药特点的科技创新体系、评价体系和管理体制,推动中药新药和中医诊疗仪器、设备的研制开发等政策目标。这些政策对加快中医药现代化,促进中医药技术创新体系发展,促进企业加速研发现代中药具有重要作用。

第二节　复方丹参滴丸突破性技术创新

一、复方丹参滴丸概况

20世纪60年代起中国开始生产以丹参、三七、冰片为主要成分的复方丹参片剂,用于心脑血管病治疗。国内复方丹参制剂生产商141家,它们用同一处方生产片剂、丸剂、胶囊剂,该药在国内使用已逾半世纪,患者群极为庞大。

据报道,1933年丹麦首次用滴丸法制备维生素AD滴丸、1956年苯巴比妥滴丸在美国制备成功、1958年沈阳药学院以自制装置成功制备酒石酸锑钾滴丸、1974年日本专家研制细胞色素C滴丸,1974年天津力生制药厂研制成功滴丸机、1975年沈阳制药厂研制成功P－74型滴丸机,但截至20世纪90年代初世界上鲜有药品滴丸剂大规模生产案例。滴丸制剂的基本原理是:提取药物原材料中的水溶性有效成分,根据Noyos—Whitnoy方程,其溶出速度随分散度的增加而提高,使药物中有效成分呈分子状态,从而大大提高其表面积,这样药物有效成分进入人体后其溶解速度和被吸收速度大大加快。

复方丹参滴丸(处方药,国药准字:Z10950111)是根据《中华人民共和国药典》(1990版)中的复方丹参片处方,主要由丹参、三七、冰片组成,它从丹参中提取以丹参素为主的水溶性酚酸类有效成分,在三七中提取有效成分三七总皂苷,加入其他有效成分及适当辅料,用现代高科技及滴丸制剂工艺制成的纯中药滴丸剂。复方丹参滴丸主要用于冠心病、心绞痛、脑动脉硬化等心脑血管疾病,具有药效安全稳定、剂型先进、速效高效、毒副作用小等特点。复方丹参滴丸与复方丹参片处方完全相同,根据已有卷帙浩繁的研究成果,中药复方药物的成分极为复杂,它们可医治疾病比较广泛,医学界对二者适应证及疗效的对比研究还在深入推进,但前者使用根本不同的生产工艺及生产质量监控技术,治病机制及有效成分明确,药效直线提升、适应证更广(见表7.1),属突破性技术创新产品,是世界唯一的复方丹参滴丸制剂。天士力以中药现代化为目标,通过自主开发或联合开发等,在药物研发、药材种植、中药提取、制剂生产、市场营销产业链各环节广泛运用现代科学技术实现标准化、数字化,使复方丹参滴丸治病机制清楚,有效成分明确,质量稳定,速效高效,毒副作用小,生产过程可视化并实时监控,实现了中药与现代西药顺畅"沟通与对话",与现代医药技术无缝对接,引领中国中药现代化,完全颠覆了传统中药发展模式,是技术集成型突破性技术创新。

表7.1 复方丹参滴丸与复方丹参片比较

比较项目	复方丹参滴丸	复方丹参片
主要成分	丹参、三七、冰片	丹参、三七、冰片
主要适应证	冠心病、心绞痛	冠心病、心绞痛
主要原药来源	依 GAP 标准规范种植生产	市场购进
制剂工艺	滴制	原药磨粉压制而成
标准、规范实施	种植、提取、生产、销售 全产业链标准化、规范化	生产、销售标准化、规范化
主要治病成分	水溶性丹参素、三七皂苷	脂溶性丹参酮、三七原药
药品成分特点	含量确定,质量稳定	含量不确定,质量不稳定
药 效	生物利用度① 比复方丹参片高 1 倍,疗效好、药效稳定	疗效较好、药效较稳定
起效时长	3~8 分钟	30 分钟以上
患者用药量	少	多
适用范围	急救、常规用药	常规用药
同用药周期价格	4~6(相对价格)	1(相对价格)
毒副作用	较小	较大
专利保护	300 多个专利,专利网保护	几无专利保护
国内生产商数	独家	141 家
销售额(元)	10 亿(2007 年),行业首位	1.35 亿(2007 年),行业第 2
药品国际化	FDA Ⅲ 临床,美国等国销售	不被绝大多数国家接受

来源:作者根据有关资料整理。

注释①:生物利用度是指药物经血管外途径给药后吸收进入全身血液循环的相对量。

二、复方丹参滴丸突破性技术创新过程

复方丹参滴丸的突破性技术创新过程从 1987 年起到 2003 年基本完成。复方丹参滴丸是具有划时代意义的现代中药产品,是改革开放时代执着于发明创造的科技人士成功创业的缩影。发明人 1972 年就读于陕西省卫生专科学校制剂专业,长期在医院从事药剂工作,具有丰富工作经验。复方丹参滴丸研制 1987 年始于解放军 254 医院药剂科。具体过程如下:

模糊前端阶段,从 1987 年产生强烈的想法到 1990 年春夏试制前。复方丹参滴丸的创新构想来源于他们长期药剂从业经历,海量的冠心病、心绞痛患者始终困扰着医务人员且短时间致死时有发生,却无速效的治疗药物,医院也未研制对证药物,留下太多遗憾,1987 年他们产生研制对证有效药的强烈欲望。通过系统理论研究发现,世界大概有 4 亿冠心病患者,每年死亡超 1200 万人,是世界公认致死率最高的疾病,却无速效毒副作用小的特效药;系统研究治疗冠心病的 2000 多个中药配方,其中 78% 含丹参成分,确认丹参很可能是治疗冠心病最有效的成分;比较几种治疗冠心病、心绞痛的主要中、西药,硝酸甘油易产生耐药性、阿司匹林防血栓效果不良、复方丹参片起效太慢。机遇偏爱有准备的人,发明人吴迺峰 1990 年参加在青岛召开全军制剂研讨会,会上一位年逾花甲的老教授介绍了滴丸制剂工艺技术,她立即将其与他们改进丹参片的种种努力联系起来,提出用滴丸工艺技术滴制丹参素水溶性成分滴丸的创造性构想,并在会议休息时间请教这位教授,得到了理论上完全可能的肯定答复,复方丹参滴丸创造性构想就这么产生了。针对冠心病、心绞痛久治不愈且急性发作往往一两个小时内夺人命或者致患者病瘫的特点,1990 年年初他们确定依托中药丹参和丰富的专业制剂知识、经验、资源,借鉴西药改进配方、剂型,提升药效,增加速效急救功能成为突破的主要技术方向。复方丹参滴丸构想来源于病患众多的医疗经历,产品市场前景毋庸置疑。他们以开放心态系统研究中西医同类药物的优势和不足,通过对中药配伍和滴丸制剂技术的掌握,科学精准地定位了产品性能及研发的技术路径。至于如何生产及销售,限于工作经历和时代环境,他们没考虑太多。

原型产品阶段,从 1990 年春夏试制到 1992 年春天成功制出原型产品。发明人吴迺峰在专业研讨会上知悉滴丸制剂工艺及其对药效提升的重大作用,发现不同于传统复方丹参药物脂溶性成分的水溶性成分是更有效的治病成分,是滴丸混合物的重要来源,并结合对治疗冠心病、心绞痛中药药方及配伍的系统研究和深入思考,他们进而选择滴丸技术作为主要技术突破方向。用精心加工的中药原药制作滴丸水,设计、制作、组装了由保温漏斗、锅、滴头玻璃管等组成的简单原型样机后,于1990年春夏之交开始试制复方丹参滴丸。控制原型机上滴丸水的高度、温度、黏度、含量制作滴丸,经过60个日日夜夜艰辛的实验仍未成功,但发现了高度影响滴丸形状、温度影响黏度,药物成分含量多滴丸就不成形等问题。无奈向一位全国滴丸技术权威教授写信求教,该教授提供了亲手绘制的滴丸制剂技术工艺流程图。他们迅即根据此教授的滴丸制剂技术工艺流程图,反复分析前期试制结果、总结试制经验教训,调整温度控制、加长冷却时间、降低液体温度,利用高效液相色谱法控制含量等方法,通过萃取、浓缩、干燥等技术改变药物活性成分,又经过60天夜以继日的艰辛试验,终于在1992年春成功制出大小、形状、黏性、含量、温度、干湿度、稳定性、有效性、安全性理想的滴丸剂,这标志着成功造出原型产品。分析原型产品制造过程,滴丸制剂技术和复方丹参滴丸处方属中药专业技术知识,处于半公开的公知状态,而复方丹参滴丸的制剂技术工艺以及从原药加工、有效成分提取、滴丸制造等工艺过程的总体工艺技术路线选择设计等,与传统中药制造工艺技术原理根本不同,是典型的突破性技术创新。天士力董事长闫希军回想起复方丹参滴丸从研制到获得巨大成功的艰辛历程深有感慨地说:"从传统中药向现代中药发展,是一个工艺系统的创新"!制造原型产品的过程是以既有专业理论和实践经验为基础,不断尝试、不断探索、干中学,创造基于实践的新颖知识,特别是隐性知识的过程。在此过程中他们掌握了制造复方丹参滴丸最核心的创造性工艺技术知识,包括技术经验、技巧,甚至诀窍、秘密等,这些是相关技术发明专利的最基础技术来源。此过程中的隐性知识是突破性工艺技术创新最根本最重要的内容,当时世界上鲜有滴丸制剂滴制成功的案例证明此技术工艺发明的艰难性。

试制阶段,从1992年4月新药申报至1994年5月大规模试制完成。药品是特殊商品,必须依法向政府主管部门申报并通过规范的临床前研究和临床试验研究,获得新药注册证书和生产批件后才被政府许可生产。新药临床前研究涉及新药处方筛选、制备工艺、理化性质、质量标准、药理、毒理、检验方法、剂型等内容,临床研究则分期验证药物的安全性、有效性和可靠性等。复方丹参滴丸向国家有关部门提出新药申请,经过试制、报审、验证和临床研究等程序,1993年10月获新药证书和生产批号,从申请到获批历时一年半,这标志着复方丹参滴丸获得了大规模上市销售的政府许可。复方丹参滴丸申报新药至获新药证书阶段实质是药品试制阶段,报批企业必须免费提供临床实验研究用药,被试患者达数百人,历时一年多,药品消耗量较大,但禁止被试药品市场销售。为达到国家有关部门新药报批标准,依据滴丸制剂原型样机成功研制出第一代手动滴丸机,生产了临床试验研究需要的药物。结合报批临床研究,在复方丹参滴丸原型产品基础上初步确定适应证、药效及质量标准等,完善并初步确定原药加工、提取有效成分、滴丸制备等总体生产工艺路线及技术标准等。同时初步考虑产品营销、组织大规模生产、商业模式和后续技术创新等问题,并根据临床试验研究反馈不断改进药品质量、安全性、稳定性及工艺技术等。试制过程中,滴制技术工艺以及从原药加工、有效成分提取到滴丸滴制等总体工艺设计和实施,相应的技术检测手段、质量标准等逐步建立或完善,药品药效、适应证、质量等得到改进。同时申请相关专利,推进持续技术研发,谋划专利策略。

大规模生产阶段,1994 年 5 月大规模上市到 2003 年销售收入平稳增长。天士力以领先用户为突破口,以有效传递非线性提升的药品价值为核心,开展突破性营销,迅速立足国内市场,1998 年复方丹参滴丸申请美国 FDA 临床研究 IND,并行拓展国际市场,实现销售收入连年高速增长。根据中药现代化发展的产业实际和市场现状,采用以优异产品性能为切入点,以顶级权威专家见证及强大技术实力支撑的全员、突破性文化营销推动,企业高效生产品质优异产品,以开放式技术创新推动产品持续升级的商业模式。根据试制阶段的工艺技术,天士力研制成功技术性能先进、工艺流程自动化的滴丸制剂流水生产线,借助持续技术创新不断改进工艺、生产设备和流水线,现已建成电脑自动控制的一体化流水生产线,严格依照国内国际标准(如 GMP、ISO 等)实现药品规范、高效、稳定、安全生产,适应了药品销售迅猛增长的需要。以推进中药现代化为目标,以核心工艺技术为依托,建立高效的开放式技术研发体系、专利管理体系、实施有效的专利战略,构建技术研发平台,广泛开展合作研发,提出中药提取的行业标准、药品内控质量标准等构建产业链标准化规范化生产体系,推进中药生产标准化、规范化、数字化发展;深化复方丹参滴丸治病机制、适应证、安全性的临床研究,广泛开展复方丹参滴丸提取、分离及产品质量鉴别、检测等技术创新,不断提高产品的质量、稳定性、安全性,促进产品扩大销售。依托现代中药技术,天士力还研发了养血清脑颗粒、芪参益气滴丸等品种。2016 年 12 月复方丹参滴丸通过美国 FDA 三期临床实验研究,获得了进入美国等西方国家临床用药的政府许可。1995—2002 年复方丹参滴丸年销售收入增长率最高 125%,最低 36.1%,高增长率持续 8 年,显著高于同期同类常规药品和行业平均增长率,显示出突破性产品优异的商业化绩效。2003—2015 年各年增长率在 −7% ~26.5% 徘徊,持续 13 年(见图 7.1),这表明 2003 年起复方丹参滴丸销售收入年度增长率进入平稳增长阶段,天士力的相关技术研发平台及相关产品技术标准基本确立,根据销售增长率和技术创新活动判断,复方丹参滴丸突破性技术创新过程基本结束,该产品进入渐进性创新阶段。

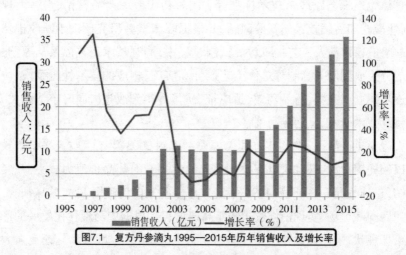

图7.1　复方丹参滴丸1995—2015年历年销售收入及增长率

来源:根据闫希军. 现代中药产业链管理系统研究——以天津天士力集团为例[D]. 南京农业大学,2007 及天士力医药集团股份有限公司历年年度报告等资料整理。

复方丹参滴丸突破性技术创新是在火热改革年代经济转型条件下发生的,时代背景特殊复杂。闫吴夫妇供职单位是部队医院,是体制内单位和人员,从事突破性技术创新的限制条件太多太多。但在产品大规模上市之际,全国现代企业制度改革大潮掀起,复方丹参滴丸研制资金和资源的主要提供者、主要"股东"——解放军 254 医院及其上级北京军区后勤部,开明理性地选择引入新投资者,以股份制解决了复方丹参滴丸大规模上市持续的巨额资金需求,有效解决了制约天士力加速发展的经营机制问题,为解决持续的巨额资金需求开辟了市场化的崭新道路。国家 1996 年提出《中药现代化科技产业行动计划》,现代中药成为中药产业发展最重要的战略,复方丹参滴丸作为中药现代化的引领者,受到政府高度重视,源源不断地政策支持促进了天士力加快发展。根据 1997 年国家允许科技人员持股政策,天士力解决了核心科技人员的激励问题,1998 年允许增量国有股出售等政策加速了天士力股权多元化及社会化进程。1998 年国家出台禁止军队经商办企业的决定后,天津市接收了 65 家部队移交企业,但仅准许天士力股份化改制,经过一系列股权变动,天津市政府股权完全退出天士力,体现了天津市政府支持天士力发展的坚决态度。天士力股权变动频繁但始终比较顺畅,促进了企业快速发展。复方丹参滴丸及天士力的成功,既是闫吴夫妇执着的创业激情、超群的创业智慧和创业胆略的产物,也与大好的时代背景、军队及地方政府的鼎力支持等天时、地利、人和息息相关,这些是复方丹参滴丸突破性技术创新的底层因子。在这些基础条件具备的情况下,本研究提出的突破性技术创新机制即成为天士力复方丹参滴丸成功的关键。

第三节　复方丹参滴丸突破性技术创新的主要机制

根据理论研究,突破性技术、突破性营销和风险资本构成影响复方丹参滴丸突破性技术创新的主要驱动机制。

一、突破性技术影响复方丹参滴丸突破性技术创新的机制

天士力突破性技术源于复方丹参滴丸工艺技术发明,发明人以之创业,天士力创立后技术创新主要由技术研发机构承担,以技术创新推进中药现代化为目标,采用开放式技术创新方式,完善核心技术,开发支撑技术、互补技术,还开发其他现代中药、化学药及生物药技术,本文仅研究天士力与复方丹参滴丸密切相关的技术开发活动。天士力创业之初即成立技术开发部门,1997 年天士力技术中心被认定为天津市级企业技术中心,天士力被认定为天津市高新技术企业,2002 年该中心被评为国家级企业技术中心,2001 年国家人事部批准设立企业博士后科研工作站。复方丹参滴丸 1994 年上市,天士力历年研发投入占销售收入的 10% 左右,技术研发不断取得成功,使药品质量、生产技术持续提高,技术专利保护日益增强,支撑突破性营销发展,推进销售收入连年高速增长(见图 7.1)。

突破性技术推动、支配复方丹参滴丸突破性技术创新全过程和过程的各方面。主要表如下:在模糊前端阶段,发明人对滴丸制剂技术的掌握、对冠心病心绞痛发病机制及其对症中西药物的研究、对心脑血管疾病患者治疗存在的突出问题深刻透彻分析等直接决定复方丹参滴丸的突破性构想形成。在原型产品阶段,结合试验对滴丸制剂技术、中药提取技术深入钻研、反复实践摸索并掌握关键技术

工艺是原型产品制作成功的决定性因素,这些技术工艺是突破性技术创新的核心技术,始终主导复方丹参滴丸突破性技术创新发展。在试制阶段,申报国家新药必须对药品治病机制、病理、毒理等进行深入研究,并根据研究结果和临床反馈改进复方丹参滴丸的药效和质量等,技术决定作用不言而喻。在大规模上市阶段,依托核心技术研制成功自动化流水生产线、提出并实施中药提取标准GEP、开发指纹图谱等技术鉴别中药成分、运用基因技术优育丹参、三七种苗提高原药品质等,申请相应专利保护技术权益,使复方丹参滴丸成为中国市场热销的现代中药领导者,技术决定性更加突出。

自主技术开发。创业初期,发明人综合冠心病心绞痛频发急发时有致死、病患多且难治愈、已有临床中西药的主要缺点、滴丸制剂的优势以及治疗该病的2000多个中药配方78%含丹参成分等情况,富有远见地选择了以滴丸制剂技术制造速效高效长效医治冠心病心绞痛药物的创新目标。当时治疗冠心病心绞痛的中药处方很多、滴丸制备及滴丸技术已出现数十年却无法实现大规模生产,发明治疗冠心病心绞痛特效药的路子看似并不容易走通,但强烈的创新欲望、早日解除患者病痛的紧迫使命感、丰富的制剂知识等驱使发明人毅然投入发现新药物的试验中。经过两年多1000次左右的反反复复试验,改变滴丸水原药成分含量、温度、高度、干湿度等,并请教权威制剂专家教授,终于制出了大小、形状、黏性、含量及稳定性、有效性、安全性理想的复方丹参滴丸。又经过1年半,该药品通过国家有关部门审批并准予生产,顺利完成小规模试制。接着他们成功开发出自动化生产设备完成大规模试制,创办天士力并成功实现大规模上市,标志着复方丹参滴丸突破性技术创新初步成功。1999年复方丹参滴丸获国家科技进步三等奖。复方丹参滴丸制备核心技术是提取有效成分和滴制技术工艺(见图7.2)。天士力创办后,经过持续研发,复方丹参滴丸有效成分提取和滴制的主要技术工艺申请了发明专利,并与自主开发达到国际先进水平的"超高速滴丸"自动化流水线中复方丹参滴丸有效成分提取和滴制环节的工艺设备密切融合,关键核心工艺技术以技术秘密形式存在。依托复方丹参滴丸核心技术,开发了技术含量更高的复方丹参滴丸粉针剂。天士力至少有300多授权专利保护复方丹参滴丸制备技术工艺,其中主要部分由发明专利组成,如2004年获授权的"一种预防和治疗冠心病心绞痛的药物及其制备方法和其他用途"(专利号:ZL01136155.7)、2009年获授权的"一种治疗心脑血管疾病的中药制剂及其制备方法"(专利号:ZL200410018758.4)和2008年获授权的"一种治疗心脑血管疾病的中药组合物"(专利号:ZL03144310.9)等,这些核心专利是天士力自主技术创新的成果和进一步创新的坚实基础,也是相关支撑技术和互补技术创新的根本依托和基本依据。

A.　丹参及三七浸膏的提取过程

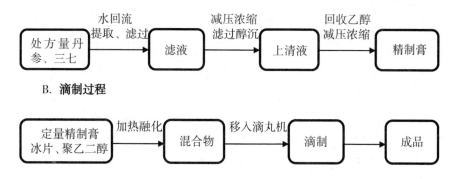

B.　滴制过程

图 7.2　复方丹参滴丸生产工艺流程

来源:招商证券股份有限公司.天津天士力制药股份有限公司首次公开发行股票招股说明书[R].2002.

合作技术开发。天士力外取技术以合作技术开发为主。天士力创立后,以国际植物药开发为参照,坚持通过技术研发识别复方丹参滴丸治病有效成分、明确治病机制、分离提取有效成分、确保质量稳定和药物安全性等事关现代中药发展的一系列基础理论和基础技术问题,这些包括核心技术的支撑技术、互补技术等。天士力创立后虽高度重视研发,从海内外引进大批博士、硕士等高层次技术研发人才,建立了有效的研发体系,但企业研发解决上述问题,仍存在研发基础理论知识薄弱、基础理论知识多样性不足、研发人才及研发经验欠缺,研发经费短缺等问题。另一方面,天士力初步成功及国家大力扶持现代中药发展,使开发现代中药的企业急速增加,研发竞争激烈。有效解决上述问题最迅速最有效的办法是开放式创新,与海内外高校、科研院所和企业联合研发,天士力建立"没有围墙的研究院",推行"不求所在,但求所用,成果所有,利益共享"的合作原则,构建了覆盖海内外相关专业机构的技术创新网络,不遗余力地推进开放式创新。主要表现是:与浙江大学、天津大学、天津中医学院、中国中医研究院、北京大学等国内二十多家科研机构和一批临床医院合作开发技术,在国家火炬计划、科技攻关计划、863、973 等重点科研项目支持下,深入研究了复方丹参滴丸的治病机制,研发组分中药,运用基因技术选育丹参和三七种苗,开发多元指纹图谱技术鉴定复方丹参滴丸中的 10 种丹参水溶性成分和 20 种三七皂苷类成分,揭示了复方丹参滴丸药效的化学物质基础,用于控制药品生产质量,使中药更易于被国际医药医学界信任、接受。此外还开发了超临界 CO_2 萃取技术提取有效成分,以及中红外、近红外光谱等技术实现对中药提取物及生产过程的质量分析与控制,保证提取物质量及安全性稳定可控。天士力 2009 年与诺丁汉大学合作开发天然药物,2011 年与美国马里兰州联合建立研发中心推进中药现代化。天士力 2011 年与美国纳斯达克上市公司 ICON(上市代码:ICLR)和 PAREXEL(上市代码:PRXL)合作开展复方丹参滴丸申报 FDAIII 全球临床研究合作,2016 年 12 月顺利完成美国 FDA 三期临床试验。2003 年与天津大学等科研机构合作开发了"复方丹参滴丸自动灌装线"、"复方丹参滴丸自动包装线多微机控制系统"等生产设备。2010 年天士力在国家"重大新药创制科技重大专项"支持下,联合北京大学、天津大学、北京中医药大学、扬子江药业、修正药业等 18 家校企,牵头成立"现代中药国际化产学研联盟",大力开展现代中药技术研发,推进中药现代化发展。

技术研发管理。天士力研发理念先进,系统实施开放型技术创新战略,建立有效的管理体制和机制保证技术研发顺利推进。(1)天士力建立研究院负责技术开发,下设职能研究所,各子公司设立研究机构,并设有负责对外合作研发的部门,公司设立技术委员会和专家委员会负责公司技术开发重大决策,主要技术骨干持有公司股权,以项目形式实施技术研发,促进公司内部各研发机构合作,并推进企业研发机构与外部机构有效开展研发合作。(2)天士力建立了高效的专利管理体系和运行机制。天士力以专利主导研发,将知识产权管理贯彻到研发的全过程各环节,以知识产权管理保障研发推进,不能形成专利的不予研发。集团各研究所和各子公司配备知识产权负责人及联络员,建立知识产权管理体制。以专利商业化为目标,建立有效的专利管理机制,使专利申请、专利利用、专利纠纷处理、专利绩效考核、专利管理人员奖励、专利信息辅助科研决策制度化、程序化,将专利管理与技术创新考核相结合,将专利利益分配、奖励制度与专利实施效益相结合,提高了专利管理效能。前瞻性地实施专利战略,采用专利组合和商业秘密策略,战略型技术的制造工艺用商业秘密保护,以 300 个以上复方丹参滴丸授权专利构建专利组合或专利网,构建由核心专利、竞争专利、防御专利和外围专利组成专利组合或专利网,充分释放专利及技术创新的效能。如刘伟等(2010)研究发现,天士力构建了丹参提取物专利网:天士力于 2003 年 9 月申请了核心专利ZL03144310、ZL03144311,主要保护以原料丹参提取物、三七提取物、冰片、樟脑配比为主要特征的中药组合物,它们是以提取物投料为特征的产品主题专利中的核心专利;2005 年 8 月同时申请了该核心专利的 19 份外围专利,现已全部获授权,包括 200510014838,200510014839 等,它们对丹参提取物、三七提取物进一步限定或采用其他成分替换三七提取物;2009 年申请防御专利 200910244837,它是以原料丹参提取物和三七提取物配比为主要特征的中药组合物,属于减少成分组成的改变。2010 年 4 月天士力收购北京采瑞医药有限公司 7 份以提取物投料为特征的复方丹参制剂竞争性专利,天士力因其抢先布局,影响和制约天士力实施丹参提取物专利而收购,体现出天士力实施复方丹参提取物专利的针对性、计划性、策略性。天士力在技术研发时同步考虑专利在复方丹参滴丸价值链各环节的部署,如组分剂量配比、中药炮制技术、中药制剂、中药制备方法等环节,并充分考虑市场竞争、特别是市场国际化问题。研发管理体制和机制以突破性技术商业化为根本目标,在激烈的技术研发竞争中使复方丹参滴丸突破性技术创新以核心技术为根本动力和依托,核心技术、支撑技术和互补技术相互作用使突破性技术有效发挥机能。

提出行业技术标准,大力实施国家标准及国际公认生产运作标准等,提高企业运作效率和市场竞争力。2001 年闫希军提出"中药提取生产质量管理规范(GEP)",2004 年被国家正式颁布,成为国家标准,使中药提取标准化,从而使现代中药全产业链实现标准化规范化,为中药现代化和国际化做出了突出贡献。此外,天士力主动高水准实施了药品生产质量管理规范(GMP)、药品非临床研究质量管理规范(GLP)、药品临床试验质量管理规范(GCP)、中药材生产质量管理规范(GAP)、药品经营质量管理规范(GSP)等标准规范,使复方丹参滴丸产业链各环节标准化。天士力还实施了 ISO9001、ISO14001、OHSAS18001、ISO10012 等系列国际管理体系,促进了复方丹参滴丸突破性技术创新顺利发展。复方丹参滴丸标准化走在全国前列,超出《中国药典》标准。

复方丹参滴丸突破性技术驱动和深刻影响商业模式发展。复方丹参滴丸核心技术在有效成分提取和滴制等方面,相关技术由超过 300 件授权专利组成专利组合或专利网,以技术专利和技术秘密组合存在,并且与现代化流水生产线密切融合,内部系统价值创造能力远远优于竞争者,具有很强的防御市场竞争的"集体防卫"能力,避免了传统中药技术被模仿而陷入同质化低水平恶性竞争的市场困境,这使天士力拥有复方丹参滴丸价值链绝对主导权。相对同类传统中药,突破性技术使复方丹参滴丸治病机理明确,有效成分清楚,质量稳定可视,药效速效高效长效,毒副作用小,给顾客提供了非线性提升的优越价值,并且成为最早在国际市场以药品销售的中国中药,专利保护几乎使其至少在 20 年内具有市场独占性。天士力运用 GAP 标准及基因技术等生产主要原药材丹参、三七及冰片,有效解决了农药残留等困扰复方丹参滴丸的棘手问题,提高了对原药材供应的掌控力。技术实力使天士力对商业模式的企业内部价值创造系统模块、供应商价值创造系统模块具有绝对控制力,对顾客价值创造系统模块具有决定性的影响力,广泛开展联合技术研发等使天士力对外部互补价值创造系统模块依赖程度很大。

国家现代中药创新系统深刻影响天力士技术研发。国家 1996 年提出中药现代化,接着出台一系列配套政策大力支持中药现代化基础理论研究、公共技术平台建设,以及中药研发和生产过程中的关键技术和方法等。天士力承担或参加了国家资助的数十项重大科研课题,在国家重金资助下,联合国内一流科研机构开展了基础理论研究,开发了急需的基础技术,如多元指纹图谱技术、中红外、近红外光谱技术等,建设了丹参滴丸 GAP 药源基地,获国家和省部级科技奖 10 多项,极大地促进了复方丹参滴丸突破性技术发展。

以上研究证明:突破性技术推动复方丹参滴丸突破性技术创新发展,影响复方丹参滴丸和商业模式并通过其影响突破性技术创新绩效,命题 1 成立。

二、突破性营销影响复方丹参滴丸突破性技术创新的机制

突破性营销以有效推进复方丹参滴丸技术创新成功商业化为目标,与突破性技术紧密协同,贯穿于该创新全过程和过程各方面,促进复方丹参滴丸加快商业化,更好地实现企业经营目标。随着创新过程四个阶段相继推进,突破性营销所需知识技能及其运行机制等在各阶段很不相同,必须适时变革以推动复方丹参滴丸突破性技术创新,其中前三个阶段并未销售产品,这与传统营销根本不同。主要体现在:在模糊前端阶段,发明人从长期医疗经历中发现已有中西药医治冠心病心绞痛存在很大缺陷,患者备受病痛折磨、甚至面临突发致死却无可奈何,通过研究发现国内有心脑血管疾病患者 7000 万左右,全世界数以亿计,结合丰富的中药制剂技术及实践经验、对滴丸制剂技术的熟悉,以"移情"作用大胆构想患者所需理想药物,充分发挥创造力,产生了复方丹参滴丸构想。在原型阶段,以制出大小、形状、有效成分及疗效等对患者最有用的复方丹参滴丸为目标,结合原型滴丸机设计制造和反复探索、实践滴丸制剂工艺造出产品,发展领先用户试用、开展临床研究以反馈使用意见,初步确定产品原型。如 1992 年解放军总医院专家组成

员、实验诊疗学教授、博士导师马复先参加复方丹参滴丸鉴定会后,在去往云南的飞机上心脏病突发,用复方丹参滴丸急救成功。类似地,鉴定组多位专家成为复方丹参滴丸的领先用户。在试制阶段,依照国家新药审批要求以患者为中心开展临床前研究和临床试验,开展复方丹参滴丸病理、药理、毒理等研究,根据患者临床反馈调整配方、有效成分提取及组成、制造工艺等,确保药品治疗疾病有效、稳定、安全。专家及患者反馈对推进复方丹参滴丸临床试验非常重要,如国家药典委员会原委员马剑文教授认为:复方丹参片用药量大,吃少不管用吃多胃难受,药品质量不稳定,复方丹参滴丸则完全解决了这些问题。在大规模上市阶段,首先根据复方丹参滴丸与市场同类中西药品相比具有的特性,根据经验和直觉确定其市场定位、价格,而不依赖传统的市场调研,因绝大多数被调查者并不熟悉复方丹参滴丸的制造工艺技术及其优越药效、特性,一般会将其与复方丹参片类药物混同,从而难以得出科学调查结论。其次,借助原型产品及试制阶段积累的领先用户,迅速发展早期使用者,分析确定主要市场,与宣传、促销、渠道等营销职能协同,迅速找到市场立足点,促进复方丹参滴丸销售迅速成长。同时,反馈患者及复方丹参滴丸临床中出现的不足,进一步研发改进药品,逐渐确立商业模式,提出有关复方丹参滴丸的技术标准等,推进市场销售快速发展。此阶段复方丹参滴丸的突破性营销作用更突出,营销理念、营销管理体制和机制等日趋复杂化且不断发展变化,下文专题详述。

大规模上市之际,天士力迅速发展突破性营销能力,推进复方丹参滴丸突破性技术创新发展。天士力在透彻分析市场环境、主要竞争产品的基础上,根据复方丹参滴丸的特性探索发展富于活力和竞争力的突破性营销能力。(1)外部环境动荡多变,主要是:20世纪80年代末90年代初,中国处于计划经济向市场经济转轨时期,国家医疗体制改革政策频出,如1999年发布《深化医药流通体制改革的指导意见》、2000年出台《药品经营质量管理规范》(GSP)、《处方药与非处方药管理办法》、《国家基本医疗保险药品目录》,2006年实施《药品流通监督管理办法》、2007年颁布《药品注册管理办法》,医药重大政策密集出台,医疗体制改革深入推进,这些直接影响复方丹参滴丸市场销售及突破性营销能力发展。(2)同类药品多,市场竞争激烈。治疗心脑血管疾病的药物成百上千,西药市场份额占30%左右,其余市场被数百家中药企业占据,主要中药品种有中科院成都地奥制药集团有限公司的地奥心血康、天津第六中药厂的速效救心丸、步长制药的步长脑心通、深圳海王药业公司的银可络、浙江康恩贝制药公司的天宝宁、青岛国风药业的养心氏等,这些药品各有特色和优势,相互竞争激烈,各有忠实顾客群体,但普遍市场占有率低,研发、制剂提取现代化程度低,疗效不确切、质量不稳定、疗效慢。(3)影响行业发展的负面事件时有发生。主要是中药毒性及不良反应时有发生,如20世纪90年代小柴胡汤颗粒的副作用导致汉方药(中药)企业日本津村顺天堂破产。类似的还有2000年前后发生在港台、欧美的"马兜铃酸事件",2004年国内发生的"龙胆泻肝丸事件"等,对中药销售造成很大冲击。2000年国内外普遍置疑复方丹参滴丸主要成分冰片有毒,天士力以严谨科学的实验证明配方中的冰片剂量是安全的。

依据市场环境分析,结合复方丹参滴丸特性,天士力首先提出"现代中药"概念,主要从三方面发展突破性营销能力(见图2.9)。(1)以领先用户为支点,迅速开发早期市场。医生要给患者使用复方丹参滴丸(处方药)就须从专业方面足够了解它,医生了解的主要信息渠道是临床研究或专业学术研究成果,对看似与普通丹参类中成药相似实则根本不同的复方丹参滴丸也如此。因此,使用复方丹参滴丸原型产品及参加试制阶段临床研究的专家无疑是复方丹参滴丸的领先用户,他们的临床和学术研究成果和口碑宣传对医生采用该药,从而迅速打开市场极为关键。天士力采用"专家定位,学术推广"的方式开发早期市场,即以医院为核心目标、以学术为手段、专业医药代表直接向医生学术推广的营销策略,取得了圆满成功。复方丹参滴丸用外资药企推广新药的营销方法根本颠覆了传统中药的营销方式。1997年复方丹参滴丸通过美国FDA-IND审批后,在科技部、药监局等国家部委支持下,天士力在北京、上海、海南等25个城市举办了"中药现代化、国际化学术研讨会",共有5000多位中外著名专家参会,天士力多年连续举办中外著名专家参加的专题学术研讨会、大型学术研讨会和巡回演讲等学术会议,广泛传播复方丹参滴丸最新临床研究和学术研究成果,促进医务人员了解和使用。(2)高效传递非线性提升的突破性价值。相对传统丹参复方制剂,复方丹参滴丸具有治病机理清楚、疗效确切、高效速效长效、毒副作用小等特性,给患者带来前所未有的优异价值和治疗体验,复方丹参滴丸独一无二的特性、价值就是营销的聚焦点和竞争力的核心。正如天士力营销副总裁吴丹勇说:"市场营销第一个要抓住产品的竞争力到底在哪儿,核心价值到底在哪儿"。天士力复方丹参滴丸1994年上市零售定价16.2元/瓶(100粒),同疗程价格是复方丹参片的4~6倍,此价格反映了其内在价值。定价是传递复方丹参滴丸价值的前提,市场定位是传递复方丹参滴丸价值的关键。天士力起初定位大中城市医院市场,这类市场患者追求高品质医疗体验,市场分布集中,价格敏感度低,购买力强。患者使用后直接体验到复方丹参滴丸的优异价值,使天士力在大中城市医院取得巨大成功。天士力还采取了其他渠道传递复方丹参滴丸的价值,如 2001 年起连年开展"健康之星天士力行",到 2006 年 12 月已有 6000 多名患者走进天士力实地查看药材种植、药材仓库、研发、生产线等地点,正如原总裁李文说:"我们就是让消费者直接到他们怀疑的部门去接触",直接接触和沟通消除了患者的疑惑,深得患者信赖;注册商标、申请专利以更好地销售和保护复方丹参滴丸;2005 年开通 800 免费电话,常年24 小时为患者答疑解惑、接受咨询和建议;依法打击假劣"复方丹参滴丸",维护正常市场秩序等。(3)创造性市场开发。天士力采用专业医药代表直接向医生学术推广的直销方式,首选大中城市医院市场,成功培养了众多早期使用者,以点带面,迅速启动了大众市场销售。天士力适时变革,提出"创新全员营销模式,创造消费者价值"的理念,实施以学术营销、品牌营销、服务营销与企业文化营销整合的专业化市场营销。以专门培训、专题讲座、进修、调研等方式开展科学、系统、规范地培训,不断提高营销人员市场开拓能力。持续广泛开展市场开拓和推广,如2001 年举办中国(天津)首届中医药文化节,在全国 800 多个县开展复方丹参滴丸知识讲座、培训全国 2 万多乡医,开展社区服务和售后服务等。专利先行,超前开拓国际市场。先在国外申请专利,再注册药品开发市场。1997 年申请美国 FDA临床用药成功,1997 年后相继在越南、俄罗斯、韩国、阿联酋等国以药品注册销售,持续推进复方丹参滴丸在世界各国销售。2003 年收购欧洲规模最大的中医门诊、教学、科研和贸易企业——荷兰神州医药中心有限公司股权,作为开拓欧洲市场的桥头堡。突破性营销直接影响商业模式的顾客价值创造系统模块,并通过它影响商业模式的其他三个模块。

天士力建立高效的营销管理体制和运行机制,与突破性技术、市场发展变化密切协同,保障复方丹参滴丸突破性营销能力成长。大规模上市初期天士力内设市场部自建营销网络,自组营销队伍,以直销突破大中城市医院市场。市场进入快速成长期后,天士力及时变革营销组织,2000 年成立医药营销集团由专业化分公司负责其营销,2002 年天士力建立区域经理管辖办事处体制,形成了由 120 余家一级批发商和 300 余家二级批发商组成的全国营销网络。随着逐步进入国际市场,天士力组建并变革国际市场营销组织。天士力建立了有效的营销业绩考核机制和营销激励机制,实施骨干营销人员持股。建立科学化、系统化、规范化的营销员工培训机制,2002 年投资 3400 万元建员工培训中心。突破性营销促进天士力销售收入连年高速增长(见图 7.1),行业市场地位快速提升,2001 年复方丹参滴丸销售收入 5.79 亿元,国内心脑血管药品市场占有率 3.13%,心脑血管中成药市场占有率 12.67%,成为市场第一领导品牌,将位居行业市场第二的广州白云山和记黄埔中药公司复方丹参片远远抛在后面。天士力复方丹参滴丸突破性营销市场能力发展总体进展顺利。

以上研究证明:突破性营销推动复方丹参滴丸突破性技术创新发展,影响复方丹参滴丸和商业模式并通过其影响突破性技术创新绩效,命题 2 成立。

三、风险资本影响复方丹参滴丸突破性技术创新的机制

风险资本推动复方丹参滴丸加速成功商业化。

在申请新药开展临床到大规模上市初期,复方丹参滴丸深入研发、厂房及生产线建设、市场开拓等业务开展极度缺乏资金,也缺少制药企业建设、经营、管理经验。尽管 254 医院(通过下属全资企业天津市华兴医药设备商行)及相关方面全力投资支持,相关政府部门努力帮助解决资金问题,但资金缺口很大,银行不给贷款,1994 年 5 月天士力欠款高达 390 多万元。1994 年 5 月,254 医院和天津市中央制药厂(以下简称"中央制药")发起成立天津天士力联合制药公司,注册资本 1200 万元,"中央制药"占股 30%。1997 年 11 月,上市公司浙江尖峰集团股份有限公司(以下简称"尖峰集团")投资 3202.5 万元入股,占股 35%,将天津天士力联合制药公司改造为产权明晰、投资主体多元化的规范股份制公司,企业更名为天津天士力制药集团有限公司。2002 年 8 月天士力在上交所上市。天士力上市前,中央制药、尖峰集团将其股权先后转让给天士力控股股东,截至 2013 年 12 月尖峰集团和中央药业分别持有天士力控股股东——天士力控股集团有限公司 20.76%、17.56%股权,尖峰集团所持天士力少部分股权到 2005 年全部减持。2000 年广州天河振凯贸易有限公司、浙江金盘开发区万顺贸易有限公司、天津新技术产业园区永生建筑有限公司入股天士力,2005 年陆续退出,这三家公司经营业务与医药无关,主要是财务投资。中央制药、尖峰集团在申请新药及大规模上市时期投资极大推进复方丹参滴丸突破性技术创新发展。

天津市中央制药厂前身是 1920 年成立的天津中央大药房股份有限公司,1996 年改制为中央制药厂有限公司,是天津市国有医药企业,天津中新药业集团股份有限公司占股 51%、天津市医药集团有限公司占股 49%,主要从事化学合成原料药及中间体,中、西药制剂等的生产和经营,现为力生制药下属企业。中央药

业有与国际接轨的专业医药推广模式,具有完整的营销构架和辐射全国的营销网络。尖峰集团前身是1958年创建的金华水泥厂,1998年完成股份制改造,1993年在上交所上市,是国家大型企业。1995年尖峰集团以收购、兼并等方式进入医药产业,1995年合资组建浙江尖峰海洲制药有限公司从事化学原料药生产,1997年合资组建杭州尖峰德康药业有限公司生产片剂、冲剂、流浸膏等中成药。1998年尖峰集团拥有10家合资或全资医药企业,总资产逾2亿元。目前尖峰集团主营业务是水泥制造、医药生产销售。

风险资本对天士力推进复方丹参滴丸突破性技术创新的主要作用如下:一是推动天士力改制为规范的股份制公司,提高公司治理水平。天士力创立初期,正值国家将现代股份公司制作为企业改革的主要方向,理顺政府和企业关系,国有企业由计划体制向现代公司制转变,军队所办企业被国家责令向地方政府移交等复杂背景,天士力股权关系复杂,既有254医院、中央制药的原始股,也有依政策奖励闫希军及天士力职工的股份,也有国有股增量被转让股份。1997年尖峰集团以引领时代改革风气之先的最早一批上市公司身份,向天士力投入3200万元巨资,占股35%,推动天士力顺利改造为现代公司制企业,从根本上理顺了管理体制和经营机制,按现代公司高效运作,大大提高了公司治理水平,为天士力发展打下坚实的企业制度基础,正如闫希军董事长2004年回顾天士力成功发展时所言:"这为后来公司上市打了非常好的基础。"天士力走在公司制改革的时代前列,股权关系复杂却改制顺利,与因陷入股权改制麻烦陨落的众多同时代企业比,天士力足够幸运,尖峰集团投资入股功不可没。二是巨额股权投资缓解资金紧张,帮助天士力打开融资通道。天士力创建初期,继续研发复方丹参滴丸、新建企业及生产线、开拓市场等均需投入巨额资金,但复方丹参滴丸销售收入非常有限,银行不给贷款,解放军254医院投资能力有限,资金成为困扰复方丹参滴丸商业化的首要问题,正如闫希军董事长所说:"银行当时不贷款,前期资金非常紧张"。1994年5月中央制药投资入股有助于缓解资金紧张。到1995年复方丹参滴丸销售收入开始快速增长,1996年银行开始提供贷款,但资金仍然紧张。1997年浙江尖峰集团投资入股和复方丹参滴丸销售收入高速增长彻底扭转了天士力资金紧张状况,加快了复方丹参滴丸研发及市场开拓。风险资本对初创期的天士力"雪中送炭",起了极为关键的作用,作用不可替代。三是向天士力提供了丰富的管理、营销及生产等经验。浙江尖峰集团公司董事、常务副总经理蒋晓萌自天士力上市前至今担任天士力副董事长、董事,天津中央药业有限公司计财部副部长李丽女士自天士力上市前至今担任天士力监事,参与天士力决策与管理,帮助提高经营管理水平,改善公司治理。中央制药是历史超半世纪的天津老字号药企,具有丰富的现代制药企业建设管理经验、辐射全国的营销网络、专业的医药推广模式。尖峰集团具有丰富的股份公司管理运作经验,1995 年通过并购进入医药行业,具有制药企业管理经验和医药营销经验,这些对天士力创立、产品开发、生产线建设、规范高效运作及突破性营销能力发展等,具有重要作用。四是投资期限超长,有助于天士力发展。中央制药 1994 年投资天士力,2000 年受让天津市国资局13.379% 的天士力股权,2000 年起陆续将这些股权全部转让给天士力控股集团公司,从而间接持有天士力股权。尖峰集团 1997 年投资天士力,2000 年起将大部分股权转让给天士力控股集团公司,直接持有的 3.24% 股权至 2005 年通过市场全部减持,从而间接持有天士力股权。中央制药、尖峰集团持有天士力股权分别达到 20 年、17 年,投资权益价值升幅惊人。

中央制药、尖峰集团投资天士力,风险资本管理机制发挥了重要作用。中央制药作为历史悠久的天津老字号国有药企,浸淫医药行业很深,对复方丹参滴丸市场前景自有独到见解,筛选项目、投资项目运作规范。而尖峰集团 1995 年起几年间投资 10 多家药企,作为上市公司,其投资项目筛选及投资决策科学、规范,看好复方丹参滴丸的发展潜力。两家企业长期投资天士力,投资管理规范有序,管理机制运行平稳,执行了有效的投资战略。

以当今规范的风险投资考量,中央制药、尖峰集团不是风险投资公司,这有深刻的时代背景。风险投资 20 世纪 80 年代进入中国,发展很慢、影响很小,直到 20世纪 90 年代末美国网络科技企业的崛起,风险投资因投资这类企业获得不可思议的超高收益引起了世界广泛关注,中国政府和企业大力引进和发展风险投资,此后风险投资在国内迅速、大规模规范发展。当时,中央制药、尖峰集团投资天士力被视为战略投资,现在从投资目标、投资对象、投入品、投资职能、投资期限等考察,这些投资不仅是战略投资,更是风险投资。中央制药、尖峰集团不是风险投资公司,但完全可进行风险投资。

天士力引进中央制药、尖峰集团投资后,虽然 1994 年 5 月至 2000 年 4 月经过13 次股权变更,直至现在,投资基本顺利。

以上研究证明:风险投资推动复方丹参滴丸突破性技术创新发展,影响复方丹参滴丸和商业模式并通过其影响突破性技术创新绩效,命题 3 成立。

四、复方丹参滴丸在突破性技术创新中的中介机制

复方丹参滴丸的中介机制贯穿于突破性技术创新全过程及过程的各方面,体现了突破性技术创新的使用价值创造逻辑。

复方丹参滴丸在突破性技术创新过程各阶段的中介机制不同。发明人致力于造出比现有治疗冠心病心绞痛药物疗效更优异的复方中药制剂。在模糊前端阶段,他们抱定此坚定信念,以"移情"作用开展市场研究、理论研究、技术搜寻、实践探索、领先用户开发等。技术、市场、顾客价值的交会点及载体就是复方丹参滴丸,并对其适应证、疗效、治病机制、采用技术、物理形态等做出系统构想和初步筹划。没有构想的新药品作载体,突破性技术创新不可能开局、起步。在原型产品阶段,最关键的是从产品构想出发造出复方丹参滴丸。发明人制造简单原型机,近千次反复试验探索,求教全国权威制剂教授,苦苦追寻探索,目的就是造出复方丹参滴丸,证实其构想可实现,实现了设想向现实质的跳跃,开创了中药复方制剂治疗冠心病心绞痛药物的历史。造出复方丹参滴丸后,患者服用检验药效,初步确定适用证,初步构想市场销售,据此研发商业化原型机、确定复方丹参滴丸制剂技术工艺可行性等。在试制阶段,依国家新药审批要求开展临床前研究和临床研究,天士力免费提供参研患者用药,并开展复方丹参滴丸的药理、病理、毒理等研究,根据研究反馈改进配方、中药提取及滴制技术工艺等。复方丹参滴丸是临床研究的直接目的和最重要的物质基础。在大规模上市阶段,生产线及企业建设必须根据复方丹参滴丸工艺特性实施,突破性营销、商业模式构建、风险资本投入、后续技术研发等必须以复方丹参滴丸为中心考量,复方丹参滴丸销售收入决定了突破性技术创新能否成功,创新价值最终能否实现。在各阶段,复方丹参滴丸创新发展也对突破性技术创新各主要影响因素产生影响。

突破性技术对复方丹参滴丸商业化起主导和支配作用,复方丹参滴丸也影响突破性技术发展。突破性技术不仅通过核心技术如滴丸制剂工艺技术发挥影响,也通过相关支撑技术如多元指纹图谱技术等,及互补技术如临床研究技术等发挥作用。在模糊前端阶段,滴丸制剂技术与复方丹参滴丸处方的结合是开启复方丹参滴丸创造性构想的突破点和关键,发明人的传统专业制剂技术及经验、对治疗冠心病心绞痛中药处方治病机制等的深入研究也促进了复方丹参滴丸创新构想的形成。在原型产品阶段,研制复方丹参滴丸实践中对滴丸制剂工艺技术的摸索,中药提取技术、滴丸原型机制造技术及反复探索试验等促成制出原型产品,主

导和推动了突破性技术创新实现质的飞越。天士力后期申请了有关技术的一系列专利,有效保护和推进突破性技术创新发展。在试制阶段,滴丸制剂技术工艺完善、较大规模制造滴丸设备开发、复方丹参滴丸临床研究等推动复方丹参滴丸突破性技术创新发展。在大规模上市阶段,相关技术申请专利和专利策略运用、研制自动化流水线、多元指纹图谱技术、提出中药提取标准 GEP、分子生物学技术等的运用,推动了突破性技术创新发展。突破性技术发展也受复方丹参滴丸开发影响。如在原型产品阶段,滴丸形状大小不规则等问题出现,使发明人向全国滴丸制剂工艺技术权威求教改进滴制技术工艺等,最终制出了满意的原型产品;临床研究中发现复方丹参滴丸存在的问题促进相关技术改进或研发;复方丹参滴丸检出农药残留使天士力采用 GAP 规范及基因技术种植丹参、三七和冰片;假冒复方丹参滴丸促使天士力采用专利和商标等手段依法打假。

　　突破性营销对复方丹参滴丸商业化产生重要影响,复方丹参滴丸也影响突破性营销发展。在模糊前端阶段,根据对冠心病心绞痛患者病情及国内外患者群体的理解,采用"移情"作用设想患者的药物治疗需求,与丰富的制剂经验和对滴丸制剂工艺技术的了解等协同,提出了复方丹参滴丸的创造性构想。在原型产品阶段,始终以复方丹参滴丸对患者的疗效为中心,利用领先用户的滴丸制剂工艺技术等知识,与突破性新技术等协同造成了原型产品。在试制阶段,对参加临床研究患者的疗效及用药习惯、心理等信息的持续系统收集反馈,促进临床研究按期顺利完成和通过新药审批。同时,有关临床反馈对改进技术研发及复方丹参滴丸非常重要。在大规模上市阶段,根据复方丹参滴丸特性及心脑血管药市场情况等,制定系统科学的突破性营销方案并有效执行,向患者有效传递复方丹参滴丸非线性提升的价值,天士力选择大中城市医院作为市场突破点,以权威专家等领先用户的相关学术研究成果和专业医药代表向医生推广等方式,成功向患者传递复方丹参滴丸的突破性价值,迅速打开市场并向覆盖全国市场的整合营销发展,最终推动复方丹参滴丸突破性技术创新大获成功。复方丹参滴丸独特的治疗价值,如起效快速、疗效显著、服用安全等特性,众多发明专利保护,1999 年获天津市著名商标和 2005 年被认定为中国驰名商标、患者用药的反馈等也影响突破性营销发展。

　　风险资本对复方丹参滴丸商业化产生重要影响,复方丹参滴丸也对风险资本产生影响。在复方丹参滴丸大规模上市之初,天士力初创,继续研发、建生产线、开拓市场等需要巨额资金,而复方丹参滴丸销售收入很少、银行不给贷款,天士力已高额负债,备受资金急缺困扰,但中央制药、尖峰集团分别在 1994、1997 年巨额资金投资入股,缓解了天士力起步发展的资金需求,加快将天士力改为规范的公司制企业,理顺企业管理体制和运行机制,为天士力提供管理、医药推广、营销网络等所需资源或经验,为融入银行等外部资金起到鉴证作用,长期稳定持股推动天士力快速发展。复方丹参滴丸作为治疗冠心病心绞痛的现代中药品种,与传统中药复方药根本不同,治病机制清楚、疗效确切、速效高效等特性,深受患者欢迎,市场潜力巨大,这是风险资本投资的最根本原因。复方丹参滴丸销售收入持续高速增长,盈利良好,是风险资本长期持股的最重要原因。

　　复方丹参滴丸与其商业模式(见图 2.10)相互影响。在模糊前端阶段,以"移情"作用在技术、市场、患者价值相互作用的过程中构建复方丹参滴丸创意,该创意主要考虑为患者创造比现有药物更高的价值,这涉及商业模式中的内部价值创造系统模块、顾客价值创造系统模块与复方丹参滴丸创意的相互作用。在原型产品阶段,以造出原型产品为目标,以证实复方丹参滴丸构想是可实现的,以证实它比现有同类药物能为患者创造更高价值,将模糊前端阶段商业模式与复方丹参滴丸的相互作用由理论设想变为现实制造,接受现实检验并完善发展原型产品。在试制阶段,较大规模生产复方丹参滴丸涉及滴丸机制造、原药材料供应、相关技术开发等,复方丹参滴丸临床研究主要通过药效与商业模式中顾客价值创造系统模块相互作用,确定内部价值创造系统模块中价值创造的有效性,并涉及商业模式的供应商价值创造系统模块、外部互补价值创造系统模块。大规模上市阶段,复方丹参滴丸采用开放式研发,依托国家 863、973、科技攻关等项目,借助外部研发合作,持续开发了核心技术、支撑技术、互补技术,改进升级生产线及质量控制监督技术、由外部采购多种类大批量原辅材料,将复方丹参滴丸供给患者治疗疾病,接受患者临床反馈改进复方丹参滴丸等,复方丹参滴丸与其商业模式互动更密切更频繁。

　　在复方丹参滴丸突破性技术创新过程中,突破性技术、突破性营销和风险资本持续机制化推进复方丹参滴丸研发发展,最终成功商业化。反过来,复方丹参滴丸也以机制化影响突破性技术、突破性营销和风险资本,但影响相对很小,突破性技术持续发展壮大,突破性营销不断变革发展,风险资本长期投入。在此过程中复方丹参滴丸与其商业模式也相互作用。大规模上市后,复方丹参滴丸销售收入连年高速增长(见图 7.1),复方丹参滴丸中介机制发挥了其作用。

以上研究证明:突破性技术、突破性营销和风险资本以复方丹参滴丸为中介推进突破性技术创新发展,商业模式也影响复方丹参滴丸开发,并通过其商业化实现突破性技术创新绩效,命题4成立。

五、商业模式在突破性技术创新中的中介机制

商业模式的中介机制贯穿于突破性技术创新全过程及过程的各方面,主要体现在价值发现、价值创造、价值传递和价值实现等环节,展现了突破性技术创新内隐的价值创造逻辑(见图2.10)。

商业模式在突破性技术创新过程各阶段的中介机制不同。在模糊前端阶段,运用滴丸制剂技术工艺、丹参改进处方、冠心病心绞痛患者的药物治疗需求和领先用户知识构想复方丹参滴丸过程中,主要影响商业模式的内部价值创造系统模块和顾客价值创造系统模块。在原型产品阶段,造出原型产品将内部价值创造能力和满足患者需求能力由理论变为现实,也是此阶段最核心的目标,直接影响商业模式构建。在试制阶段,满足临床患者用药要较大规模生产复方丹参滴丸,采购药材及其他辅料、制造用于较大规模生产的滴丸机、继续研发滴丸制剂工艺技术及其他技术、根据患者临床反应改进复方丹参滴丸等,这主要影响商业模式的内部价值创造系统模块、顾客价值创造系统模块,供应商价值创造系统模块、外部互补价值创造模块也受影响。在大规模制造阶段,天士力创立企业生产复方丹参滴丸,定位于大中城市医院的患者治疗用药,以专家和临床研究的专业论文为依托,以医药代表专业推广快速打开市场,初步取得突破性营销成功。同时继续研发滴丸制剂工艺技术及支撑技术、互补技术,外部采购或自产丹参等主要原药材,采购其他原辅料,快速扩张突破性营销能力等,对商业模式及其四大组成模块产生强烈影响。在各阶段,商业模式也对突破性技术创新各主要影响因素产生影响。

突破性技术对商业模式起主导和支配作用,商业模式也影响突破性技术发展。突破性技术不仅通过核心技术如中药提取技术发挥影响,也通过相关支撑技术如现代分离技术等,及互补技术如临床研究技术等发挥作用。在模糊前端阶段,发明人将滴丸制剂工艺技术和改进的丹参处方相结合的突破性技术构想,使中药治疗冠心病心绞痛的疗效取得突破性提升,其构想可大幅提升顾客价值和复方丹参滴丸价值创造能力,主要影响商业模式的顾客价值创造系统模块和内部价值创造系统模块。在原型产品阶段,发明人经过艰辛试验探索,造出实物复方丹

参滴丸,验证了此突破性技术的价值创造能力,证实了突破性技术对商业模式的顾客价值创造系统模块和内部价值创造系统模块的现实影响,实现了突破性技术创新质的飞越。在试制阶段,众多患者参加临床研究,要较大规模生产,采购原药材料等,同时根据临床研究及患者反馈,深入研发技术改进复方丹参滴丸,主要涉及顾客价值创造系统模块和内部价值创造系统模块,也影响供应商价值创造系统模块和外部互补价值创造模块,并使商业模式各模块相互协同发挥作用。在大规模上市阶段,滴丸制剂技术工艺的深入研究,天士力采用开放方式联合研发现代萃取技术、多元指纹图谱技术等支撑技术、互补技术,揭示了复方丹参滴丸的有效成分及治病机理等,使突破性营销更具科学性、客观性和说服力,增强企业价值创造能力,突破性技术深刻影响商业模式及其发展。在各阶段,提升患者价值及患者反馈始终与突破性技术开发密切牵连,顾客价值创造深刻影响突破性技术开发,从而商业模式影响突破性技术开发。

突破性营销对商业模式产生重要影响,商业模式也影响突破性营销发展。在模糊前端阶段,对冠心病心绞痛患者的潜在药物治疗需求,发明人采用"移情"作用设想患者的药物治疗需求,始终引导商业模式顾客价值创造系统模块的构想,也深刻影响企业价值创造系统模块的构想,影响商业模式构想。在原型产品阶段,发明人造出理想的复方丹参滴丸,由患者和权威专家检验鉴定,证实企业价值创造系统模块和顾客价值创造系统模块可实现并相互衔接,验证商业模式的可行性。在试制阶段,众多患者参加临床研究,以确定和改进复方丹参滴丸的疗效、稳定性、安全性,通过更大规模患者在较长时期证实和发展复方丹参滴丸的价值创造能力和患者价值创造能力,并使两种价值创造能力相互衔接和协调。同时较大规模生产复方丹参滴丸需要采购原材料和深入研发,拉动供应商等外部价值创造者参与价值创造过程,从而初步构建商业模式,使其各模块建立连接并相互作用。在大规模上市阶段,复方丹参滴丸定位大中城市医院患者并取得成功后,突破性营销能力快速增长,将复方丹参滴丸的非线性提高的价值有效传递给患者,为患者创造了价值。同时推动天士力依托核心技术采用开放方式联合研发支撑技术和互补技术,持续大规模采购原药或自产原药材料、辅料等,阐明复方丹参滴丸的有效成分、治病机理、临床效果,提高生产效率及质量检测技术水平等,不断提升价值创造能力,拉动供应商价值创造者和外部互补价值创造者持续加入,突破性营销深刻影响商业模式发展。在各阶段,顾客价值创造、内部价值创造、互补价值创造和供应商价值创造及其相互作用也影响突破性营销发展。

风险资本对商业模式产生重要影响,商业模式也影响风险资本。中央制药和尖峰集团在复方丹参滴丸大规模上市初期投入巨额资金并长期持股,推进复方丹参滴丸深入研发、生产线建设、市场开拓、突破性营销等在关键时刻加快发展,影响内部价值创造和顾客价值创造及其传递、实现。中央制药和尖峰集团投资入股为天士力引来银行等外部资金及其他资源,提供医药专业推广及营销、管理经验,推进天士力发展,影响内部价值创造、顾客价值创造,推动利用供应商价值创造者和外部互补价值创造者加入复方丹参滴丸价值创造过程,风险资本影响商业模式构建、发展。商业模式在天士力发展中的作用对风险资本投资入股及持股必然产生影响。

在复方丹参滴丸突破性技术创新过程中,突破性技术、突破性营销和风险资本持续机制化推进商业模式构建、发展。反过来,商业模式也以机制化影响突破性技术、突破性营销和风险资本,突破性技术持续发展壮大,突破性营销不断变革发展,风险资本长期投入,但影响相对很小。大规模上市后,复方丹参滴丸销售收入连年高速增长(见图7.1),商业模式中介机制发挥了应有作用。

以上研究证明:突破性技术、突破性营销和风险资本以商业模式为中介推进突破性技术创新发展,复方丹参滴丸也影响商业模式,并通过商业模式影响突破性技术创新绩效,命题5成立。

上述天士力复方丹参滴丸突破性技术创新的主要机制研究表明:天士力以复方丹参滴丸技术推进突破性技术创新。在不断完善复方丹参滴丸滴制工艺技术,获取国家研发项目支持相关基础研究、借助外部科研力量联合研发支撑技术与互补技术过程中形成了有效的研发管理体系和运行机制,逐步形成了突破性技术机能。开创性地发展突破性营销从复方丹参片等传统心脑血管药市场开辟出蓝海,探索出有效突破性营销的管理体制和运行机制,形成了突破性营销机能;风险资本投资持股后,极大地促进了天士力经营管理发展,风险资本机制发挥了重要作用。在研发先行、市场开拓、与商业模式协同过程中复方丹参滴丸发挥了中介机制效能,商业模式中介机制也逐步形成。十多年来天士力复方丹参滴丸突破性技术创新过程中,突破性技术机能、突破性营销机能和风险资本机制相互作用形成的主要驱动机制,与突破性产品和商业模式互动形成的主要中介机制有效协作、释放机制效能,推动复方丹参滴丸突破性技术创新高效益发展、高速度成长,突破性技术创新和创新绩效机制形成了强正回馈效应,这些机能相互作用构成复方丹

参滴丸突破性技术创新机制,该机制嵌入天士力经营管理系统之中。所以,

命题1至命题5证明:在天士力复方丹参滴丸突破性技术创新过程中,突破性技术、突破性营销和风险资本推进突破性技术创新发展,并通过复方丹参滴丸及其商业模式的中介机制(复方丹参滴丸及其商业模式也相互作用)影响创新绩效。因此,图3.2突破性技术创新机制理论模型成立,天士力案例研究结论与此模型匹配。

天士力复方丹参滴丸案例研究的五个命题结论与理论研究的五个命题结论逐个匹配。

第八章

三一重工突破性技术创新案例研究

　　三一重工(指上市公司三一重工股份有限公司及其前身)是梁稳根等1994年创办的,最初以混凝土泵送设备拖泵和泵车(含车载泵)为主营产品,在持续技术创新中迅速成长为大型工程机械企业集团。该公司2003年在上海证交所上市,现已发展成为全球领先的工程机械厂商,2016年销售收入233亿元,其中混凝土机械95亿元,是全球最大的混凝土机械厂商。三一重工创业初期混凝土工程机械占主营收入的80%以上,此后进入挖掘机、起重机和桩工机械等工程机械领域,现混凝土工程机械占销售收入的40%以上,是公司收入、利润的最主要来源。三一案例研究以混凝土泵送设备拖泵和泵车的突破性技术创新为研究对象,属于嵌入式案例研究,具备案例研究的典型性。

第一节　拖泵和泵车突破性技术创新背景

　　按中国行业分类,工程机械行业包括砼(混凝土)机械、压实机械、路面机械等16个行业,混凝土机械主要指混凝土泵(拖泵、车载泵)、泵车、搅拌车和搅拌站4大类产品。中国、欧洲、北美、日本是世界主要工程机械产品市场。根据《中国工程机械》杂志发布的2011年全球工程机械制造50强,卡特彼勒、小松制作所和日立建机排名前3,中联重科、三一重工分列第8、第9位。20世纪80~90年代德国、意大利和日本占全球混凝土机械产品超80%市场份额,主要厂商是德国普茨迈斯特、施维英和意大利CIFA等。1980年后德国、日本、意大利、韩国等国超50家企业以合资、独资或产品引进等方式进入国内市场,到20世纪90年代初外企产品占混凝土成套设备中泵、站、车90%以上市场份额。《国际工程机械杂志》发布的2010年全球主要混凝土机械厂商市场占有率分别是:三一重工31%、中联重

科 27%、普茨迈斯特 15%、施维英 10%。施维英公司成立于 1934 年,在世界建立
多个生产基地,在 100 多个国家建立了代理商队伍,是全球混凝土泵送技术开山
鼻祖,混凝土泵送技术居全球领先地位,1995 年施维英在上海设立公司。普茨迈
斯特公司成立于 1958 年,建立了以德国、美国和中国为中心的全球生产网络,在
英国、法国等 13 个国家建立子公司,在全球混凝土泵车市场占有率长期高达 40%
左右,90% 以上销售收入来自于其本土以外,1995 年 12 月在上海成立独资公司,
作为其在中国和亚太地区生产经营中心。

　　据《中国工程机械行业"十二五"规划》,2010 年中国销售额达到 100 亿以上
的工程机械企业有徐工机械、中联重科、三一重工、小松中国、斗山中国等 11 家。
西方发达国家 20 世纪 50 年代已普遍使用混凝土泵车,中国在 20 世纪 60 年代中
期开始使用,1980 年后使用量快速增长。20 世纪 50 年代至 90 年代中国大多数混
凝土机械企业的支柱产品是搅拌机械。1951 年上海市建筑机械厂(现华东建筑机
械股份有限公司前身)最先造出混凝土搅拌机,1977 年长沙建机院等单位联合研
制成功 23m 臂架式泵车,1987 年湖北建设机械厂研制出 HBT60 型混凝土泵,1997
年中联重科联合其他单位研制成功 37m 和 42m 臂架式泵车等混凝土设备,但混
凝土机械产品市场主要被外资企业占领。20 世纪 90 年代中期,以三一重工、中联
重科等为代表的中国混凝土机械企业逐渐崛起,现在其拖泵和泵车等产品市场占
有率超过 80%。据中国工程机械工业协会混凝土机械分会统计,2011 年中国混
凝土机械行业总产值 1000 亿,其中三一重工和中联中科两家合计超过 500 亿,占
行业总产值的 50%,泵车销量占行业 89%。拖泵制造主要集中在中联重科、三一
重工、方圆集团等 5 家企业,泵车制造主要集中在中联重科、三一重工、辽宁海诺
等 5 家企业。2008 年中联重科全资收购意大利 CIFA、2012 年三一重工收购德国
普茨迈斯特、徐工收购德国施维英,现在全球混凝土机械产品竞争演变为中国主
要企业间的竞争,但中国混凝土机械产品在可靠性、节能、环保、智能化、信息化等
方面需要提升的空间很大。

第二节　拖泵和泵车突破性技术创新

　　三一重工最先突破拖泵核心技术,接着突破泵车核心技术,拖泵核心技术是
泵车核心技术的组成部分,拖泵和泵车集成多项高新技术且技术进步快,是混凝

土机械中高技术含量产品,用途广,需求量大。创立初期拖泵和泵车销售收入占主营收入 80% 以上,企业发展壮大后进入相关工程机械产品领域。

一、混凝土泵送技术及其产品

20 世纪 50 年代前,民用建筑和公共设施建设的混凝土垂直输送,主要使用塔机和升降机。拖泵和泵车发明后,混凝土垂直输送可随时、随地作业,大幅提高了作业效率,大大节约作业时间,减轻了工作强度,提高工程质量,降低建筑成本。如三一重工 SY5633THB71 型泵车混凝土实际排量 180m³/h,2011 年参与珠海保利香槟花园、珠海横琴开发区爱琴湾假日酒店项目,泵送高度 60 米连续作业,分别泵送 1800m³、2800m³。与之相比,传统方式效率低下,耗时费力,很难保证混凝土质量。与传统设备相比,混凝土泵送技术是突破性技术创新。

混凝土泵送技术发明已逾百年。1907 年德国人获得混凝土输送泵发明专利权,1913 年美国人 Comell Kee 设计并制造出第一台混凝土输送泵但未实际应用,1927 年德国人 Fritz Hell 设计制造的混凝土输送泵首先应用,1932 年荷兰人 J·C·Kooyman 发明机械构造原理全新的混凝土输送泵,大大提高可靠性,成为此后混凝土输送泵发展的技术基础。20 世纪 50 年代中期德国 Torkret 公司首创以水做工作介质的混凝土输送泵,将混凝土输送泵技术推入新发展阶段,1959 年德国施维英公司发明第一台液压驱动混凝土输送泵,该泵功率大、振动小、排量大,可实现无级调速及反泵操作,减少了混凝土堵管,使泵送技术日趋完善,泵送技术开始大规模应用。施维英公司 1965 年发明第一台车载式混凝土泵、1973 年发明 45 米臂长泵车。2000 年后混凝土泵送技术发展日益迅速,竞争激烈,主要表现是:德国普茨迈斯特公司 1985 年在西班牙水坝创混凝土垂直泵送 432 米高度、2008 年在迪拜塔创 606 米高度,2002 年推出 58 米臂架泵车,2008 年造出 70 米臂长泵车;三一重工 2007 年在上海环球金融中心创混凝土垂直泵送 492 米高度、2014 年在上海中心创垂直泵送 620 米的世界纪录,三一重工 2006 年造出 66 米臂长泵车、2006 年造出 72 米臂长泵车、2011 年造出 86 米臂长泵车,2012 年中联重科造出 101 米臂长泵车。由此可见,混凝土泵送技术发明后,数十年来在全球建设高层超高层建筑的市场需求驱动下,拖泵和泵车技术在既有技术原理下,因局部核心技术突破导致其性能大幅提升,不断推动该项技术取得突破性发展,这与拖泵和泵车的基本技术特性密切相关。

泵车由底盘、臂架系统、转塔、液压系统、电气系统、泵送系统构成,简而言之,泵车＝汽车底盘＋拖泵＋布料机，因此泵车共享拖泵核心技术，但泵车技术最复杂。三一重工拖泵、泵车技术在竞争中快速发展，单泵车就有 10 多个规格 50 多个型号，臂长最短 25 米、最长 86 米。本研究选择拖泵和泵车有代表性的关键型号和技术作为研究对象。

二、拖泵和泵车的突破性技术创新过程

三一重工拖泵和泵车技术创新是现有技术轨道和技术范式内的自主创新，但其技术研发起步时既无相关技术基础、也未以引进或合作方式获取相关技术，而是循与既有技术不同的技术路径突破核心技术，迅速赶上世界最先进技术并引领全球行业技术发展的。从其初次技术突破及后续技术突破考量，如 2011 年的 86 米臂长泵车大幅超越普茨迈斯特公司 2008 年的 70 米长度，正如业内俗语言"臂长增一米，难于上青天"，泵车臂架技术突破难度很高，三一重工泵车臂长领先 16 米是技术水平质的跨越标志；2014 年创造的垂直泵送混凝土 620 米高度，打破了当年迪拜塔 600 米高度的世界纪录等，其技术创新活动远远超越渐进性技术创新范畴，归于突破性技术创新，就像德国施维英和普茨迈斯特公司对该行业技术的继承和超越一样，这是在中国特殊情境下发生的突破性技术创新。三一重工 1995 年突破拖泵核心部件集流阀组、液压控制等核心技术，1998 年突破泵车臂架技术，而拖泵、泵车的泵送系统等相同，进而掌握泵车臂架核心技术，之后采用自主开发、技术合作等方式不断集成和整合相关支撑技术、互补技术，促进拖泵及泵车技术创新成为行业技术先行者。主要过程如下：

模糊前端阶段，拖泵 1992—1993 年，泵车 1992—1997 年。研发混凝土机械的设想始于 1992 年以特殊焊接材料为主业的三一集团谋划进入新产业。历经 1 年多调研，走访 10 多位专家、召开 5 次专家论证会、10 多次董事会会议，三一重工决定进入建筑机械市场。随城镇化推进，中国基础设施及民用建筑市场极为广阔，当时建设部做出发展商品混凝土的决策，建筑机械市场必定发展庞大、行业成长性及利润率将不会低。当时中国建筑机械市场，在高质量高价格的国外强势品牌和质量次价格低缺乏核心技术的国产品牌间，存在一个品质好、拥有核心技术、价格适中的市场空缺。国外品牌建筑机械也存在不大适应中国国情的缺点。20 世纪 90 年代初中国市场的拖泵和泵车等主要依赖进口。三一选择技术含量和附加值较高的拖泵切入，在取得成功后再开发技术含量更高的泵车。国外拖泵和泵车的核心技术专利已过期，市场有国内外现成产品可资借鉴，产品构想和商业模式

构建容易得多,市场需求确定且高速成长,相关技术专家是领先用户,技术路线选择和核心技术突破是成功关键因素。

原型产品阶段,拖泵1994年至1995年,泵车1998年。按照湖北建设机械厂图纸,1994年三一重工用三个月开发出HBT60拖泵,但其技术性能不稳定、质量不达标,遭用户退货,企业举步维艰。1995年梁稳根请来机械工业部北京机械工业自动化研究所液压中心系统室主任、液压专家易小刚自主开发技术,经一年多反复攻关、试验,设计开发了混凝土拖泵核心元件集流阀组,该设计技术原理与国外集流阀组完全不同,之后该技术获得发明专利。同时开发成功液压控制系统,获得拖泵的核心技术,1995年底型号HBT60A拖泵研制成功。1998年易小刚负责,陈林、谭凌群等十几名研发工程师参与泵车研发,拖泵泵送、液压控制等核心技术为泵车研发积累了宝贵经验,但泵车技术几乎是全新领域,挑战很大。易小刚当时到市场调研发现国内住宅小区建设以七八层小高楼为主,30米以上泵车需求庞大,而国产泵车臂长在30米以下,全是组装泵车且无自主知识产权,国外泵车则在30米以上,遂决定将臂长定位在37米,比当时国内市场最长的36米臂架多1米。研发团队设计图纸、制造部件、探讨问题等在车间进行,经艰苦研发、创造性设计、反复试制改进臂架和液压系统关键部件,攻克37米臂架设计制造难题,精心组装,1998年37米泵车研制成功。拖泵和泵车研制以市场需求驱动,以为顾客创造价值为中心,听取有关专家和客户等领先用户意见,以严苛的高质量高标准推进原型产品研发。1994年拖泵、1999年37米臂长泵车先后通过湖南省科委科技成果鉴定,主要技术水平和性能参数处于国内领先地位,达到国际先进水平。

试制阶段,拖泵是1996—1997年,泵车是1999—2000年。1996年拖泵投入市场后,市场销售快速增长,三一重工持续研发使其技术更成熟稳定。以顾客为中心,完善提高自制部件如S阀总成的技术及工艺水平,建立外部采购供应链体系如产自德国的柴油机、联轴器及美国润滑中心等,给顾客提供混凝土知识、拖泵的安装、使用、维修等知识技能,听取顾客意见反馈改进产品,推进产品销售。1998年完全掌握拖泵核心技术后,以其作为研发泵车和超高压拖泵、三级配拖泵等更先进产品的技术基础,这标志着拖泵试制基本完成。1999年37米臂长泵车投入市场,三一重工持续提升臂架等核心部件研发和制造水平,与外协部件采购协同建立部件供应链体系。设立专职服务工程师为顾客提供泵车安装、使用、保养和维修服务并培训客户使用技能,促进早期客户购买。听取客户意见反馈改进产品,如首个37米臂长泵车装配班长何锡孟,在其销售后即由制造工人转岗为服务工程师,在服务客户过程中将泵车分动箱由拖挂式改为挂架式增强减震效果,并优化了油配管等核心部件布局。2000年42米泵车研发成功,标志着37米泵车的臂架总体结构等技术基本成熟,37米泵车成为其后系列泵车研发的技术基础,标志着泵车试制基本完成。三一重工掌握混凝土泵送核心技术,实现了中国企业制造长臂泵车技术的跨越。

大规模扩张阶段,时间是拖泵1998年、泵车2000年至今。拖泵和泵车获得成功后,三一重工以客户需求为中心,在试制阶段销售的基础上,迅速建立营销网络、营销队伍、营销管理体制和营销激励机制,采用强有力的手段开展突破性营销,使营销和研发密切协同,以营销服务创造价值,以营销服务开拓市场,将突破性营销作为核心竞争力的最主要来源之一。适时引入风险投资等外部投资者将企业改制为现代公司制,建立现代管理体制和经营机制,推动企业上市。以HBT60拖泵和37米泵车核心技术为技术平台,先后研发技术更先进的高压混凝土泵、超高压混凝土泵、三级配混凝土泵,研发42米、66米、86米等多种臂长泵车,同时不断拓展产品系列和规格,满足客户多样化需求,广泛覆盖细分市场,根据市场反馈不断研发改进产品。三一重工联合华中科技大学、中南大学等高校和科研院所,开发混凝土泵车减振及防倾翻、液压与泵送系统监控等支撑技术或互补技术,获得大量专利,保护技术创新成果,不断提高产品品质与性能。同时主持或参与数十项国家或行业标准起草,提高企业影响力,推动市场销售。2000至2005年三一重工开始在上海、北京等地设立研发中心,开始构建技术创新平台,2005年至2010年在德国、美国等地设立研发制造基地,到2011年基本建成了全球协同研发平台,2011年"三一重工工程机械技术创新平台建设"获2010年国家科技进步二等奖。在推进研发及销售过程中,三一重工逐步建立了以拖泵泵送系统、泵车臂架、液压控制系统等核心技术部件自产,回转轴承和回转马达等机械系统、液压泵和通用液压阀等液压件及文本显示器等部件国外采购或委托生产,再逐步研发自产如油缸、回转支承、变速箱等部件替代外部采购,联合国内外高校、科研院所和企业开发相关技术,以直销和代理为主要营销方式经营的商业模式,推动企业销售收入和利润持续快速增长。三一重工拖泵1996年批量入市,1998年销售收入超过2亿元,泵车1999年入市,所以拖泵和泵车为绝对主体(含有搅拌机械,所占比例很低)的混凝土机械销售收入自2000年计算。2000—2011年三一重工混凝土机械年度销售收入同比增长率最高88.2%,最低-8.2%,其他年份的增长率均在 25% 以上,2005 年负增长因国家宏观调控导致行业发展陷入低谷,查询三一重工最势均力敌的强劲竞争对手联重科年报,发现其 2005 年混凝土机械收入 9.52 亿元,比上年同期下降 26.19%,下降原因是国家宏观调控导致行业发展遇到困难,可见 2005 年销售收入负增长确因宏观经济环境导致,对高速增长的销售趋势未造成实质影响。2012 年至 2016 年,三一重工营业收入持续下降,其中 2015 年比 2014 年下降 34.6%。根据 2017 年 5 月工程机械杂志社分析,2012—2016 年工程机械行业经历了 5 年去库存周期,行业需求持续下降,期间主要厂商三一重工、中联重科、徐工机械、安徽合力等年营业收入均持续下滑,因而三一重工营业收入持续下降主要由行业需求下降导致,这从反面说明市场需求对突破性技术创新的重要作用,根据营业收入持续下降、2011 年三一重工技术创新平台基本建成以及相关技术创新活动,可判断三一重工泵车和拖泵突破性技术创新过程基本结束,现已进入渐进性创新阶段(见图 8.1)。

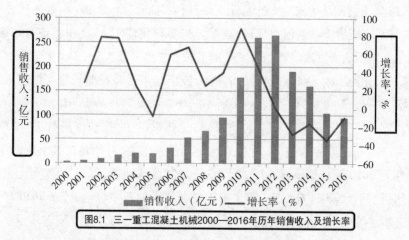

图8.1　三一重工混凝土机械2000—2016年历年销售收入及增长率

来源:根据三一重工招股书及 2003—2016 年报数据整理绘制。

　　三一重工是在中国改革开放深入推进和宏观经济转轨的大背景下创办和发展起来的民营企业,借助国家市场经济体制经济改革目标、现代公司制成为企业主要组织形式,国家对民营经济前所未有的大力倡导和政策支持、全国创业大潮风起云涌等有利时代形势,三一重工建立了现代公司制企业并于 2003 年成功在上交所上市,奠定了其管理体制和运营机制基础。三一重工决策者对国家城镇化发展引致的建筑市场和建筑机械市场前景富于卓识的预判及产业进入抉择,国家经济数十年的持续高速增长,住房商品化和国家大规模基础设施投入推动建筑行业长期高速增长引致对建筑机械的持续旺盛需求,改革开放使外国巨头蜂拥进入带来混凝土机械行业加快升级发展的竞争压力,以及湖南省对三一重工长期的大力扶持等,构成了其发展的有利外部环境条件。国家科技教育体制及收入分配改革等带来国家人才管理政策和全社会人才意识巨大变化,使三一重工从科研院所、高等院校高薪延揽技术精英弥补研发人才缺口,迅速开展极具爆发力的自主研发成为可能。梁稳根团队的企业家精神、远见卓识、决断能力和管理能力等是三一重工发展壮大的最重要基因。三一重工与中联重科的同城"中国式竞争",比此前华为技术与中兴通讯、青岛海尔与青岛海信、伊利集团与蒙牛集团有过之而无不及,持续时间更长、范围更广、手法更多、涉及社会关联方更多,情节更恶劣,但两家企业却始终高速成长进步,这极大地考验了三一重工高层管理团队的不规则竞争应对能力和决策智慧,是非常不容易的,更值得理论研究。在这些基础条件具备的情况下,本研究提出的突破性技术创新机制即成为三一重工成功的关键。

第三节 拖泵和泵车突破性技术创新的主要机制

根据理论研究,突破性技术、突破性营销和风险资本构成的主要驱动机制推动拖泵和泵车突破性技术创新发展。

一、突破性技术影响拖泵和泵车突破性技术创新的机制

三一重工 1995 年攻克拖泵核心技术后,开启了汹涌澎湃的自主技术创新历程。1997 年研发成功国内首台高压混凝土泵,1998 年研发成功泵车臂架等核心部件,2004 年研发成功业内首台三级配混凝土输送泵,2006 年将泵车臂架 I 型结构改为 H 型结构,突破臂架应力现有水平限制而造出 66 米超长臂架等,不断突破行业核心技术,取得越来越多发明专利,支撑突破性营销开展,推动企业高速成长,引领行业发展。三一重工以领先技术将拖泵做到中国市场占有率第一,继而研发泵车将其做到全国市场占有率第一,后相继进入挖掘机、起重机、煤机、港机等产品领域。三一重工是以研发为核心竞争力的企业,自始极为重视研发,十多年累计投入技术创新资金 50 多亿元,每年研发投入占销售的 5% ~ 7%,是行业平

均水平的 3～5 倍。三一重工完成国家 863 计划项目 6 项、国家火炬计划项目 7 项及其他等国家级课题 30 多项，获省部级以上科技奖励 34 项。1999 年成为国家重点高新技术企业，2002 年公司技术中心成为国家级企业技术中心，2009 年成为国家创新型企业，2012 年成为国家技术创新示范企业。

　　突破性技术推动、支配拖泵和泵车突破性技术创新全过程和过程各方面。主要表现如下：在模糊前端阶段，三一重工拟研发产品已知，其商业模式基本确定，经过细致周密的市场调研，掌握国内外相关技术研发现状，研发目标是突破西方既有混凝土泵送技术，选择最适宜的技术路径和技术方式尽快突破目标技术，将其迅速成功商业化是产品构想的最关键问题，这将影响突破性技术创新全局。在原型产品阶段，经由反复摸索、尝试，借助技术灵感、技术顿悟等获技术突破，如1995 年易小刚创造性地以旋转 180° 的高低压切换阀门实现拖泵高低压切换，与国外以不同管子接换实现的技术原理完全不同，从而突破拖泵最核心部件集流阀组技术，导致拖泵核心技术整体突破，类似的还有 37 米、66 米泵车臂架技术，高压、超高压混凝土泵送技术等。核心技术突破，不仅使产品质量和性能十分优异，而且奠定了研发后续技术、合作开发相关支撑技术、互补技术的技术基础，推动突破性技术快速发展。突破性技术极大提高了三一重工的技术价值创造能力，推高在产业价值链和价值网中的地位，增强构建具有竞争力商业模式的能力，突破性技术也成为其突破性营销的有力武器，是吸引风险投资的技术资本。在试制阶段，在产品推向市场后，如何发展领先用户使其加入突破性技术创新过程，为突破性技术开发提供有见地的意见、建议，推进突破性技术发展、完善、提高，打破对国外强势品牌迷信而改用三一重工产品，是突破性营销必须破解的障碍。三一重工拖泵和泵车推向市场初期，以技术研发成功解决客户遇到的技术问题，比如拖泵的堵管、泵车的振动过大等问题，并持续对客户进行安装、使用、维修和故障排除等技术培训，促进了突破性营销发展和商业模式构建。不断改进自主生产关键部件的生产工艺及技术水平，提高整机装配水平，不断提高产品质量，为持续技术开发奠定基础（见图 8.2）。在大规模上市阶段，三一重工通过技术研发扩展产品系列和规格，广泛覆盖细分市场，继续研发技术更先进的高压及超高混凝土泵、三级配混凝土输送泵、66 米以上臂架泵车等，构建工程机械技术创新平台建，取得大批发明专利，主持或参与行业标准制定，谋求技术领先优势引领企业发展。同时通过与高校和科研院所合作，建立完善的技术研发管理体系和激励机制，研发相关支撑技术和互补技术如全功率自动适应节能技术、密封技术、超高压水洗技术等，努力提高产品品质、性能和服务,推进突破性营销发展。自主研发生产油缸、自主控制器、变速箱等部件,不断改进和优化商业模式,提高企业竞争力,不断推出富于竞争力、给客户带来更高价值的新产品,极大促进产品销售,促进突破性营销发展。

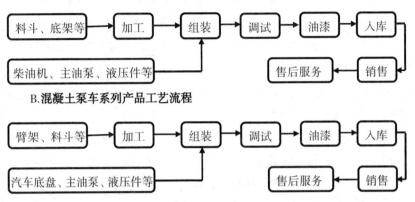

A.拖式混凝土输送泵系列产品工艺流程

B.混凝土泵车系列产品工艺流程

图8.2　拖泵和泵车生产工艺流程

来源:湘财证券有限责任公司. 三一重工股份有限公司首次公开发行股票招股说明书[R]. 2003.

自主技术开发。三一重工自主研发始于1994年借助湖北建筑机械厂技术图纸研发拖泵。1995年拖泵研成功投入市场,但其技术不稳定质量差频繁遭客户退货,使经营陷入困境。创业伊始,技术落后即狠狠卡住了三一重工的脖子,使其深切体悟到掌握自主技术何等重要!三一重工1996年请来液压专家易小刚加盟后,不断取得核心技术突破,研发可分为三阶段。(1)1996—1999年技术突破和研发探索阶段。以市场为导向,大胆探索,突破核心技术。此阶段突破的主要核心技术是:1995年突破拖泵核心部件集流阀组技术和液压控制技术、1997年突破高压混凝土泵送技术、1998年突破37米泵车臂架技术等,其中37米泵车臂架技术打破西方发达国家的垄断。此阶段自主创新探索为后续技术突破打下坚实基础,培养锻炼了研发队伍,积累了丰富研发经验。(2)2000—2005年系统实施,纵向推进阶段。开始实施研发战略,在上海、北京等地设立研发中心,开始构建技术创新平台。此阶段的主要技术成果有:2002年研发的超高压拖泵HBT90CH在香港国际金融中心垂直泵送混凝土至406米高度,2003年研发出具有世界领先水平的 56 米臂架泵车,2004 年研发成功全球首创的三级配混凝土输送泵 HTB120A 等,进入了挖掘机、路面机械等技术领域。"混凝土泵送关键技术研究开发与应用"获 2005 年国家科技进步二等奖。(3)2006—2013 年全面突破,全球领先。系统实施全球研发战略,投巨资在德国、美国建设研发制造基地,建设全球协同研发设计平台,构建全球技术创新网络,实施开放式创新。2006 年将泵车臂架 I 型结构改为 H 型,提高臂架应力水平,研发出 66 米泵车臂架,全球领先。2011 年研发成功 86 米臂架泵车,技术全球遥遥领先。2014 年拖泵在上海中心创出垂直泵送混凝土 620 米高度,超过德国普茨迈斯特公司当年在迪拜塔创出的 606 米高度。易小刚等的发明专利"一种混凝土输送泵的节能控制方法"(专利号:ZL 200710035310.7)、"用于抑制混凝土泵车臂架振动的方法及装置"(专利号:ZL200610032361.X)分别获得 2010 和 2011 年中国专利金奖。"三一重工工程机械技术创新平台建设"获 2010 年国家科技进步二等奖,"混凝土泵车超长臂架技术及应用"获 2012 年国家技术发明奖二等奖。2005 年自主研发项目"SY 系列混凝土泵车技术研究与开发应用"获湖南省科技进步一等奖。自主研发"工程机械动力节能技术研究及产业化"项目 10 年,研发成功"全功率自动适应节能技术、高效节能液压技术、冷却系统节能技术"三大核心节能技术,使泵送产品从"给多少油烧多少油"转变为"要多少油给多少油"的动态智能节能烧油模式,平均节油 20%,2008 年此项目获湖南省科技进步一等奖。强大尖端的研发产生技术优势和能力自信,正如三一重工执行总裁、首席科学家易小刚公开放言:"设计单位能把建筑设计多高,我们就能泵送多高!"自主技术研发突破的核心技术是三一重工参与技术竞争的核心能力,是参与合作研发的基础平台,是开发支撑技术和互补技术的根本基础。

外部获取技术。三一重工获取外部技术的主要方式是合作开发和收购。合作开发以与高校、科研院所建立机构及共同开展国家级科研项目联合攻关的方式进行。2006 年以前与华中科技大学合作开展"泵送关键技术研究",取得陶瓷内衬复合钢管、耐磨眼镜板、砂石含水量测量系统等技术成果,将其用于混凝土机械产品中。2010 年与华中科技大学共建"SANY – HUST 先进制造技术联合实验室",全面开展先进制造技术链研发合作。此外,还与清华大学、上海交通大学、北京机械工业自动化研究所等三十多所高校及科研机构开展研发合作。2003 年至 2006 年三一重工与有关高校合作承担国家 863 项目"混凝土泵车臂架智能控制技术研究",依托项目研发成功泵车臂架智能控制技术,成为国内首家、世界第二家掌握此技术的企业。2009 年至 2012 年三一重工负责,联合清华大学、华中科技大学、湖南大学等高校依托国家 863 课题"混凝土泵车远程监控及维护应用系统研制"研发成功泵车减振、泵车防倾翻、液压与泵送系统监控、故障诊断及健康分析等核心关键技术,以及工程机械专用控制器(SYMC)、泵车远程监控及维护系统等多项自主产权智能产品。2012 年三一重工股份有限公司收购德国普茨迈斯特公司,获得其全部技术专利(其中泵车专利 200 件),包括泵车智能臂架技术、EBC 臂架减振技术等核心专利,大大加快了研发进程,节省研发成本。开放式合作研发弥补了三一重工技术知识基础宽度、多样性不足,节省了研发投资和研发人力资本,加快了研发进程,开发了大批支撑技术、互补技术,保持了技术领先,增强了产品竞争力。

技术研发管理。秉持"创新成就三一,品质改变世界"的发展理念,实施核心技术自主研发和核心部件自主研制的研发战略。逐步建立完善的管理体制和运行机制。建立基于商业化驱动的"董事会—技术创新管理委员会—技术创新管理办公室"技术创新管理体制,董事会负责研发战略决策和重大研发决策,技术创新管理委员会负责实施研发,下属各企业附属研究院设技术创新管理办公室,配备专职研发管理人员,管理日常研发活动及与外部的研发合作,为持续有效推进研发提供组织保障。研发机制化、规范化、制度化,编制了《三一重工研发体系规划》、《知识产权工作规划》、《三一研发核心能力建设规划》、《专业技术创新管理办法》等,形成了"以机制促进技术创新、以投入保障技术创新、以合作带动技术创新、以专利保护技术创新、以创新推动技术进步"的创新机制。建立了高效的研发成果考核和激励机制,实施骨干研发人员持股和股票期权、研发人员参与其成功商业化成果的销售收入提成、重奖重大研发成果等激励办法。倡导打破恐惧、张扬个性、宽容失误、大胆创新的研发文化,激活研发人员创造力。实施专利战略,完善专利运用机制,不断提高专利效益。将专利战略与经营战略、研发战略协同,实施基本专利策略、外围专利策略、跨越障碍专利策略、专利信息利用策略等,使专利成为技术创新、产品研发、利润、竞争力、品牌美誉度等的重要依托。构建专利创造、管理、实施与保护机制,提高知识产权质量及数量,持续提高专利使用效益。专利战略始于 2002 年前后,2008 年出现申请高峰,经查询中国知识产权网(www. cnipr. com),截至 2013 年 12 月 31 日,三一重工共有发明专利 1071 个。三一重工专利转化率 20% ~30% ,远高于国内 5% ,也高于欧洲 15% 左右的转化率,其中混凝土输送泵、泵车的 58 项专利 100% 转化为生产力。主持和参与起草国家标准,提高技术影响力。三一重工主持或参与了54项国家、行业标准起草、修订,两次获中国标准创新贡献奖,如2008年主持起草《移动实验室工程机械设备工况状态测试方法》、《二手混凝土泵车流通技术要求》(SB/T10676 – 2012)、《二手挖掘机流通技术要求》(SB/T 10675 – 2012)等国家标准。

拖泵和泵车突破性技术深刻影响商业模式构建、发展。在模糊前端阶段,对拖泵和泵车核心技术掌握有助于构想突破性技术创造的价值,并将其与客户价值需求衔接,从而构想价值创造目标、方式、路径等,影响商业模式的内部价值创造系统模块和顾客价值创造系统模块构想。在原型产品阶段,突破拖泵和泵车核心技术及核心部件如集流阀组、泵车臂架等,成功造出原型拖泵和泵车。三一重工在其内部试验测试关键部件及拖泵和泵车性能,并以客户价值需求及技术指标等检验、验证、发展拖泵和泵车原型,影响商业模式的内部价值创造系统模块和顾客价值创造系统模块构建、发展。在试制阶段,拖泵和泵车小批量投放市场,听取领先客户对拖泵和泵车的意见、建议,不断研发技术更优的产品。同时初步构建产品外购部件等的供应链体系和突破性营销体系,影响内部价值创造系统模块、顾客价值创造系统模块和供应链价值创造系统模块及其相互作用。在大规模上市阶段,在研发核心技术基础上联合高校和科研院所持续开发支撑技术和互补技术,提高整体技术水平增强加值创造能力,有利于提高对供应链厂商的吸引力和商务谈判地位等,突破性技术为构建高效突破性营销体系提供技术、专利和美誉度支持,成为突破性营销的有力武器,对商业模式的内部价值创造系统模块、顾客价值创造系统模块、供应链价值创造系统模块和外部互补价值创造模块等产生深刻影响。

以上研究证明:突破性技术推动拖泵和泵车突破性技术创新发展,影响拖泵和泵车及商业模式并通过其影响突破性技术创新绩效,命题1成立。

二、突破性营销影响拖泵和泵车突破性技术创新的机制

突破性营销以有效推进拖泵和泵车技术创新成功商业化为目标,与突破性技术紧密协同,贯穿于创新全过程和过程各方面,促进拖泵和泵车加快商业化。随着该创新过程四个阶段相继推进,突破性营销所需知识技能及运行机制等随各阶段转换相继变革,以为客户创造价值为目标,推进拖泵和泵车突破性技术创新发展,其中前二个阶段未销售产品,这与传统营销根本不同。主要体现在:在模糊前端阶段,拖泵和泵车的用途是建造高层和超高层建筑的混凝土泵送设备,它们与

传统塔机、升降机的混凝土作业方式根本不同,给客户创造的价值也根本不同。三一重工筹备研发时,中国经济高速增长,建设高层超高层建筑对混凝土泵送设备需求旺盛,此市场被国外强势品牌垄断,但这些设备不能很好地适应中国市场客户需求,国外产品是三一重工研发的"领先用户"。如突破拖泵和泵车核心技术,高质量生产并提供优质客户服务,市场热销可能性很大,这些是突破核心技术的客户需求拉力和研发动力。在原型产品阶段,面对西方发达国家强势品牌激烈竞争和快速增长的巨大市场需求,以及对此类产品安装、使用、维修等比较陌生的客户群状况,结合研发资源三一重工理性选择合适的细分市场,率先开发技术关联性及技术含量、售价、市场组合最佳的 HTB60A 研发,成功后再以此为基础选择市场最适用的 37 米臂长泵车研发,分别奠定了拖泵、泵车系列产品研发的技术基础。突破拖泵集流阀组和液压控制系统核心技术后,造成了原型拖泵,突破泵车臂架技术后造出原型泵车,再以"移情"作用设想客户需求,结合领先用户意见建议、技术参数及企业内部试验测试结果,不断改进原型拖泵、泵车。在试制阶段,以将拖泵和泵车非线性提升的价值传递给客户并迅速扩大市场为目标,将领先客户向市场早期客户迁移,以客户需求为中心,提供安装、使用、维修、保养技能和优质售后服务,探索突破性营销的有效方式方法,并根据市场及客户反馈继续研发使技术更好地适应客户需求,不断扩大市场销售。在大规模上市阶段,以迅速扩大市场规模为中心,不断以研发提高产品品质,更有效向客户传递非线性提升的价值。三一重工秉持服务创造价值、服务创造市场的理念,迅速建立突破性营销网络和营销队伍,建立精干的以技术人员组成的营销及售后服务队伍,配备必要营销服务装备,给客户或代理商提供充分的拖泵和泵车安装、使用、维护等知识技能,限时迅速解决客户使用中遇到的问题,并建立有效的服务管理和激励机制。在拖泵和泵车品质与国外品牌稍弱或相当的情况下,通过超值的售后服务不断扩大市场份额,使拖泵和泵车成为国内市场占有率最高的品牌,使洋品牌拖泵和泵车的国内市场占有率从 20 世纪 90 年代中期的 90% 降到 10% 左右,取得了突破性技术创新成功。

三一重工拖泵和泵车的突破性营销在特定外部市场环境下实施。市场环境的主要特点是:(1)洋品牌客户忠诚度极高。拖泵、泵车在欧美发明至今分别超百年、五十年,其产业化历史悠久,居于该产业领导地位的企业是德国普茨迈斯特、施维英,意大利希发、赛马等企业。普茨迈斯特泵车、拖泵改革开放初期进入中国市场,是中国第一品牌,市场占有率居首位。这些品牌和德国、意大利先进的研发和制造技术结合,又有市场先行者优势和客户忠诚度积累,客户忠诚度极高,三一重工拖泵、泵车与其市场竞争面临巨大障碍。(2)中国混凝土机械形象差。随着改革开放深入,在洋品牌冲击下,中国混凝土机械企业技术落后,产业集中度小,普遍低水平价格竞争,世纪之交大多数企业经营困难,产业形象差对三一重工有很大负面影响。(3)客户一般不信任国产品牌。20世纪70年代长沙建机院联合其他企业先后研制成功拖泵和泵车,但技术水平低,质量不稳定,在与西方产品竞争中长期处于劣势,20世纪90年代初期,商品混凝土泵、站、车90%以上进口,客户很难信任国内品牌,影响三一重工产品销售。(4)市场突破性增长。1998年后国家实施西部大开发、振兴东北战略,基础设施投资快速增长以及房地产市场井喷式增长等,引发建筑市场飞速扩张,引致混凝土机械需求非线性高速增长,对三一重工突破性营销能力形成很大挑战。(5)遭遇中国式竞争。主要指三一重工与同城的同行中联重科的非典型竞争,如被举报销售造假、窃取对方技术情报和销售数据、被举报行贿、被举报财务造假、窃听与被窃听、野蛮争抢客户等非正常竞争手段频繁发生在两个企业之间,对快速成长期的两家企业造成极大困扰,也对三一重工的突破性营销造成很大不利影响。

根据产品特性、市场特点及自身资源,三一重工集中从三个方面发展突破性营销能力(见图2.9)。(1)以领先用户为突破口,迅速开发早期客户。1996年HBT60A拖泵开发成功后,优选了解国外同类品牌或有使用经验、乐于尝试的客户为目标客户,派出最精干的技术服务工程师现场服务,并购置同型号国际名牌产品放置现场避免耽误客户施工,如1998年12月青海西宁市政公司购买首台37米长臂泵车后,参与泵车研发的装备班长何锡孟被派到西宁售后服务。拖泵垂直泵送创新高度492米、620米,或泵车臂架创新长度比如66米、86米就是产品性能的新突破,三一重工会派出最强的研发人员及工程师队伍提供安装、使用等服务,如2007年在上海环球金融中心创492米高度、2014年在上海中心创620米高度的施工现场,三一重工首席科学家、执行总裁易小刚负责现场安装使用,解答客户疑问,以最优质服务赢得首用客户。过硬的产品质量、优异的产品性能、贴心贴身的售后服务,成功开发了拖泵和泵车的早期客户,以此为"根据地"快速实施突破性营销。(2)高效传递非线性提升的突破性价值。三一重工的拖泵和泵车性能优异,性能质量比国内同类产品优异很多,与国外同类名牌比较接近。价格是产品内在价值的直接反映,切入市场初期三一重工产品定价较国外品牌低、比中联重科高20%,但远高于国内其他同类产品,被市场认可后,定价与国外名牌相当甚至稍高,充分体现了其优异的突破性价值,树立了高端品牌形象。施工实践验证其价值,赢得更多客户。1996 年 HBT60A 开发成功数月即参加了首都机场混凝土泵送施工,与全球顶级拖泵同台比拼,最终三一拖泵的连续泵送时间、泵送量、稳定性等性能综合测评仅次于普茨迈斯特拖泵位居第二,雄辩地向客户证实了其优异价值,令全球同行刮目相看,声名远播,极大地刺激了突破性营销发展。1997 年研制的国内首台高压混凝土泵在深圳彭年广场工地出色泵送 220 米高,比洋品牌更优异的性能和更低的价格使其迅速占领深圳市场。每遇到新产品如 2007 年与陕西天石混凝土公司签订 66 米泵车销售意向、2012 年 86 米泵车在上海施工现场首次使用,三一重工都会举行盛大仪式,或适时举办新产品全国全球巡展,邀媒体参加广泛报道,大力传播突破性价值,迅速提高知名度,推进突破性营销发展。

(3)创造性地开发市场。在拖泵和泵车引入市场期,三一重工主要以直销为主,掌握市场开拓主动权,以技术工程师为主体开展专业营销并为客户安装产品,培训客户使用、维护、保养拖泵和泵车的专业知识技能,现场发现或听取客户反馈意见以便研发改进产品,促进突破性营销顺利推进。进入成长期,三一重工建全国营销网络,同时发展代理商,持续对代理商、客户开展拖泵和泵车使用、维护、保养专业培训,提供及时技术支持促进突破性营销发展。三一重工以持续研发作为突破性营销的有力手段。1995 年开发的 HBT60 拖泵因技术不过关导致企业陷入困境给三一重工高管难以抹去的痛楚记忆,之后倾力开发拖泵核心技术、泵车核心技术,先后研发出拖泵、高压拖泵、超高压拖泵、三级配混凝土泵,37 米、66 米、86 米臂长等规格泵车,并大力开发相关支撑技术和互补技术提升拖泵和泵车的品质和性能,如全功率自动适应节能技术、混凝土泵耐磨技术、超高压混凝土密封技术、超高压施工工艺技术等,不断突破新技术极限,经历技术追赶、超越和领先全球的技术跨越。研发不仅使拖泵和泵车性能品质不断超越竞争者和自我超越,增加产品规格系列便利客户选择,而且每次研发突破并获取相关专利都是突破性营销的新卖点新动力,可赢得业内更多认可、信任,不断提高品牌知名度和美誉度。三一重工秉持服务创造价值,以服务开拓市场的理念,持续创新营销及售后服务。坚持每年服务投入占销售收入的 5% ,系统全面提升服务核心能力。主要措施是:服务时效要求是客户电话反映问题后 3 分钟之内回应、24 小时内完工;2006 年首创 ECC 企业控制中心,由智能设备管理系统、服务管理系统和运营监控平台构成,可实时监控客户使用机器,可迅速调动企业资源提供超出客户期望的服务,最大限度创造服务价值;2006 年还首创业内 6S 店服务方式,集产品销售、供应配件、售后服务、专业培训、展示产品、市场反馈为一体;2007 年在全国主要省会城市建立维修服务公司,常备同类机器,以替换客户出现问题的机器不误其施工。以融资租赁赊销等金融方式开拓市场,通过湖南中发资产管理公司办理泵车、拖泵按揭贷款销售或租赁业务,至 2009 年贷款余额 52.23 亿元,2008 年成立中国康富国际租赁有限公司,通过它向国际市场按揭销售或租赁拖泵或泵车,租赁按揭销售占销售收入的 10%~15%。2002 年通过世界 500 强美国约翰·迪尔与森林设备公司在国际市场销售拖泵和泵车,启动国际化销售进程。2012 年收购德国普茨迈斯特公司,通过其全球销售网络销售拖泵和泵车,推动突破性营销发展。

三一重工高效的突破性营销管理体制和运营机制,与突破性技术、产品市场成长密切协同,促进拖泵或泵车销售持续快速增长(见图 8.1)。三一重工突破性营销发展整体发展顺利,有效支持迅速成长。

以上研究证明:突破性营销推动拖泵或泵车突破性技术创新发展,影响拖泵和泵车及商业模式并通过其影响突破性技术创新绩效,命题 2 成立。

三、风险资本影响拖泵和泵车突破性技术创新的机制

风险资本推动了三一重工拖泵和泵车成功商业化。

三一重工拖泵和泵车分别自 1996 年、1999 年上市,市场销售良好,但处于市场引入期。由于外资品牌的激烈竞争以及国内混凝土机械厂商整体形象欠佳,拖泵和泵车突破性营销启动市场必须持续高额投入,研发深化需巨额投资,外购部件需要大笔资金投入,因为拖泵和泵车的主要外购部件如液压件、汽车底盘、柴油机等分别来自德国博世力士乐液压及自动化有限公司、戴姆勒–克莱斯勒公司、德国道依茨公司等,供应链采购支出中近 50% 被德国部件占用,而液压件主要供应商德国博世力士乐公司等要三一重工提前一年预付货款才发货,其他国内外供应商对三一重工货款结算要求也比较严格。1997—2003 年中国经济处于调整期,经营困难企业较多,企业间三角债及企业破产逃废债务较多,国家整顿金融秩序及金融企业,导致银行普遍惜贷、慎贷、惧贷,企业贷款非常困难,民营企业尤甚,对于创立不久且资金需求极为庞大的三一重工,上市融资是最佳选择。为加快发展、上市融资、优化股权结构,三一重工实施改制。三一重工前身三一重工业集团有限公司 1994 年 11 月创立,2000 年 6 月注册资本 3188 万元,净资产 15582.61 万元。2000 年 9 月湖南高科技创业投资有限公司(简称"湘高创投公司")、锡山区亿利大机械有限公司(简称"亿利大公司")、河南兴华机械制造厂(简称"兴华

厂")、娄底市新野企业有限公司(简称"新野公司")分别投入三一重工 300 万元、150 万元、80 万元和 25 万元,分别占注册资本的 1.92%、0.96%、0.51%、0.16%。经批准,2000 年 12 月三一重工业集团有限公司整体变更为三一重工股份有限公司,注册资本 1.8 亿元,湘高创投公司持 334.64 万股(占总股本 1.86%)、亿利大公司持 167.33 万股(占总股本 0.93%)、兴华厂持 89.24 万股(占总股本 0.50%)、新野公司持股 27.86 万股(占总股本 0.15%),此股权结构直至 2003 年 7 月在上交所上市。湘高创投公司是专业风险投资公司,所持股份 2004 年全部减持退出,亿利大公司、兴华厂、新野公司是三一重工供应链中企业,亿利大公司持股至今,兴华厂、新野公司 2006 年后开始减持股份退出。外部投资者进入推动三一重工成功改制并上市,加快拖泵及泵车商业化进程。

湖南高科技创业投资有限公司 2000 年 2 月成立,注册资本 1 亿元,主营投资咨询、投资管理和投资业务代理,是湖南省首家以投资高科技成果转化为主业的风险投资企业,是湖南最具实力和竞争力的创业投资商。截至 2009 年注册资本 10 亿元,累计完成 30 多个投资项目,包括三一重工、博云新材、唐人神集团、中南传媒等,投资金额 6 亿多元。2000 年投资三一重工 300 万元,持 334.64 万股,占总股本 1.86%,派谢暄先生担任三一重工董事。2004 年 12 月所持股份转让给昆山市三一重机有限公司成功退出,转让价为每股 7.46 元,投资收益超过 700%。湘高创投公司不仅投入资金,还为项目提供管理咨询、管理经验、后续融资等增值服务,改善被投资企业经营管理水平,规范其治理结构。锡山区亿利大机械有限公司 1994 年成立,注册资本 30 万元,主营液压油缸总成、输送缸、砼缸、泵送机构总成、各类工程液压油缸等。2000 年投资三一重工 150 万元,持 167.33 万股,占总股本 0.93%,派姚川大先生担任三一重工监事或董事至今。据 2011 年年报,亿利大公司持有三一重工 2582 万股,按 2011 年 12 月 30 日收盘价 11.99 元/股,账面投资收益巨大。河南兴华机械制造厂成立于 1999 年,注册资本 9942 万元,主营起重运输机械、金刚石压力机、液压油缸等。该厂始建于 1970 年,原是中国兵器装备集团所属企业,2003 年经政策破产重整,股权数次变更,现为南方工业集团控股上市公司中原特殊钢股份有限公司的控股子公司。2000 年投资三一重工 80 万元,持 89.24 万股,占总股本 0.50%,中原特钢分别于 2010 年、2011 年、2012 年公告减持股份,所获投资收益分别是 2358 万元、6340.77 万元、9245.27 万元,11 年多投资收益超过 220 倍!娄底市新野企业有限公司成立于 1999 年,注册资本 50 万元,主营金属加工制品、普通机械制造等。2000 年投资三一重工 25 万元,持

27.86万股,占总股本0.15%,2006年后减持退出,所获收益巨大。

风险资本对推进拖泵和泵车突破性技术创新的主要作用如下:一是推动三一重工改制为股份公司,规范公司管理运作,提高治理水平。2000年时,三一重工拖泵已入市3年,销售增长良好,但泵车刚投入市场,突破性营销发展需要巨额投入,外购配件随生产规模扩大需要更多流动资金投入,研发深化对资金需求日增,仅依赖企业营收远不能应对资金缺口,贷款很难又额度有限,上市融资成为最现实最有效的对策。2000年三一重工引进湘高创投公司、亿利大公司、兴华厂和新野公司四家投资者,实现股权多元化,构建了股东会—董事会—经理层的管理体制和运行机制框架,外部投资者的管理专长、机械行业生产工艺及经营管理经验等促进企业管理更加科学化、规范化,治理公司能力逐步提高,促进了企业发展,加快企业上市进程。二是鉴证投资价值,帮助打通融资渠道。上市前获得银行贷款等融资极为困难且额度有限,原因在于其创立时间不长,银行等外部资金供给者与其存在财务及经营信息不对称。风险投资公司和三家供应链企业投资,以行动证明它们看涨其投资价值及发展潜力,极大改变融资信息不对称,有利于引入其他外部投资者。四家投资者进入,将三一重工改造为规范的股份公司,加快其上市进程并打通直接融资渠道,也极大提升了银行等外部资金提供者信心,满足了企业成长过程中巨大的融资需求,加速企业成长。三是提供丰富的生产工艺技术及经营管理经验。亿利大公司、兴华厂和新野公司三家投资者是三一重工的配件供应商,主要供应液压件、缸体等部件,这些企业创立时间较长,具有丰富的机械制造工艺技术及经验管理经验,而三一管理团队仅有焊接材料生产经验,双方管理经验互补,有利于提高经营管理水平。特别是姚川大先生长期任公司高管,他具有丰富的液压油缸等生产技术专长,1998年、1999年分别获无锡市优秀企业家、优秀总经理称号,在业内具有很大影响力,其技术专长和社会资本对三一重工生产经营管理具有重要帮助作用。三家配套厂商是供应链价值系统重要成员,相互密切协作有利于三一重工研发、工艺及管理创新发展。

湘高创投公司、亿利大公司、兴华厂和新野公司投资三一重工,风险资本管理机制发挥了重要作用。湘高创投公司是专业风险投资公司,对投资项目发现、识别、筛选、评价、投资决策及投资管理等有规范、科学的程序和专业特长,为其提供了专业的管理经验。亿利大公司由企业家姚川大先生负责投资决策及管理,对行业发展有独到的见解和判断,投资及管理水平被业内认可。兴华厂是历史悠久的国有企业,具有丰富的行业经验和规范的管理制度,后作为中原特钢的控股子公司,投资及管理决策由上市公司负责,其管理体制和机制的科学性毋庸置疑。新野公司是新创立的民营企业,熟悉行业发展,具有专业知识,具有相应的投资决策及管理能力。四家企业投资期最短的是湘高创投公司,2000年投入2004年12月退出,历时四年半,最长的是亿利大公司至今仍持股,已超13年。四家企业长期投资三一重工,投资机制运行有效,投资管理专业,投资战略有效,投资非常成功。

以规范的风险投资考量,湘高创投公司的风险投资性质显而易见。亿利大公司、兴华厂和新野公司三家企业不是风险投资公司,但从投资目标、投资时机、投入品、投资职能、投资期限、投资管理等考察,它们投资的风险资本性质很明显,其投资三一重工是可谓风险投资的成功案例。四家企业投资三一重工整体平稳、顺利,很成功。

以上研究证明:风险资本推动拖泵和泵车突破性技术创新发展,影响拖泵和泵车及商业模式并通过其影响突破性技术创新绩效,命题3成立。

四、拖泵和泵车在突破性技术创新中的中介机制

拖泵和泵车的中介机制贯穿于突破性技术创新全过程及过程的各方面,体现了突破性技术创新的使用价值创造逻辑。

拖泵和泵车在突破性技术创新过程各阶段的中介机制不同。三一重工的目标是造出自主知识产权的拖泵和泵车。在模糊前端阶段,创业者考量拖泵及泵车制造涉及的技术及技术特性、市场、产业发展前景,客户主要需求与产品特性的最佳结合点及技术研发的主要目标、重点、主要路径等,筹划突破性技术创新方案,构思突破性技术创新的路线图。市场中各种国内外品牌的拖泵和泵车是构想的最好参考物。在原型产品阶段,研发成功拖泵和泵车是突破性技术的最主要任务。只有研发出原型产品,才能通过领先用户和内部测试检验原型产品的技术性能等,才能依据原型产品构想其生产工艺技术、总体装配技术等,使突破性技术创新顺利发展。在试制阶段,通过早期客户试用、使用拖泵和泵车才能真正实现技术创新价值和产品价值,听取客户反馈意见改进产品,促进突破性营销发展。在大规模上市阶段,通过技术研发不断增加产品规格和系列,构建技术平台加快新产品推出速度,通过突破性营销不断扩大细分市场覆盖和客户忠诚度,促进拖泵和泵车销售,最大限度地提升突破性技术创新绩效。

突破性技术对拖泵和泵车商业化起主导和支配作用,拖泵和泵车创新也影响突破性技术发展。突破性技术不但通过集流阀组、臂架等核心技术发挥影响,也

通过全功率自动适应节能技术、超高压混凝土密封技术、超高压施工工艺技术等支撑技术或互补技术发挥作用。在模糊前端阶段,突破性技术影响研发产品的产业、市场选择,影响拖泵及泵车的技术构想,影响以技术研发满足客户需求的方式。在原型阶段,最主要任务是通过技术研发将构想的虚拟拖泵和泵车变成原型产品,突破关键部件核心技术依赖研发人员的技术智慧、才能、灵感、顿悟及锲而不舍地尝试、试验等,关键部件是拖泵、泵车价值创造的载体和集中体现。最主要的任务是研发关键部件如集流阀组、液压控制系统和泵车臂架等,制造或外购其他部件装配成拖泵、泵车。如 2003 年时,三一重工研发的泵车臂架成本是 20 万元/台,而进口价是 130 万元/台,进口泵车 300 万 ~ 400 万元/辆,三一研发的泵车成本是其三分之一。1995 年研发的液压控制系统成本不到 3 万元,进口价是 7 万元。这些证明了技术研发创造产品价值的巨大而不可替代的作用。研发人员短期内开发成功原型产品,进行内部测试,并请相关技术专家和领先用户提意见、建议,完善确定产品原型,同时初步确定总体技术结构、制造工艺技术、总体装配技术,筹划外部采购部件、拓展产品规格系列及市场销售等问题。在试制阶段,一方面,根据市场反馈继续研发完善技术,更好地满足客户需求,另一方面研发完善主要部件和产品的制造工艺及装配工艺技术,以提高产品质量,降低生产成本,提高生产系统的稳定性和效率,促进突破性技术创新发展。同时谋划研发相关支撑技术、互补技术和新产品技术,不断增强技术研发竞争力。在大规模上市阶段,主要构建研发平台,提高技术研发效率,快速拓展产品规格和系列,加快产品创新能力,提高产品创新速度。同时推进企业技术标准成为行业标准或被行业标准兼容,以技术标准促进突破性营销更好地发展。如 1999 年三一重工将全自动高低压切换、泵送系统全液压换向、柴油机转速计算机闭环控制等技术应用于泵送产品中,使其成为市场上品种最多、规格最全的产品,极大提高市场竞争力,促进销售增长。突破性技术也受突破性产品创新影响,如针对早期泵车泵送时震动过大、操作臂架作业复杂、泵车侧翻等问题,三一重工开发了泵车减震技术、智能臂架技术、防侧翻技术等,促进了突破性技术发展。

突破性营销对拖泵和泵车商业化起重要作用,拖泵和泵车也影响突破性营销发展。在模糊前端阶段,相对塔机和升降机,突破性营销基于对客户使用拖泵和泵车价值提升的认识,从客户需求和市场角度对构想突破性产品提出独到的意见、建议,并与技术、商业模式等衔接。在原型阶段,突破性营销启发研发人员开发客户最实用、使用最方便和相对成本最低的原型产品,将有助于突破性产品销售。原型产品开发成功后,突破性营销以"移情"作用从客户角度评价,提出意见和建议,推进原型产品完善。在试制阶段,突破性营销根据市场经验和市场分析寻找早期客户试用,听取客户反馈以改进产品。同时,相对于塔机和升降机,拖泵和泵车技术复杂,需要对客户进行安装、使用、维修等专业技术培训,必须有技术工程师协同做好营销服务,才能更好地实现客户价值,获得良好的使用体验,有助于树立市场口碑,推进拖泵和泵车销售。在大规模市场化阶段,突破性营销必须迅速建立营销队伍、营销网络、建议制定适宜的销售价格,提出新颖具有开创性地市场定位,建立突破性的售后服务体系,开发突破性营销手段,促进产品顺利销售,适应销售速度的快速变化,最大限度提高销售绩效。如三一重工系统研究世界500强如卡特彼勒、小松等工程机械产品经营成功经验,发现产品成功关键因素是可靠性、先进性、经济性、品牌影响力、售后服务,而客户更注重产品质量、技术,机械故障停工客户损失巨大,因此三一重工不但研发生产高可靠性优质产品,还突破性地为客户提供备用机器,以便机器故障时第一时间替换,减少客户停工损失,以贴心服务为客户创造价值,以优质服务创造市场。优异的产品性能、先进的产品技术、出色的工业设计等也深刻影响突破性营销。

风险资本对拖泵和泵车商业化起重要作用,拖泵和泵车也影响风险资本。在拖泵和泵车引入市场时期,突破性营销、深入研发、外购部件需要越来越多资金投入,银行贷款很难且额度有限,三一重工快速发展遭遇严重资金瓶颈。2000年湘高创投公司、亿利大公司、兴华厂和新野公司投资后,虽然四家投资总额不很大,但推动三一重工股份化改造、上市。四家企业风险投资持股所起的财务经营信息鉴证作用及推进三一重工在上交所上市,从根本上解决了三一重工不断增长的资金需求,推动不断研发新产品,极大地促进了突破性营销,显著提高了经营绩效。风险资本还给三一重工带来工程机械产品工艺开发、生产管理技能及丰富的行业经营经验,加快了产品生产、销售、研发进程。三一重工拖泵和泵车的先进技术、过硬的质量、与国外品牌竞争中的优异表现,是湘高创投公司和亿利大等三家业内公司敢于坚定投资的主要原因。

拖泵和泵车与其商业模式(见图2.10)相互影响。在模糊前端阶段,拖泵和泵车构想主要涉及拟研发产品价值创造及其与顾客价值的相互作用,影响商业模式的内部价值创造系统模块和顾客价值创造系统模块的构想。在原型产品阶段,主要通过技术研发使价值创造以拖泵和泵车为载体由设想成为现实,然后引入领先用户验证、评价、改进、完善此价值创造过程,使其更好满足未来客户需求,直接影响商业模式的内部价值创造系统模块、顾客价值创造系统模块及其相互作用。其中研发创造原型产品价值的大小从根本上决定三一重工商业模式的性质和竞争力。如2003年进口泵车300万~400万元/辆,而三一研发的泵车成本是其三分之一,研发巨大的价值创造能力使三一重工商业模式构建的商业空间大大拓展,也更具竞争力。在试制阶段,三一重工通过突破性营销启动市场销售,听取客户意见反馈改进产品,最终通过客户购买实现价值创造并回收价值。同时,小批量外购部件生产拖泵和泵车,初步构建供应商互补价值创造系统模块,这些活动越来越多影响商业模式的内部价值创造系统模块、顾客价值创造系统模块、供应商互补价值创造系统模块,并使商业模式升级发展。在大规模上市阶段,三一重工自主开发了高压、超高压混凝土泵、三级配混凝土泵及37米、66米、86米臂长泵车等新产品,另方面大力实施开放式研发,与华中科技大学、浙江大学等国内三十多所高校合作,先后承担国家863项目"混凝土泵车臂架智能控制技术研究"、"混凝土泵车远程监控及维护应用系统研制"等,研发成功了泵车臂架智能控制技术、液压与泵送系统监控等支撑技术,极大提高了产品品质。同时以突破性营销推进产品销售,使拖泵和泵车成为国内市场占有率第一的品牌,建立高效的外购件供应及管理系统,使生产高效、低成本进行。这些强烈影响了商业模式的内部价值创造系统模块、顾客价值创造系统模块、供应商价值创造系统模块、外部互补价值创造模块,并使商业模式升级发展,构建了三一重工极具竞争力的商业模式。

三一重工拖泵和泵车突破性技术创新过程中,突破性技术、突破性营销和风险资本持续机制化影响拖泵和泵车商业化进程,最终成功商业化。反过来,拖泵和泵车也影响突破性技术、突破性营销和风险资本,但影响小不少,突破性技术研发持续深入,突破性营销因应市场变化不断变革,风险资本长期持股。在此过程中拖泵和泵车与其商业模式也相互作用。大规模上市后,拖泵和泵车销售收入连年高速增长(见图8.1),拖泵和泵车的中介机制发挥了应有作用。

以上研究证明:突破性技术、突破性营销和风险资本以拖泵和泵车为中介推进突破性技术创新发展,商业模式也影响拖泵和泵车开发,并通过其商业化实现突破性技术创新绩效,命题4成立。

五、商业模式在突破性技术创新中的中介机制

商业模式的中介机制贯穿于突破性技术创新全过程及过程的各方面,体现了突破性技术创新内隐的价值创造逻辑(图2.10)。

商业模式在突破性技术创新过程各阶段的中介机制不同。在模糊前端阶段，创新者对突破性产品的构想与顾客价值创造的链接和交互通过商业模式进行，突破性产品不仅必须创造顾客需要的价值，而且必须通过商业模式构想去逻辑桥接和实现。在原型产品阶段，在商业模式构想的指引下，经努力研发出原型产品，再经领先用户提出意见、建议，通过"移情"作用设想客户的需求改进产品，内部测试验证、检验原型产品后，由原型产品到客户购买使用的商业模式成为关乎拖泵和泵车商业化成败的最重要问题。没有适宜的商业模式，突破性技术创新会止步于此。在试制阶段，外部采购配件、制造关键部件并总装，通过突破性营销定价、发现目标客户并传递非线性提升的商业价值，探索、实践并不断改进商业模式，不断增强拖泵和泵车的商业竞争力是突破性技术创新成功的最关键问题。在大规模上市阶段，随着销售量增大，配件外部采购增加，内部生产部件和装配的工艺技术学习曲线效应增加，自主研发与外部开放式合作研发共同推进不断拓展创造价值、降低成本的技术路径和技术方法，顾客价值创造的资源、能力组合方式日益增多，产业环境竞争日益激烈，产业中各种商业要素不断地优化组合，此阶段必须不断升级和优化商业模式以赢得竞争优势，否则将在竞争中处于不利地位。三一重工不断提高供应链系统效率、通过研发将部分重要部件由外部采购变为内部生产，改进制造工艺水平，不断提升营销服务核心竞争力，推进企业信息化水平等，这些是提高商业模式竞争力的充分体现。

突破性技术对商业模式起主导和支配作用，商业模式也影响突破性技术发展。在模糊前端阶段，拖泵和泵车核心技术价值大小及突破的可能性是做出研发与否的关键问题。研发核心技术，还是引进或模仿，对商业模式影响非常大。在原型产品阶段，拖泵和泵车关键部件如集流阀组技术、液压系统控制技术和泵车臂架技术研发成功，决定了商业模式的内部价值创造系统模块和顾客价值创造系统模块的竞争力。三一重工研发成本与进口国外名牌产品部件价格的差额，为构建商业模式及提高竞争力提供了巨大空间。在试制阶段，拖泵和泵车技术相对复杂，为早期客户提供充分的安装、使用、维修技能和知识，对打消客户疑虑，释放产品价值，实现客户价值至关重要。技术支持促进拖泵和泵车销售是构建和改进商业模式，促进突破性产品销售的重要条件。这些主要影响商业模式的内部价值创造系统模块和顾客价值创造系统模块。在大规模销售阶段，深入研发核心技术并不断开发新产品，如高压混凝土泵、三级配混凝土泵、86米臂长泵车以及增加产品规格系列等，深刻影响商业模式内部价值创造系统模块。与外部合作研发泵车智能臂架技术、泵车防侧翻技术等支撑技术,与核心技术协同提高产品品质,影响商业模式的内部价值创造系统模块和外部互补价值创造模块。通过技术研发影响行业标准制定和修改,主要影响商业模式的顾客价值创造系统模块。重要部件自主研发还是外购、客户遇到技术故障的解决方式和方法等商业选择反过来影响突破性技术开发。

突破性营销对商业模式产生重要影响,商业模式也影响突破性营销发展。在模糊前端阶段,突破性营销以拖泵和泵车给客户带来不同于传统塔机和升降机的使用价值,调查客户使用国外拖泵和泵车及存在问题,结合中国建筑施工实际,与拖泵和泵车核心技术突破带来的价值创造相衔接,提出技术研发的意见和建议,影响商业模式中内部价值创造系统模块和客户价值创造系统模块的构想。在原型产品阶段,突破性营销根据原型产品实物和性能表现,提出改进技术设计的意见建议,便于客户安装、使用、维修和保养等,并提出突破性产品外形工业设计及品牌设计等的意见建议,以更好地销售产品,主要影响商业模式的内部价值创造系统模块和客户价值创造系统模块。在试制阶段,突破性营销与技术服务协同,结合市场经验和领先用户建议等搜寻早期用户,逐步探索突破性产品市场定位等营销问题,为客户提供安装、使用、维修等技术服务与培训,帮助顾客获得使用价值,从而顺利销售拖泵和泵车。同时,听取客户使用拖泵和泵车的意见、建议反馈,以改进技术和拖泵和泵车设计,更好地满足顾客需求。这些主要促进商业模式的内部价值创造系统模块和客户价值创造系统模块优化升级,间接影响供应商价值创造系统模块的构建和发展。在大规模上市阶段,突破性营销必须迅速构建营销组织网络和营销队伍,随市场发展开发前瞻性和适应性强的营销策略,结合拖泵和泵车特点、市场特性和国内外竞争者优劣势,创造性地开发突破性营销方法和手段,增强营销的快速反应能力和适应能力,有效传递非线性提升的价值,不断开拓市场。同时听取客户意见、建议反馈,提出深入研发核心技术、支撑技术、互补技术,增加突破性产品规格和系列的意见、建议,推进产品标准与行业标准兼容,提高突破性产品市场影响力,促进突破性营销发展。这些活动促进商业模式的内部价值创造系统模块、顾客价值创造系统模块、外部互补价值创造模块的快速发展和优化升级,间接促进供应商价值创造系统模块的迅速发展,并使各模块密切相互作用,促进商业模式优化发展,不断提高竞争力。

风险资本对商业模式产生重要影响,商业模式也影响风险资本。湘高创投公司、亿利大公司、兴华厂和新野公司四家企业在拖泵和泵车引入市场初期投资,推进三一重工建立规范的管理体制和运行机制,建立现代公司制,提高公司治理水平,促进拖泵和泵车商业化发展。同时为三一重工带来资金,加快其上市进程,帮助打通融资渠道并彻底解决持续的巨额资金需求,加快了开放式合作研发、突破性营销和外部采购部件能力,加快了拖泵和泵车商业化。风险资本也带来了丰富的专业管理经验、机械行业工艺技术及生产管理经验等。风险资本进入影响商业模式的内部价值创造系统模块、顾客价值创造系统模块、外部互补价值创造模块等,促进商业模式加快优化升级,推进拖泵和泵车商业化进程。反过来,商业模式促进拖泵和泵车商业化加速发展,市场业绩突飞猛进,增加了风险资本持股的信心,四家公司长期稳定持股,影响了其投资战略。

在拖泵和泵车突破性技术创新过程中,突破性技术、突破性营销和风险资本不断影响商业模式构建、发展。反过来,商业模式也影响突破性技术、突破性营销和风险资本,突破性技术持续发展壮大,突破性营销不断变革发展,风险资本长期投入,但影响相对很小。大规模上市后,拖泵和泵车销售收入连年高速增长(见图8.1),商业模式的中介机制不可替代、逾越。

以上研究证明:突破性技术、突破性营销和风险资本以商业模式为中介推进突破性技术创新发展,拖泵和泵车也影响商业模式,并通过商业模式影响突破性技术创新绩效,命题5成立。

上述三一重工拖泵和泵车突破性技术创新的主要机制研究表明:三一重工以市场为导向推进拖泵和泵车突破性技术创新。在不断突破拖泵和泵车核心技术,获得国家科技研究项目支持过程中形成了高效的研发管理体系和研发机制,逐步形成了突破性技术机能。突破性营销抓住中国建筑市场高速增长的历史大机遇,与突破性技术密切协同,创造性开发客户服务,在与国际巨头竞争中逐步建立营销管理体制和运行机制,形成了突破性营销机能。风险资本投资持股后,促进三一重工改为股份制并上市。在市场驱动、研发突破核心技术、与商业模式协同过程中拖泵和泵车中介机制作用日益重要,在市场经营发展中逐步形成商业模式中介机制。十多年来三一重工拖泵和泵车突破性技术创新过程中,突破性技术机能、突破性营销机能和风险资本机制相互依存形成的主要驱动机制,与拖泵及泵车和商业模式相互作用形成的主要中介机制协同发展,充分发挥效能,推动突破性技术创新高效率、低成本、高速度成长,突破性技术创新和创新绩效机制形成了强正回馈效应,这些机能融合发展成三一重工拖泵和泵车的突破性技术创新机

制,该机制深深嵌入三一重工经营管理系统中。因此,

命题 1 至命题 5 证明:三一重工拖泵和泵车突破性技术创新过程中,突破性技术、突破性营销和风险资本推进突破性技术创新发展,并通过拖泵和泵车及其商业模式的中介机制(拖泵和泵车及其商业模式相互作用)影响创新绩效。因此,图 3.2 所示的突破性技术创新机制理论模型成立。

三一重工案例研究的五个命题结论分别与理论研究、天士力研究的五个命题结论逐个匹配,三一重工案例的突破性技术创新机制理论模型与天士力案例研究的突破性技术创新机制理论模型匹配。

第九章

大族激光突破性技术创新案例研究

大族激光(指上市公司大族激光科技产业集团股份有限公司及其前身)是1996年11月以高云峰为主要发起人创立的,最初主营激光打标机(又名激光雕刻机),在持续技术创新中迅速成长为亚洲第1、世界第2的激光加工设备企业。该公司2004年在深圳证交所上市,现已发展为全球领先的知名激光加工设备厂商,2015年大族激光销售收入55.9亿元,其中激光打标机18.19亿元,成为全球最大的激光打标机厂商。创业初期激光打标机占主营收入80%以上,后进入激光切割机、激光焊接机、PCB设备等激光加工设备领域,现激光打标机销售收入占总收入的30%左右,是公司收入、利润的最主要来源之一。大族激光案例研究以激光打标机突破性技术创新为研究对象,属于嵌入式案例研究,具备案例研究的典型性。

第一节 激光打标机突破性技术创新背景

一、激光技术及激光加工技术

原子能、半导体、计算机、激光技术是20世纪最重要的四大发明,激光技术从理论发现到商业应用经历半个多世纪。1916年爱因斯坦完成《关于辐射的量子理论》,提出受激辐射理论,奠定了激光理论基础。1958年美国科学家肖洛(Schawlow)和汤斯(Townes)提出"激光原理",1960年美国物理学家西奥多·梅曼发明世界上第1台激光器,1961年中国首台激光器由中科院长春光机所王之江等研制成功。半个世纪以来,激光技术发展迅速,中国激光技术理论研究与世界先进水平差距不大,部分领域达到世界先进水平,这在我国基础科学研究领域很少见,但商业化应用差距很大。20世纪70年代世界发达国家已开始将激光加工技术应用到各工业生产部门,1975 年 IBM 造出首台商用激光打印机,1990 年激光用于制造业。1995 年前中国激光设备主要用于高校和科研院所实验研究,大规模产业化始于 1995 年,晚西方发达国家大约 20 年。激光技术用于材料加工、医疗、通信、军事等广泛领域,其中激光加工制造设备产业的经济规模最大。当今世界研发成功二十多种激光加工技术,成熟的有:激光打标、激光焊接、激光打孔、激光切割、激光快速成型等十多种,激光加工技术应用最新发展是光纤激光、紫外激光、大功率激光等技术。激光加工技术已成为与国家制造业竞争力息息相关的重大关键技术,它为优质、高效和低成本制造开辟了广阔前景。激光产业链上游主要是激光材料及配套元器件、中游主要是各种激光器及配套设备、下游主要是激光应用及服务等。

二、世界及中国激光加工设备产业发展

德国、美国和日本激光加工设备制造处于世界领先地位,美国、欧洲、日本及中国是世界激光加工设备的主要市场。世界代表性的激光设备生产企业有:德国通快集团(Tumpf),成立于 1923 年,主要产品是加工光速导引、CO_2 激光器、固体激光器以及激光焊接机和激光切割机等,是全球工业激光器和激光系统的领导者,2000 年在中国投资设立公司,2016 年销售收入 28 亿欧元,居世界激光企业首位。美国相干公司(COHERENT),成立于 1966 年,是世界第一大激光器及相关光电子产品生产商,产品有氩/氪离子激光器、CO_2 激光器、半导体激光器等,主要用于科研、医疗、工业加工等行业,2016 年 11 月收购罗芬激光公司,2016 年销售收入13 亿美元。俄罗斯 IPG Photonics 公司 1990 年创立,现已成为世界工业光纤激光器行业最大制造商,2015 年收入为 9.01 亿美元。20 世纪 90 年代海外激光公司纷纷进入中国市场,如德国 Trumpf 公司与瑞士营销集团 Siber Hegner 合资在上海建立 Trumpf Siber Hegner 公司生产激光切割、打孔和成型等产品。意大利普玛工业公司与上海团结百超数控激光设备有限公司合资成立上海团结普瑞玛激光设备有限公司,该公司是中国最大的大功率激光切割与焊接设备制造商,国内市场占有率 50% 以上。国内现有 5 个国家级激光技术研究中心,10 多个产品研发机构,200 多家激光制造企业。国内激光厂商除大族激光外主要有:华工科技产业股份有限公司(简称"华工科技"),成立于 1999 年,是国家重点高新技术企业,主要从事激光器、激光加工设备、光通信器件与模块等产品研发、生产与销售,2000 年在深圳证券交易所上市,2016 年营业收入 33.1 亿元。大恒新纪元科技股份有限公

司(简称"大恒科技"),成立于1998年,是国家重点高新技术企业,主要从事光机电一体化和电子信息技术为主的高新技术产品研发、生产和销售,产品主要有激光加工设备、专用光学光电子组件等,2000年在上海证券交易所上市,2016年营业收入26.9亿元。此外有武汉金运激光股份有限公司、深圳光韵达光电科技股份有限公司等。华工科技、武汉楚天激光(集团)股份有限公司、大恒科技、桂林星辰电力电子有限公司和北京志恒达科技有限公司等多家企业生产激光打标机。

三、国家政策支持

国家大力扶持激光产业发展,出台了一系列政策措施,主要有:光电子材料与器件是国家"863"计划长期重点支持研发的技术之一;光电子器件研发等也受国家"973"计划重点支持;国务院2000年颁布的《当前国家重点鼓励发展的产业、产品和技术目录》鼓励发展以激光技术为重点的光机电一体化设备制造;2007年科技部等部委联合发布的《当前优先发展的高技术产业化重点领域指南(2007年)》将激光加工技术及设备列入先进制造领域,优先重点扶持发展;《国家中长期科技发展规划纲要(2006—2020年)》将激光技术单独列入未来15年的重点前沿技术发展。

第二节　激光打标机突破性技术创新

一、激光打标技术及产品

激光打标机是依据国家相关规定或企业需要,在产品表面标记产品名称、商标、生产日期等信息的激光技术设备。激光打标机的原理是利用激光产生的高能量密度对产品或部件表面特定区域照射,使其表层材料气化或颜色变化从而留下永久性标记,可方便高效地打出各种文字、符号、图案及其组合,字符大小从毫米级到微米级。激光打标操作简单,标记清晰永久、快速灵活、无耗材、环保、不可擦涂、难更改,可在高温、高湿和强粉尘环境中长期稳定运行。激光打标对提高加工品质,增强产品防伪能力等具有独特作用,广泛用于各行各业(见表9.1)。根据激光器不同,激光打标机分为 CO_2 激光打标机、半导体激光打标机、YAG 激光打标机、光纤激光打标机等。不同激光器可打标产品表面介质不同,如 CO_2 激光打标机主要用于木头、亚克力、纸张、皮革等非金属介质,灯泵 YAG 激光打标机、半导体激光打标机主要用于金属、塑胶等介质,光纤激光打标机、紫外激光打标机等用于芯片等高端 IC 产品。激光打标机主要由激光器、数控系统、机械系统,电机等组成。在激光打标机中,激光源技术、精密数控技术和精密电机等关键零部件技术是主要核心技术。

表 9.1　激光打标技术与传统打标技术比较

比较项目	激光打标技术	传统打标技术
技术原理	激光技术	喷墨、机械、化学等技术
打标介质	几乎无限制	一般限特定介质
打标方式	非接触	接触或非接触
打标图形	任意图形	一般是特定图形
打标精度	高	较高
操作特性	简单、灵活	较复杂、灵活性欠佳
工作效率	高	较高
打标速度	快	较快或慢
打标效果	清晰、永久、难更改	相对较好
长期单件成本	低	高或较高
耗材	无	有
设备购置价格	高	较低
运行环境	可在高温、高湿、粉尘、震动环境运行	一般有环境限制
设备维护	复杂、专业人员	较简单、可能需要专业人员
环境友好性	环保、无污染	一般有污染

来源:作者根据有关资料整理。

传统工业产品标记技术主要有喷墨打印、气动标记、机械冲压、化学腐蚀、电火花加工等。喷墨打印技术是使用非接触方式向产品表面喷墨的标识技术。气动打标技术是用电磁阀控制压缩空气驱动高硬度标记针以较高频率上下震动,同时用计算机系统和驱动器控制步进电机带动标记针做二维运动,在产品或其部件表面标记的技术。机械冲压打标技术是用机械力直接作用于产品或部件表面打标的技术。化学腐蚀打标技术是通过低电压在打标液的作用下使金属表面局部离子化而实现打标的技术,通常在各种金属上打标。电火花加工技术是利用电火花原理在金属表面刻出标识的技术。传统打标技术不同程度采用自动控制或信息技术升级改造,它们在各自适用范围具备经济技术可行性,激光打标技术尚不能完全替代。与传统打标技术比,激光打标技术具有显著的经济效益、技术、工艺等优势,原理根本不同,已成为工业打标主流技术。

二、激光打标机突破性技术创新过程

大族激光创立者高云峰本科学习激光专业,1990 年毕业后在南京航空航天大学、香港闪达电子有限公司、香港远东电脑系统公司等单位从事激光打标机的设计、研发及销售维修等工作,当时对国内外激光技术发展、激光技术产业化状况及差距等比较掌握。针对中国激光技术产业化落后、海外激光打标设备价格高昂且售后服务很差,以及国内海量中小制造企业产品打标的潜在需求,选择了市场潜力巨大且技术研发相对容易的激光打标机作为切入点和突破口于 1996 年创业。以组装打标机起步,随即开发打标软件,继而引进国内一流人才研发或并购国内外企业核心技术,掌握了打标机核心技术,2000 年后相继研发成功激光焊接和切割技术并进入相关产品领域。主要过程如下:

模糊前端阶段,大致从 1990 年至 1995 年。创业者是专业激光技术人才,此前从事激光打标机研发、设计、销售及维修工作。当时德国等发达国家销售到中国的激光打标机 8 万美元/台,机器故障后维修须提前 8 周预约。国外激光打标机价格高昂、售后服务奇差和客户因使用其机器随时可能遭受严重的经济损失等,使创业者萌生了研发制造激光打标机的想法。外国打标机及其客户客观上是创业者的"领先客户"。深入系统研究国内外激光技术产业化应用及主要产品,结合设计、研发、销售和维修激光打标机的亲身体验和中国海量中小制造业对打标机的潜在需求,选择以激光打标机作为市场和技术突破口创业,完成突破性产品构想。

原型产品阶段,1996 年制造出原型产品。原型产品制造始于 1995 年年底接到香港客户的激光打标机订单。由于资源有限,根据掌握的激光打标机知识等仔细研究打标机总体结构、部件构成,以及在此前销售维修中掌握的激光打标机部件采购渠道及交易方式等,创业者决定利用深圳及香港发达的全球商务体系,先采购部件组装机器,再研发生产。外购主要部件、刻苦研发,探索总体结构和工艺技术、反复试验改进,1996 年上半年组装成功原型机交付客户使用。交付客户后,

利用原型机组装技术及销售所得资金再组装机器,边销售边组装。

试制阶段,1997—2000 年。1997 年小批量采购部件组装第一批样机并出售,但最大的麻烦是机器运行很不稳定。在公司规模小、资金紧缺无力研发改进产品的情况下,先将机器销售给客户,但每台机器免费配备一名工程师负责全天候为顾客“维护保养”机器,以赢得顾客信任、购买。在维修、保养和听取客户反馈问题过程中,深入研发技术、不断改进生产工艺,持续的技术研发及生产工艺学习使大族激光逐渐掌握了主要技术和制造工艺,产品质量稳定,市场逐步启动,1996 年、1999 年、2000 年分别销售 10 台、69 台和 249 台机器。随着机器销售扩大,突破性营销体系初步建立并有效运作,初步探索出国际化采购、研发核心技术并生产组装的具有竞争力的商业模式,如 1997 年研发成功国内第一套振镜式打标软件,1998 年起草《YAG 激光打标机产品企业标准》,产品通过各项质量检测。激光打标机对工艺和技术要求非常高,原型机经市场检验获得商业化成功所耗工作量几乎占从技术开发到成功商业化总工作量的 90%。这或许是国内绝大多数原型机停留在科研院所不能成功商业化的最重要原因吧。

大规模上市阶段,从 2001 年至今。初期确立了引导客户、重点突破、销售与售后服务并重的市场开发战略,通过尝试性的推荐不同行业客户试用,逐行业突破细分市场,建立有效的营销和售后服务体系促进突破性营销发展,销售行业从皮革、服装,到食品、工艺品,再到医药、电子等不断拓展。销售规模扩大后,逐步建立覆盖全国的营销及服务网络,并积极开拓国际市场,始终保持直销模式,为客户提供周到细致的售前、售中、售后支持,提供全天 24 小时服务,做到哪里有大族产品,哪里就有服务。2002 年大族激光打标机国内市场占有率 71.96%,2003 年成为国内最大的激光信息标记设备制造企业。在研发方面,建立研发机构,扩大研发队伍,引进高层次人才,持续研发核心技术,如研发队伍迅速扩大,短期内从无到有,从 2003 年的 260 多人发展到 2006 年的 500 多人,再到 2016 年的 3026人,其中 2002 年聘请国际知名激光专家、中科院院士王之江任大族激光副董事长兼总工程师、聘请国内著名激光专家周复正任大族激光总经理。另一方面通过购并或合资获得核心技术,如 2007 年收购控股武汉金石凯激光系统有限公司获得大功率 CO_2 激光器等技术,2008 年收购美国 Apoll Instruments 公司 71.43% 股权获得其拥有的多项美国和欧盟激光技术专利,促进了新产品研发。继 1997 年研发成功打标软件后,2002 年研发成功高效率高功率三次谐波激光产生技术(专利号:ZL02134577.5,美国专利号:US 6,690,692 B2,此专利获 2007 年广东省金奖专利)等,之后研发紫外激光器、绿光激光器等国际先进核心技术,构建了研发平台。依托激光打标机核心技术,进入激光焊接、激光切割技术领域,拓展主营业务领域。通过研发实现激光打标机数控系统、直线电机、电主轴等核心部件自产,提高了产品利润率。大族激光采用自主设计整机并生产核心部件如打标软件,而大功率半导体泵浦模块、高速扫描微电机等关键部件向美国相干公司等国外公司全球化采购,机械加工件等向国内企业采购,然后组装并直接销售给客户的商业模式。随着研发深入推进,数控系统、直线电机等关键部件和部分机械部件由外购转为自产,提高自主配套能力和盈利能力,促进了销售收入快速增长。大族激光1996年11月成立,1997—2015年激光打标机年销售收入增长率最高180%、最低-35.5%,其中1998至2007年增长率最低30.7%、最高180%(2004年增长-9.2%除外,负增长应是产业内在规律或企业经营原因导致的例外),2007年后高增长、低增长和负增长交替出现。2008年起负增长(2008年-25.9%、2009年-17.4%)、高增长(2012年88.2%、2014年66.81%)、低增长(2011年9%)的交替出现应是由激光打标机行业需求周期性波动、并购财务并表、开拓国际市场增加营业收入等导致,持续至少5年且年每年超过50%以上的增长率不复出现(见图9.1)。依据年度销售增长率及研发平台构建等综合判断,到2007年大族激光打标机突破性技术创新基本结束,进入渐进性技术创新阶段。

图9.1 大族激光打标机1997—2015年历年销售收入及增长率

来源:根据大族激光招股说明书、历年年度报告和其他资料整理绘制。

　　大族激光发展壮大成为销售收入亚洲第一、世界第二的世界知名激光设备企业，是高云峰个人创业激情、毅力与特定时代条件相结合的产物，个人因素起决定作用。时代条件是中国激光技术水平与世界相差并不大，但激光技术产业化远远落后；海量中小型制造企业产品打标的庞大的潜在市场需求被高云峰的远见和睿智锁定了，并将其与激光技术产业化融为一体；深圳有利的区位优势被创业者充分利用，如全球化市场联系带来便利、低成本的部件全球化采购，珠三角内生打标市场庞大且全国影响力辐射力很强，风险投资在深圳发育超前且运作规范，深圳对高端人才强大的吸引力，高云峰大学专业是激光，工作后设计、研发、销售、维修激光打标机且幸运地选择在深圳创业等。大族激光成功是自强奋斗的产物，创业者创业时人生地不熟、没有"关系"、没有背景，最硬最大的后台是市场，高云峰当选 2010 年"深圳经济特区 30 年 30 位杰出人物"实至名归。大族激光成功雄辩地证明商业化是技术创新最重要最关键的环节。

第三节　激光打标机突破性技术创新的主要机制

　　根据理论研究，突破性技术、突破性营销和风险资本在激光打标机突破性技术创新中相互作用，成为创新的主要驱动机制。

一、突破性技术影响激光打标机突破性技术创新的机制

　　大族激光打标机突破性技术研发源于发达国家激光打标机价格及售后服务与中国庞大中小制造企业需求矛盾难以解决造成的市场缺口。创业者是普通激光技术员，通过敏锐地捕获市场订单，突破性开发市场并研发打标机软件，继而通过大力引进国内顶级专业研发人才、并购企业获取打标机核心技术，持续研发突破核心技术，进入激光焊接、激光切割、激光打孔等产品领域，踏上快速突破、赶超世界最先进激光技术的技术创新路径。本文仅研究与激光打标机密切相关的技术创新活动。大族激光始终重视技术研发，2001 年被认定为深圳市高新技术企业，2008 年成为国家级高新技术企业、国家第二批创新型试点企业，承担了多项国家 863 项目和火炬计划项目。截至 2012 年已获中国发明专利 227 项、国外发明专利 10 项。大族激光上市前研发投入占销售收入的 3% 左右，上市后占 5% 左右，2016 年研发支出 5.85 亿元，占营业收入的 8.41%，研发人员 3026 人。大族激光

不断研发出更高技术含量、更高档次新产品,进入更多产业领域,支撑突破性营销快速发展,推进销售收入连年快速增长(见图9.1)。

　　突破性技术推动、主导激光打标机突破性技术创新全过程和过程的各方面。主要表现如下:在模糊前端阶段,高云峰依据对国内外激光技术及其产业化的掌握,以激光打标机设计、研发及维修经历经验,深切理解激光打标机客户需求及其面临困难,对国内中小制造企业的潜在激光打标机需求做出了市场判断,以激光技术知识对研发突破有关激光核心技术做出理性预判,在此基础上构想突破性产品,影响商业模式的内部价值创造系统模块与客户价值创造系统模块的构想及相互作用。在原型产品阶段,根据客户需求,运用掌握的激光打标机专业技术及维修的实践经验等,在系统研究机器总体技术结构及装配技术工艺后,采购部件组装,经过探索、试验和改进,组装成功首台原型机并交付客户,获得销售收入,使商业模式的内部价值创造系统模块与客户价值创造系统模块的构想及相互作用变为现实。在试制阶段,循着组装原型机的技术经验和实践,一方面建立稳定的部件采购渠道,同时努力开拓市场,通过展览会、客户试用等方式开发早期用户,开展突破性营销,另一方面于1997年研发成功激光打标机核心控制软件。试制产品的稳定性太差,迫于无奈先向客户销售,同时每台机器配备一名技术工程师负责全天候维修机器,切实保障客户正常使用。在解决客户反馈机器性能不稳定等问题过程中,逐渐掌握了激光打标机的主要制造工艺技术,研发核心技术的能力开始成长,产品质量稳定。这些活动影响商业模式的内部价值创造系统模块及客户价值创造系统模块,并在相互作用中实现价值创造正反馈。在大规模上市阶段,通过专业研发、引进高端激光人才研发和企业并购等方式,逐步掌握激光打标机核心技术及支撑技术,取得了打标控制软件、高效率高功率三次谐波激光产生技术、高功率高效率倍频固体绿光激光产生技术、紫外激光器、大功率激光器以及打标机数控系统、直线电机等部件技术,推出了 CO_2 激光器、光纤激光器、蓝光激光器打标机等新产品,促进销售收入快速增长。此阶段研发活动大大增强了商业模式的内部价值创造系统模块的价值创造能力,极大提高了企业在产业内的技术地位,深刻影响了顾客价值创造系统模块,极大地发挥了外部互补价值创造模块的价值创造作用,激发了供应商价值创造系统模块的价值创造功能。市场驱动大族激光突破性技术研发,研发以创造市场价值为根本归宿,体现了技术商业化的真谛。(见图9.2)

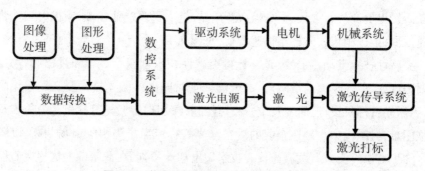

图9.2　激光打标机系统结构及其打标机制

来源:张乃熙.二氧化碳激光打标机的研制[D].长春:长春理工大学,2010.

　　自主技术开发。组装产品销售成功后,大族激光1997年开始自主研发,经历了研发探索、引进外部高端人才突破性研发、赶超世界一流研发三个阶段。(1)研发探索阶段,从1997年至2000年。1997年研发成功的打标软件是打标机的核心部件,它开启了大族激光研发之路。1997—1999年主要技术力量致力提高组装机器性能稳定性,解决客户反馈问题等。1999年销售收入达到2000万元后,企业快速发展,开始研发新产品。2000年大族激光研发半导体晶片激光切割机,耗时半年却无法突破其中核心的紫外激光器技术,生产出的样机测试数据很不理想。后从硅谷引入一位华裔激光技术专家加入研发,很快突破关键技术,生产出高品质产品,申请了两项美国技术发明专利,这是大族激光研发史上的重要里程碑。(2)引进高端人才突破性研发阶段,从2001年至2006年。随着销售收入快速增长和持续研发,利用深圳特区的有利条件和区位优势引进国内高端激光专业人才研发的条件已经成熟。如2000年10月聘请中国光学泰斗王大珩院士担任大族激光科技顾问,2002年聘请国际知名激光专家、中科院院士王之江任大族激光副董事长兼总工程师,国内著名激光专家周复正任大族激光总经理,2008年聘请国家"千人计划"入选者、柏林技术大学物理系博士、美国相干公司慕尼黑分公司高级技术顾问吕启涛担任首席技术总监等。研发成功高效率高功率三次谐波激光产生技术、高效率高功率四倍频激光产生技术等,申请了"三次谐波激光的产生方法"(专利号:ZL200610036841)等国内外发明专利,用专利生产了M355紫外激光打标机等新产品,取得了可观的销售收入。(3)赶超世界一流研发阶段,从2007年至今,此阶段大族激光实施了一系列并购或外部合作研发,下段具体详述。同时,大族激光研发了激光电源、电主轴、生产线等支撑技术或互补技术促进突破性技术发展。

外部获取技术。大族激光主要通过并购、合资或参股等方式获取外部技术或开展技术合作,时间是 2007 年至今。大族激光 2000 年购买了意大利企业的半导体晶片激光专利,但因无法突破外资企业的专利网而惜败。2006 年控股与德国 Power Automation 公司合资设立深圳大族彼岸数字控制技术有限公司,从事打标机等机器的数控系统研发、生产。2007 年收购中日美合资的深圳泰德激光科技有限公司 50.69% 股权,获得国内领先、具有自主知识产权的半导体泵浦激光标记系统技术。2007 年控股收购规模名列国内前茅的武汉金石凯激光技术有限公司,获得了处于行业领导地位的高功率和超高功率激光器等技术,使该公司首席科学家、原华中科技大学激光技术国家重点实验室主任、博士生导师陈清明带领其核心技术团队和核心激光技术加盟研发。2008 年收购美国 Apollo Instruments 公司 71.43% 股权获得多项美国和欧盟激光技术专利。2008 年收购东莞粤铭激光技术有限公司获得了激光发射器制造等核心技术,该公司列国内激光设备行业前五强,2008 年销售收入 2 亿元。2012 年收购德国 Baublys Laser 公司和美国 Control-Laser 公司的激光打标系统业务。此外大族激光持有世界领先的美国纳斯达克上市公司 IPG Photonics Corporation、意大利上市公司 Prima Industrie 和德国法兰克福上市公司 PA Power Automation 股权,以推进国际研发合作、开拓国际市场。经过并购获取技术和自主研发,大族激光自产激光器,研发的紫外激光器、绿光激光器、脉冲激光器等达到国际先进水平,高功率 CO_2 激光器国内领先,与国际水平差距逐渐缩小。2010 年研发成功的光纤激光打标机等产品处于国内领先水平。

技术研发管理。大族激光因市场需求而生,建立了市场驱动研发的管理体系和运行机制。主要体现在:(1)以市场为中心布局研发机构和建立研发体系。根据市场需求发展,先后在深圳建研发中心密切协同企业市场开拓,之后建立苏州、南京研发基地与长三角市场融合,继而控股武汉金凯石服务华中市场,以利吸引光谷武汉技术人才加盟,在天津建立研发销售基地辐射华北、东北市场,此外建立了总部—事业部—子公司研发体系,通过研发机构、业务与市场密切协同互动,紧密跟踪市场需求变化和技术发展趋势,研发适合市场需要的先进技术。(2)建立市场驱动的研发运行机制。2001 年即建立了市场为中心的产品研发管理体系,建立跨部门团队,根据市场需求作研发决策、执行研发进度、提高研发质量,提高新产品研发成功率。近年来,引入 IPD 研发管理,以市场为导向,建立研发管理平台,优化研发流程管理,缩短产品研发时间,加速产品上市速度,持续提升产品研发水平。(3)建立市场化的研发管理、分配和激励机制。实行研发奖金与销售收入挂钩制度,使研发成果与客户、市场需求紧密结合,研发人员的利益直接体现在研发各个环节和产品销售中。(4)建立技术与管理组合的高管团队,便于做出科学研发决策。最高管理层由专业激光技术专家、现代专业管理人才组成,知识结构互补,便于做出科学的技术研发决策,使技术研发和经营管理有效开展。大族激光也重视制定行业标准,以提高企业技术影响力,如 2012 年大族激光主导起草的国家标准《激光产品的安全第 14 部分:用户指南》(编号:GB/T7247.14 - 2012),该标准是 GB7247《激光产品的安全》标准的组成部分,它发展了 GB 7247 标准,加快激光安全标准国际化进程。大族激光承担了国家 863 项目、火炬计划等项目,促进了企业研发。大族激光突破性技术总体进展顺利,成绩卓著。

以上研究证明:突破性技术推动激光打标机突破性技术创新发展,影响激光打标机及商业模式并通过其影响突破性技术创新绩效,命题 1 成立。

二、突破性营销影响激光打标机突破性技术创新的机制

大族激光打标机突破性技术创新始终以市场为先导,突破性技术与突破性营销协同贯穿于创新全过程和过程各方面,促成激光打标机成功商业化,推动企业高速成长。随创新四个阶段相继推进,突破性营销所需知识、技能、面临任务等在各阶段很不相同,适时变革突破性营销能力,以适应企业开拓激光打标机市场的迫切需求,但模糊前端阶段无产品可销售,这与传统营销根本不同。主要体现在:在模糊前端阶段,创业者切身体验到西方企业销售到中国的打标机价格昂贵、销售及售后服务网点很少、售后服务很差,而绝大多数中小制造业主并不知道此种打标机,但其潜在需求巨大、应用广泛。同时深刻认识到激光打标机与传统打标机技术原理根本不同,具有效率高、打标品质优、环境适应性强、性能稳定、耐用方便等优势,是适应市场需求的好机器,但价格比传统打标机器高出好多。从突破性营销、客户价值和市场前景综合考量,风险虽大,但可实施此突破性技术创新。在原型产品阶段,原型产品制造源于港商订单,是订单驱动的。具体情况是,高云峰在销售维修国外激光打标机过程中与某港商客户建立了亲密关系,该港商深受国外机器恶劣服务困扰,向他表达了采购国内机器的想法。高即向该港商表示想创业制造此机器,港商认可他并支付 40 万元定金。接单后,根据客户需求和激光打标机的性能指标,利用掌握的激光打标机专业知识、技能及此前销售维修过程中建立起来的商务关系,三个月后组装出机器并交付客户。客户使用三个月后不

但收回购置成本,还赚了台机器。原型产品及其客户的商业成功极大地激发了高云峰的创业热情。在试制阶段,迫于资金压力和限于技术实力等,大族激光不得不将性能很不稳定的机器推向市场,在为每台机器免费配备技术工程师随时维修的售后服务承诺下,客户居然接受了尚不成熟的产品。在主动寻找早期客户并现场示范使用下,大族激光打开了浙江温州服装、制鞋业等中小企业市场,快速向其他地区和行业拓展。在旷日持久贴身贴心维修机器和听取客户反馈问题中,售后技术工程师们不断将机器问题及技术改进、技术发现向总部反馈集中,持续地技术学习和市场学习使大族激光逐渐掌握了激光打标机生产的核心技术工艺,彻底攻克了机器性能不稳定难题,也度过了激光打标机从原型机到产业化最艰难的阶段,实现了惊险的跨越。此阶段售后技术服务保障及客户反馈问题直接促进了大族激光打标机突破性技术创新发展,帮助企业迈过最艰难的技术门槛。大规模上市阶段,确立了示范开发客户、大力宣传引导、突破重点行业、销售与服务并重的市场开发总战略。根据激光打标机服务产业用户及技术特性,大族激光选择直销模式,提供售前、售中、售后支持和服务,将销售、服务、维护紧密结合,有力掌控突破性营销发展并提供高品质周到的售后服务,加快了市场开拓速度。随着市场销售推进,逐步建立了覆盖全国的销售及售后服务网络,承诺本市 12 小时、跨市 24 小时、全国 48 小时全天候服务响应,长期提供免费维修服务。随着行业拓展、技术进步和客户需求提高,大族激光增加产品系列规格适应市场需求,不断开发新产品,如大功率 CO_2 激光器、光纤激光器、紫外激光器打标机等,促进了打标机突破性技术创新快速发展。

　　结合激光打标机技术经济特点和市场状况,大族激光主要从三方面开展突破性营销推进打标机突破性技术创新发展(见图 2.9)。(1)以领先客户为起点,迅速开发早期客户。香港客商是大族激光的首位客户,也是领先用户。香港客户的需求及激光打标机给其带来的经济效益给创业者留下深刻记忆,对其经营方式、经营理念等产生深刻影响。激光打标机是绝大多数中小企业主没想到的好机器,远远超越客户期望,领先市场发展,但早期几乎没人知道它,更不要说选购!正如大族激光董事长高云峰所言:"产品出生得早,没有市场,只能去创造这个市场!"于是先从劳动强度大、打标数量多、打标要求较低、客户易接受、能充分展示激光打标优越性的服装、皮革和纽扣业入手尝试,打标机在钮扣压花、皮革剪裁、鞋面压花等作业时快捷高效、高品质、易操作,对惯于机械作业、速度慢且废品率高的业主们产生了强烈冲击,起初先借给业主使用后购买,购买后业主们的利润至少提高一倍,及时周到的售后技术服务解除了客户后顾之忧,1996 年售出 10 台。此后,大族激光加大展示和开发客户力度,服装、皮革等行业的更多业主购买,然后以同样方式再向食品、药品等行业拓展,到 2000 年卖出 249 台机器,销售收入5000 多万元,此后几年销售收入高速增长,早期市场很快开发成功。(2)高效传递非线性提升的突破性价值。激光打标机效率高、性能优异、成品率高、使用方便等远超传统机器,这反映了其很高的内在价值和使用价值,售价必然比传统机器高。基于西方发达国家激光打标机价格昂贵、销售及售后服务差,国内中小制造业主的经济承受力等综合考虑,性能接近西方机器的同类型打标机,大族激光定价是其1/3 左右,并且提供优质销售及售后服务,此价格既充分考虑了中小制造业主的经济承受力,较好地反映了机器的内在价值,又确保企业获取合理利润。最初,大族激光通过现场展示、租用、试用等方式展示价值,随着技术进步和市场发展,不断研发自主关键部件如激光电源、电主轴等配套部件,研发新产品如 CO_2激光器、光纤激光器打标机等,树立良好品牌形象,更好地传递产品价值。另外大族激光采用直销方式,逐步建立覆盖产品销售地的营销服务网络,提供售前、售中、售后服务,全天候迅速响应客户的服务需求和意见建议,切实满足客户对机器连续运转确保其生产顺利进行的充分关切,以优质服务延续、提升突破性产品价值。(3)创造性地开发市场。在创业初期,大族激光投入资金参加众多展览会,组织编写激光应用培训教材,召开系列专业研讨会,大力推进激光技术应用知识普及,尽最大努力吸引潜在客户购买。大族激光策略性地主动走访客户,选择制革、服装等低端用户突破,然后研发更好产品,总结提高服务经验,逐步向食品、药品行业拓展,最终发展到电子、芯片等产业,有序有效开发市场。建立以市场为中心,与市场密切协调的研发体系,开发适销好产品,利于市场开拓。建立了有效的销售激励政策,按各地市场发达程度、产品推向市场时间、技术含量等制定销售提成比例。如 2006 年提成超过 50 万的销售人员 37 人,最高达到 200 万元。根据国际市场变化,选择不同商业模式进入国际市场。2003 年前进入东南亚、韩国、中国台湾和中东市场,并在美国硅谷设立大族国际激光公司,掌握国际研发和市场动态。2008 年获美国苹果公司订单,进入全球高端市场,2008 年收购美国 Apollo Instruments 公司 71.43% 股权以加速北美销售网络建设。大族激光建立了高效的突破性营销体系,与突破性技术协同,灵敏捕捉市场信息,适时变革突破性营销能力,迅速做出有效应对行动。2001 年起大族激光打标机国内市场占有率始终在70% 以上,是该行业最稳固的市场领导品牌。截至 2012 年,已在国内外设立 100

多个分公司、办事处或代理商,建立周密健全的市场营销网络及售后服务网络体系,推进产品销售连年快速增长(见图9.1)。

以上研究证明:**突破性营销推动激光打标机突破性技术创新发展,影响激光打标机及商业模式并通过其影响突破性技术创新绩效,命题2成立。**

三、风险资本影响激光打标机突破性技术创新的机制

风险资本在关键阶段对推进大族激光打标机商业化发挥了决定性作用,大大加速了其成功商业化进程。

1996年创业时大族激光注册资本500万元,初期市场开拓耗费资金、非常艰难,部件采购、生产场地、人员等开支很大,到1998年下半年几乎无资金周转。被逼无奈1998年9月高云峰找到深圳市高新技术产业投资服务有限公司(2004年3月更名为深圳市高新技术投资担保有限公司,简称"深高新投")为其企业提供银行贷款担保,但并不符合担保条件。深高新投公司经过4个多月投资调查,1999年3月向大族激光出资483.6万元,占股51%。2001年4月深高新投2400万元公开拍卖持有的大族激光46%股权,被高云峰竞得。2001年6月高云峰将大族激光37%股权协议转让给湖南华菱科技发展有限公司(2003年更名为海南洋浦华洋科技发展有限公司,简称"华洋科技")、红塔创新投资股份有限公司(简称"红塔创投")、大连正源企业有限公司(简称"大连正源")、深圳市东盛创业投资有限公司(简称"东盛创投")和肖虎,分别受让10%、8%、8%、8%、3%股权,转让价款分别是1986万、1589万元、417万元、417万元、156万元。经批准2001年9月大族激光整体完成股份制改造,至2003年上市前,除高云峰和其控股的深圳市大族实业有限公司外,股东分别是华洋科技、红塔创投、大连正源、东盛创投、深高新投和肖虎,持股数及持股比例分别是800.16万股和10%、640.128万股和8%、640.128万股和8%、640.128万股和8%、400.08万股和5%、240.048和3%。全国人大原副委员长、民建中央主席成思危1998年向九届全国政协一次会议提交《关于尽快发展我国风险投资事业的提案》,被列为1号提案。2000年前后投资美国纳斯达克上市公司的美国风险投资机构因网络科技股暴涨而受益丰厚,极大激励了国内政府及企业界发展风险投资的热情,因此风险投资机构及个人踊跃投资大族激光。引入风险投资后,深高新投向大族激光提供了银行贷款担保,大族激光销售收入增长迅猛,此后融资问题迎刃而解。风险投资大大加快了激光打标机商业化进程。

海南洋浦华洋科技发展有限公司成立于 2000 年 6 月,注册资本 2000 万元,主营业务是高新技术投资。2003 年持有大族激光 10% 股份。2005 年 9 月华洋科技所持 1200.24 万股转让给大族实业全部退出,转让价款 4840 万元。2001 年 6 月投资 1589 万元,2005 年 9 月退出,四年时间投资收益超过 200%。华洋科技主要是财务投资,主要向大族激光提供资金帮助。红塔创新投资股份有限公司成立于 2000 年 6 月,注册资本 40000 万元,主营业务是高新技术投资、风险投资、投资管理等,2003 年持有大族激光 8% 股份。红塔创投所持原始股经送配股等至 2007 年 3 月总持股数是 12,701,880 股,占总股份的 5.275%。2007 年 3 月开始减持至 2011 年 3 月累计回收现金 3.46 多亿元,是原始投资 1589 万元的 21 倍多,另剩余股票 696 万多股持有至今。红塔创投是专业风险投资公司,公司副总经理马胜利是专业投资人士,自投资入股在大族激光董事会任职至今。大连正源企业有限公司成立于 1998 年 7 月,注册资本 4000 万元,主营业务是塑钢门窗加工,2003 年持有大族激光 8% 股份。大连正源所持原始股经送配股等至 2007 年 3 月总持股数是 12,701,880 股,占总股份的 5.275%。2006 年 11 月开始减持至 2006 年 12 月累计回收现金 1.78 多亿元,5 年多产生的收益是原始投资 417 万元的 42 倍多,另剩余股票 218 万多股。大连正源主营普通制造业,主要是财务投资。深圳市东盛创业投资有限公司成立于 2000 年 9 月,注册资本 3000 万元,主营高新技术产业投资等,2003 年持有大族激光 8% 股份。东盛创投所持原始股经送配股等至 2007 年 3 月持股总数是 12,701,880 股,占总股份的 5.275%。2006 年 11 月开始减持至 2007 年 4 月累计回收现金 2.56 多亿元,不足 6 年产生的收益是原始投资 417 万元的 61 倍多,另剩余股票 71 万多股。东盛创投主要以财务投资为主,对大族激光提供资金帮助。深圳市高新技术投资担保有限公司成立于 1994 年 12 月,注册资本 10000 万元,主营业务是投资开发、贷款担保等,2003 年持有大族激光 5% 股份。深高新投 1999 年 3 月投资 438.6 万元占大族激光 51% 股份,2001 年 4 月以 2400 万元向高云峰出售所持 46% 股权,持股比例降至 5%,两年间投资收益 400% 多。深高新投所持原始股经送配股等至 2007 年初总持股数是 793.87 万股,按当时市值计算已超过 1 亿元。自然人肖虎投资 156 万所持 240.048 万股收益巨大。深高新投是最早投入大族激光的风险资本,风险投资持股最短的 1 家 4 年,大多 5 ~ 7 年,最长 1 家持股至今将近 13 年,它们对大族激光帮助巨大,同时风险投资获得惊人收益,足以证明风险投资和突破性技术是性相投、习相好的"恋生兄妹"。

风险资本对推进激光打标机突破性技术创新的主要作用如下:一是紧要关头

提供资金支持,帮助打通融资通道,促进企业加快发展。1998 年 9 月资金极度紧缺无法融到资金,大族激光找到深高新投。1999 年深高新投投资 438.6 万元控股大族激光 51%,高云峰以让出控股权获得投资,但约定一年半内大族激光经营增值到 2000 万元时,高云峰可回购 2% 股份重获控股权。深高新投控股后,随即给大族激光出借 600 万元流动资金,并打通银行贷款通道,总计为其提供了 6800 多万元贷款担保。得到充足资金支持的大族激光经过 2 年发展,2001 年实现销售收入 1.05 亿元,是 1999 年的近 4 倍。随着 2001 年 4 月深高新投退出 46% 股权,大族激光引入了华洋科技、红塔创投、大连正源、东盛创投和肖虎投资 4500 多万元,大族激光不再为融资发愁,企业发展更加迅猛。二是促进建立规范的股份制公司,提高公司治理和管理水平。1999 年深高新投控股后,帮助公司建立了规范的销售管理体制、财务制度和其他管理制度,聘请会计师事务所和香港金融顾问公司为其提供财务咨询,促进企业发展逐步走上正轨。2001 年华洋科技、红塔创投等四家企业和一位自然人投入风险资本后,随即完成了股份制改造,建立了规范的公司制,促使大族激光 2004 年在深圳证交所上市,建立了规范化、科学化的管理体制和经营机制。红塔创投的专业管理人士马胜利等进入董事会和在深高新投等帮助下,公司治理水平不断提高。三是向大族激光提供丰富的管理经验和社会资本等企业发展所需资源。深高新投是深圳国资背景的风险投资公司,成立时间较长、投资企业较多,具有丰富的投资经验和社会资源。如深高新投控股后,迅速帮助其成功申报深圳市高新技术企业,获得了税收政策优惠。此外,风险资本对大族激光的财务和经营信息起到鉴证作用,使其贷款更容易、更便利、融资成本更低。投资大族激光的风险资本以深高新投和红塔创投等专业机构为代表,具有完善的投资体制和资本运营管理机制,具有丰富的投资经验,对投入大族激光的风险资本实施了有效管理,促进大族激光销售收入高速增长,同时最大限度推高风险资本价值,获取了惊人的超额资本收益,实现突破性技术创新与风险资本双赢。

以上研究证明:风险资本推动激光打标机突破性技术创新发展,影响激光打标机及商业模式并通过其影响突破性技术创新绩效,命题 3 成立。

四、激光打标机在突破性技术创新中的中介机制

激光打标机的中介机制贯穿于突破性技术创新全过程及过程的各方面,体现了突破性技术创新的使用价值创造逻辑。

激光打标机在突破性技术创新全过程各阶段的中介机制不同。在模糊前端阶段，创业者对客户打标需求的分析、研究、掌握，对国内中小制造业主等市场开发，对打标机技术结构、制造工艺技术、核心技术的分析研究以及商业模式的构想等，无不以构想的激光打标机为中介实施。在原型产品阶段，采购部件、研究打标机的技术结构和组装工艺、测试其技术参数和性能，满足客户的需求等，全部以打标机为中介。在试制阶段，外部采购渠道建立、客户需求满足、技术研发、商业模式初步探索，特别是在持续维修性能很不稳定的机器中学习打标机制造核心工艺技术等，都为了造出质量合格、客户需要、能为企业创造利润的高品质打标机。在大规模上市阶段，深入推进技术研发，赶超世界一流技术，不断增加打标机规格系列，均为推出更有竞争力的新产品。系统实施突破性营销，采取直销模式、主动上门示范、建立完善的销售和售后服务网络、优质的售后服务等，都为了更多销售产品，加快企业发展。引入风险资本，解决研发、销售和产品生产所需巨额资金。构建商业模式为了企业产品及经营模式更有竞争力，使企业经营更长久。

突破性技术对激光打标机商业化起主导作用和支配作用，激光打标机也影响突破性技术发展。在模糊前端阶段，创业者对国内外激光技术研究水平及其产业化的掌握，尤其对激光打标技术给客户带来价值的深刻理解，以及对其他打标技术的研究了解，特别是对激光打标机总体技术和生产工艺等的研究了解，直接影响创业者对激光打标机是否适合其创业以及创业胜算的决断。在原型产品阶段，创业者掌握的激光打标机研发和维修技术，直接决定了其研究打标机总体技术、工艺技术、组装整机并测试其技术性能的能力，从而决定能否造出原型产品。在试制阶段，研发出打标软件开启自主研发之路，使用自主软件极大地提高了打标机市场竞争力和获利能力。同时，在技术工程师日复一日的解决客户反馈问题中，大族激光学习到打标机生产的核心技术工艺等，解决了打标机性能很不稳定的难题，促进了产品销售快速增长。在大规模生产阶段，深入研发，不断突破核心技术如紫外激光器技术等，持续研发支撑技术如激光电源技术等、互补技术及关键部件技术如电主轴等，不断推出技术领先、适应不同产业需求的突破性新产品，直接影响企业的销售收入和竞争力。突破性产品也会影响突破性技术发展，如试制阶段推出性能很不稳定的激光打标机，促使企业持续研究探索攻克了关键工艺技术，圆满解决了性能不稳定问题，掌握了制造打标机的核心工艺技术。

突破性营销对激光打标机商业化产生重要影响，激光打标机也影响突破性营销发展。在模糊前端阶段，创业者将激光打标机市场定位于中小制造业，而不同于西方国家将其定位于电子信息和 IC 等高端产业,这是由中国和西方产业结构的显著差异导致的,突破性营销对市场定位的突破,直接导致了几乎完全不同的客户需求、不同的市场定位、不同的突破性产品构想。在原型产品阶段,通过移情作用设想港商的激光打标机需求,之后确定突破性产品总体技术架构、组装的工艺路线、测试技术参数及性能以满足客户需求。在试制阶段,根据中国实际和激光打标机特性,大族激光开创性地选择服装、制革产业市场突破,主动上门示范,传递激光打标机非线性提升的优异价值,提供优质售后服务,彻底打消客户疑虑,努力开发成功早期用户,促进了突破性产品向商品惊险地跳跃。在大规模上市阶段,确立示范开发客户、突破重点行业、销售与服务并重的市场开发战略,提供与众不同的售前、售中、售后支持和服务,限时优质服务承诺,长期提供免费维修服务,兑现高额的销售提成奖励等,极大地促进了突破性产品销售和新产品研发。大族激光开发的适应中小制造业市场的小型化、廉价化、耐用化、方便化的打标机非常适合中国中小企业需要,对突破性营销发展产生了很大的推动作用。

风险资本对激光打标机商业化产生重要影响,激光打标机也影响风险资本。1999 年 3 月深高新投在产品试制阶段资金无法周转、借贷无门时投资控股大族激光,随即提供 600 万元流动资金,先后提供了 6800 多万元贷款担保,并改善其财务、营销管理,加快了大族激光攻克打标机性能不稳定问题,掌握核心技术,促进销售收入快速增长。2001 年深高新投通过出售股份将控股权转让给高云峰,华洋科技、红塔创投等风险资本接着投资进入大族激光,促进大族激光完成股份制改造并于 2004 年在深交所上市,建立了现代管理体制和经营机制,并提供专业管理和社会资本等,促进了企业加快发展。风险资本进入直接或间接加快了打标机商业化进程。激光打标机优异的性能、巨大的市场潜力和迅猛增长的销售收入,是风险资本投资大族激光最重要的原因之一。

商业模式与激光打标机在突破性技术创新中相互影响。在模糊前端阶段,创业者掌握的激光打标机设计、研发、销售及售后服务技术经验,对打标机优异性能的掌握,将其与中国海量中小制造业的潜在需求融合,改变了打标机的市场定位和客户价值创造,也改变了打标机构想,使打标机构想与商业模式的顾客价值创造系统模块构想相互作用。在原型产品阶段,香港客户是原型产品创新的发起者,是领先客户,创业者采用“移情”作用设想客户的价值需求,以拥有的打标机研发及维修技术等,深入研发打标机总体技术结构、组装工艺技术等,采购部件组装后进行技术测试和性能改进,再交付客户。商业模式的顾客价值创造系统模块发起和促进了打标机原型产品成功交付。在试制阶段,打标机交付客户后,性能很不稳定,大族激光采取每台机器免费配备技术服务工程师全天候服务的方式赢得客户信任和购买。在解决客户反馈问题过程中掌握了影响打标机性能不稳定的核心制造工艺技术,为客户提供性能优异稳定的机器。商业模式的内部价值创造系统模块和顾客价值创造系统模块互动促进了激光打标机质量提高和销售收入快速增长。在大规模上市阶段,大族激光创造性地选择温州制鞋、服装等行业市场突破,采取上门现场示范、试用,起初采用先租后买等方式开发早期客户,打标机作业的高效率、高品质和连续作业等性能对习惯于手工操作、速度慢、废品多的中小企业主产生了强烈的冲击,采用全天后售后服务的方式解除了客户的后顾之忧,迅速打开早期市场。之后逐步建立覆盖全国的营销及售后服务网络,限时提供优质服务,及时解决客户反馈问题,采用引进高端人才或并购核心技术的方式不断开发新产品,增加产品规格和系列,促进销售收入快速增长。商业模式的内部价值创造系统模块、顾客价值创造系统模块和外部互补价值创造模块与突破性产品互动促进大族激光快速发展。

大族激光打标机突破性技术创新过程中,突破性技术、突破性营销和风险资本影响其商业化进程,最终成功商业化。反过来,激光打标机也影响突破性技术、突破性营销和风险资本,但影响较小。在此过程中激光打标机与其商业模式相互作用。大规模上市后,激光打标机销售收入连年高速增长(见图 9.1),激光打标机的中介机制发挥了应有作用。

以上研究证明:突破性技术、突破性营销和风险资本以商业模式为中介推进突破性技术创新发展,商业模式也影响激光打标机开发,并通过其实现突破性技术创新绩效,命题 4 成立。

五、商业模式在突破性技术创新中的中介机制

商业模式的中介机制贯穿于打标机突破性技术创新全过程及过程的各方面,隐含了突破性技术创新的价值创造逻辑。

商业模式在突破性技术创新过程各阶段的中介机制不同。在模糊前端阶段,国内外激光技术研发现状及创业者对激光打标技术的掌握影响商业模式的内部价值创造系统模块构想,中国中小制造业对激光打标机需求与西方发达国家迥异影响商业模式的顾客价值创造系统模块构想。在原型产品阶段,根据客户需求、对激光打标机技术的掌握和深圳便利的国际商务条件,创业者选择了采购部件、

组装测试、销售的商业模式,大族激光创立运营。在试制阶段,大族激光采用采购部件组装销售打标机的商业模式,同时研发成功打标软件,掌握了导致打标机性能不稳定的核心制造技术工艺,开始研发核心技术,自产关键部件,提高商业模式中内部价值创造系统模块的价值创造能力。在大规模上市阶段,大族激光研发成功大功率 CO_2 激光器、紫外激光器等核心技术,研发生产激光电源、数控系统等关键部件,增强了内部价值创造系统模块的价值创造能力,提高了企业在产业内的技术地位。在突破性营销方面,不断开发新产品,增加产品规格系列,提供优质销售及售后服务,提高顾客价值创造系统模块的价值创造能力。全球化集中招标采购部件,降低部件成本保证供应,增强了供应商价值创造系统模块的价值创造能力。

突破性技术对激光打标机商业模式起主导作用和支配作用,激光打标机也影响商业模式。在模糊前端阶段,创业者对国内外激光技术产业化的深刻理解,以及设计、研发、销售和维修激光打标机的技术历练,决定了组装、研发打标机创业念想的产生,以及研究国内外市场对打标机的需求及差异,从而决定了商业模式中内部价值创造系统模块和顾客价值创造模块的构想,并影响供应商价值创造模块构想的孕育。在原型产品阶段,接到香港客商订单后,高云峰深入研究了打标机总体结构及组装工艺等技术,决定采用采购部件组装、测试,将打标机交付客户的商业模式。创业者对打标机技术的掌握是造出原型产品和构建商业模式的关键,使商业模式中内部价值创造系统模块和顾客价值创造系统模块的构想在互动中变为现实。在试制阶段,在解决打标机性能很不稳定过程中,大族激光通过研发掌握了激光打标机生产制造的核心工艺技术,造出了性能稳定、质量优良的机器,1997 年研发成功打标机核心部件——打标软件,研发提升了内部价值创造能力,使大族激光具备了初步的技术及产品竞争力,更好地满足了客户价值,也逐步建立了部件采购供应体系,突破性技术决定和主导了商业模式中内部价值创造系统模块、顾客价值创造系统模块、供应商价值创造系统模块的价值创造能力及其互动,决定了商业模式的形成和发展。在大规模上市阶段,大族激光通过研发、引进高端激光人才、并购核心技术等途径,掌握激光器核心技术和支撑技术、互补技术,生产出了 CO_2 激光器、光纤激光器、紫外激光器打标机等,同时生产激光电源、电主轴等核心部件,确立了大族激光在行业内的技术领先者地位,辅以优质的售后服务,为顾客创造更多价值,决定了创造性地采取以掌握核心技术和总装技术、部件全球化集中采购、打标机直销为核心的商业模式,极大地释放了企业竞争能力,提高获利能力,加速企业快速成长,逐步走向国际市场。在打标机售后服务中掌握其制造的核心工艺技术,打标机向制鞋、服装、制药等领域不断拓展和产品规格系列的增多,对商业模式形成和发展产生了重要影响。

突破营销影响激光打标机商业模式形成发展,激光打标机也影响商业模式。在模糊前端阶段,创业者创造性地将激光打标机市场定位为中国海量中小制造业,并颠覆性变革西方同类产品价格高昂、售后服务恶劣的客户价值创造链,从本质上改变了顾客价值创造系统模块构想,从而使生产打标机的构想更加切实可行。在原型产品阶段,香港客户和国内外激光专家是大族激光的领先用户,创业者采用"移情"作用,设想客户的需求,借鉴国内外专家的科研成果,在技术研发探索中造出原型产品交付客户。香港客户使高云峰发起了打标机突破性技术创新,构建了初始商业模式。在试制阶段,客户反馈激光打标机性能不稳定问题,大族激光持续解决客户问题、专注维修服务的过程中掌握了打标机制造的核心技术,以及温州制鞋、服装等行业早期市场客户的成功开发等,促进了销售收入增长和持续研发掌握核心技术,影响了商业模式的客户价值创造系统模块和内部价值创造系统模块及其互动,使商业模式快速成型、发展。在大规模上市阶段,逐步建立了覆盖全国的市场营销网络、提供限时免费维修等优质服务,研发与突破性营销密切协同,销售收入与销售人员报酬直接挂钩等营销管理体制和机制逐步建立,通过并购获取核心技术和国外营销渠道,以市场为导向谋划、实施和推进研发等,促进销售收入快速增长,影响商业模式的四大模块价值创造及商业模式发展,不断提高竞争力。激光打标机的部件组装特点、客户对售后服务及时性的高要求,不断推出适应市场需要的新产品等,直接影响商业模式的构建和发展。

风险资本影响激光打标机商业模式形成发展,激光打标机也影响风险资本。1998 年后半年,处于产品试制阶段的大族激光资金周转出现严重问题,使耗资的早期市场开拓、每台机器免费配备一位技术服务工程师解决机器性能不稳定、研发等经营活动几乎难以为继。1999 年 3 月深高新投控股投资 480 多万元,提供600 多万元流动资金和 6800 多万元贷款担保,基本解决了大族激光急迫地资金需求。2001 年华洋科技、红塔创投等四家企业和一名自然人投入 4500 多万风险资本,推进大族激光股份改制并与 2004 年在深交所上市,建立了规范的管理体制和运营机制,给企业带来管理经验和社会资本,促进了商业模式建立发展。客户对打标机的青睐及其优异性能、巨大的市场潜力和打标机销售收入快速增长等使风险资本权益快速增值,是风险资本投入并且长期持股的最重要原因。

在打标机突破性技术创新过程中,突破性技术、突破性营销和风险资本影响商业模式构建、发展。反过来,商业模式也以影响突破性技术、突破性营销和风险资本,突破性技术持续发展壮大,突破性营销不断变革发展,风险资本长期投入,但影响相对很小。大规模上市后,打标机销售收入连年高速增长(见图9.1),商业模式中介机制充分发挥作用。

以上研究证明:突破性技术、突破性营销和风险资本以商业模式为中介推进突破性技术创新发展,激光打标机也影响商业模式,并通过商业模式影响突破性技术创新绩效,命题5成立。

上述大族激光打标机突破性技术创新的主要机制研究表明:大族激光以成功商业化为动力,尊重突破性技术发展规律推动打标机突破性技术创新。在研发突破核心技术、并购获取核心技术过程中,构建了市场驱动的研发管理体系和研发激励机制,逐步形成了突破性技术机能。突破性营销在开拓早期市场、创新性地开发市场过程中逐步建立营销管理体制和运行机制,形成了突破性营销机能。风险资本投资后与大族激光经营管理机制有效协同。在研发和突破性营销交互作用并与商业模式协同过程中,逐渐形成突破性产品中介机制、商业模式中介机制。十多年来大族激光打标机突破性技术创新过程中,突破性技术机能、突破性营销机能和风险资本机制相互促进、相互协同形成的主要驱动机制,与打标机和商业模式密切互动发展形成的主要中介机制互动演化发展,有效发挥各自效能,有序、高效地推动突破性技术创新高速发展,突破性技术创新和创新绩效机制形成了强正回馈效应,这些机能形成突破性技术创新机制,该机制深深嵌入大族激光经营管理体系中。于是,

命题1至命题5证明:大族激光打标机突破性技术创新过程中,突破性技术、突破性营销和风险资本推进突破性技术创新发展,并通过激光打标机及其商业模式的中介机制(激光打标机与其商业模式相互作用)影响创新绩效。因此,图3.2突破性技术创新机制理论模型成立,大族激光案例研究结论与此模型匹配。

大族激光案例研究所得五个命题分别与理论研究、天士力案例研究、三一重工案例研究的五个命题结论逐一匹配,大族激光案例研究的突破性技术创新机制理论模型分别与天士力案例研究、三一重工案例研究的突破性技术创新机制理论模型匹配。

第十章

突破性技术创新机制的跨案例比较

天士力、三一重工、大族激光是相互独立的突破性技术创新典型个案,所处行业、地区不同,突破性技术创新的时间、起点、历程和绩效相异,它们的突破性技术创新是否有共同点,有哪些差异,原因是什么? 研究这些问题,对深入探索突破性技术创新规律,提高案例研究的外在效度等,具有重要意义。下面从突破性技术创新背景、外部条件、突破性技术创新过程等方面比较三个案例的异同,得出比较研究结论,阐述案例研究新发现,推进理论研究发展。最后评估案例研究,以提高案例研究质量,推进案例研究方法规范发展。

第一节 案例企业突破性技术创新背景及外部环境比较

一、突破性技术创新背景比较

(一)相同点

三家案例企业均创立于 20 世纪 90 年代中期,当时中国确立了市场经济体制改革目标,宏观经济管理体制和运行机制处于快速转型期。三家企业创立初期,资本金少,企业规模小,资源有限,技术积累很少,突破性产品从创意到原型产品耗费时间相仿,但产品不成熟、市场竞争力不强,企业均由创业者绝对控股,专注研发突破性技术,高度市场化发展,国家政策鼓励发展但无特殊政策保护(见表 10.1)。

表 10.1 三个案例企业突破性技术创新背景比较

比较项目	天士力	三一重工	大族激光
成立时间	1994	1994	1996

比较项目	天士力	三一重工	大族激光
所在行业	制药	工程机械	光电子
注册地	天津市	湖南省长沙市	广东省深圳市
注册资本	1200万元	3188万元(2000年)	500万元
股权结构	创业者绝对控股	创业者绝对控股	创业者绝对控股
核心技术	复方丹参滴丸成分提取及滴制工艺技术	拖泵及泵车核心技术	激光打标核心技术
创立者	闫希军、吴迺峰	梁稳根等9人团队	高云峰
突破性技术创新路径	掌握核心技术,以技术创业推动突破性技术创新	先创立企业,再研发突破核心技术推进突破性技术创新	先创立企业,再研发突破核心技术推进突破性技术创新
产品首次上市时间	1994	1996	1997
从创意到原型产品耗费时间	5年多	大约4年	6年
创新资源依托	254医院、北京军区后勤部医药集团	湖南三一材料工业有限公司	大族实业公司、深圳远望城华达电脑公司
体制	国有事业	民营股份制	民营股份制
初期风险投资	天津市中央制药厂、浙江尖峰集团	无	深圳市高新技术投资担保有限公司
产业竞争	140多家国内企业激烈竞争	普茨迈斯特等外资品牌占90%市场份额	国内少数几家企业竞争
政府政策	鼓励,无保护	鼓励,无保护	鼓励,无保护

来源:作者根据有关资料整理。

(二)不同点

主要有:

1. 所处行业不同。天士力复方丹参滴丸突破性技术创新属于医药行业,三一重工拖泵和泵车属于混凝土机械行业,大族激光打标机属于光电子行业。行业不同决定了突破性技术及其商业化规律不同。

2. 核心技术获取路径及突破性技术性质不同。天士力创立者拥有复方丹参滴丸有效成分提取和滴丸滴制核心技术后创办企业,该技术属工艺技术。三一重工 1995 年仿制的 HBT60 拖泵技术不稳定、质量不达标遭客户退货而陷入经营困境,被逼突破拖泵、泵车核心技术,逐步走上突破性技术创新之路,属技术原理突破。大族激光 1997—1999 年在攻克打标机性能不稳定的过程中掌握了打标机制造核心工艺技术,再逐步突破激光器核心技术等,属技术原理突破。

3. 突破性技术衍生效应不同。天士力依托复方丹参滴丸的现代中药技术,还开发了穿心莲内脂滴丸、芪参益气滴丸等 10 种现代中药,其中几种年销量超亿元,但尚无一种销售规模能与复方丹参滴丸相比。三一重工在泵车和拖泵市场竞争优势完全确立后,先后进入挖掘机、起重机、桩基和筑路机械等产品领域,这些产品并未直接依托泵车和拖泵的突破性技术发展。大族激光在激光打标机市场优势竞争地位确立后,逐步拓展激光切割、激光焊接等具有核心技术产品,这些产品现已成为销售规模和核心技术领先世界的与激光打标机并驾齐驱的公司主导产品,突破性技术衍生发展最成功。

4. 创业者技术背景及经营经历不同。天士力闫希军吴迺峰夫妇是中药制剂技术人员及核心技术发明人,但无企业经营管理经验。三一重工 9 人创业团队中,易小刚是液压技术专家,其他 8 位均无机械行业技术背景,但拥有比较丰富的经营管理经验,该团队超级稳定、团结、富于创新精神,对突破性技术创新发展至关重要。大族激光创立者高云峰是激光技术专业人才,技术研发及销售工作经历比较丰富。

5. 风险资本发挥作用不同。天士力和大族激光在企业创立不久且经营急需资金、管理及社会资本时,风险资本投资入股占很高股权比例,中央制药和浙江尖峰集团 1998 合计占天士力 50%股份,1999—2001 年深高新投占大族激光 51%股份,风险资本对天士力和大族激光突破性技术创新发挥了决定性影响。2000 年 9 月湖南高科技创业投资有限公司等四家风险资本首次入股三一重工,投资 555 万元占股 3.44%,主要推动股份化改制和上市,其他作用很小。

二、外部环境比较

本研究中影响三家案例企业突破性技术创新发展的外部环境主要指产业竞争环境和与其密切相关的国家创新系统。

三家案例企业面临的产业竞争环境不同。天士力复方丹参滴丸是心脑血管病处方药,国内生产复方丹参片的企业140多家,其中以广州白云山和记黄埔中药有限公司最具竞争力。其他生产心脑血管病中药的企业及品牌主要有以岭药业的通心络胶囊、陕西步长制药集团的步长脑心通等。此外德国企业的天然植物药银杏叶制剂、西药等也是复方丹参滴丸的竞争者。复方丹参滴丸处于高度激烈竞争的产业环境中。三一重工拖泵和泵车研制成功时,中国90%市场被普茨迈斯特、施维英等外资品牌占领,现在主要竞争对手是中联重科、徐工集团、湖北建设机械等,拖泵和泵车产业市场是垄断竞争的市场结构。大族激光打标机的主要竞争对手是华工科技产业股份有限公司、大恒新纪元科技股份有限公司等国内企业,大族激光打标机市场占有率长期在70%以上,是垄断竞争型市场结构。(见表10.1)

国家创新系统对三家案例企业技术研发的影响不同。天士力复方丹参滴丸上市时,正值国家鼓励发展现代中药的启动期,随后出台系列重大扶持政策,天士力现代中药领先者地位使其获得数十项863项目、973项目、科技攻关计划、火炬计划等国家级科研项目支持,支持资金估计累计达数亿元,天士力以这些项目为平台整合国内一流高等院校及科研机构推进开放式合作研发,极大弥补了天士力基础研发能力不足,加速研发能力成长,突破了指纹图谱、超临界 CO_2 萃取、中红外及近红外光谱等先进技术用于复方丹参滴丸生产,大幅提高产品质量及竞争力。三一重工研制泵车和拖泵上市时,国内市场几乎被外资品牌占领,随着研发能力成长及国家支持技术创新政策出台,三一重工获得了863项目如"混凝土泵车远程监控及维护应用系统研制"等三十多个国家级科研项目支持,推进以此为平台的开放式合作研发,取得了一大批突破性研发成果应用于拖泵及泵车市场化,促进了研发能力快速成长。激光技术是国家高度重视的战略技术,国家长期投入巨资由国有科研院所研发,基础技术先进,大族激光主要通过引进高端激光专业技术人才的方式推进技术研发,也承担过国家863项目。

从突破性技术创新背景和外部环境考察,三家案例企业创立初期的起点、所依托资源、所处外部环境和所面对的国家政策等并无明显区别。

第二节　案例企业突破性技术创新过程比较

突破性技术创新过程就是突破性技术商业化的生命周期进程,此过程中主要有驱动机制、中介机制和绩效机制发挥作用,本研究通过三种机制比较三家案例企业突破性技术创新过程。

一、主要驱动机制比较

突破性技术创新过程中,三家案例企业的主要驱动机制作用方式基本相同,但具体作用存在较大差异。

在突破性技术方面,天士力复方丹参滴丸有效成分提取和滴制工艺技术发明后,核心技术工艺改进有限,基本稳定,但发明了很多支撑技术及互补技术,构成密实的专利网保护核心专利,突破性技术发明启动并推动突破性产品商业化进程。三一重工泵车和拖泵、大族激光打标机均先开始市场销售,三一重工因拖泵质量问题陷入经营困境、大族激光因打标机性能不稳定等备受资金周转困扰,在市场重压下两家企业被迫研发核心技术。核心技术突破后企业经营迅猛发展,两家企业不断取得核心技术原理突破,赶超世界最先进技术,同时研发支撑技术和互补技术提高突破性产品品质,推动企业销售收入快速增长(见表10.2)。天士力与三一重工、大族激光的技术突破方式和商业化路径明显不同,但突破性技术对商业化进程的主导、支配作用完全相同。

在突破性营销方面,复方丹参滴丸、泵车和拖泵、激光打标机所处产业不同,产品性能各异,决定了突破性营销各不相同。复方丹参滴丸定价是复方丹参片的4~6倍,充分体现了卓越的突破性价值,以医药专业人员突破大中城市医院用药开发早期市场,逐步覆盖全国市场,实现销售收入快速增长。泵车和拖泵、激光打标机定价分别大约为国外同类产品的70%、35%,除了产品质量的较小差异外,充分考虑了客户特点、研发成本、利润等因素,同样体现了突破性产品的优异价值,泵车和拖泵、激光打标机以主动上门、试用、示范,先租后买,采用直销和优质售后服务赢得客户,不断研发技术改进产品等方式开发早期市场,逐步建立覆盖全国的销售及售后服务网络,不断创新和提高售后服务品质,实现销售收入快速增长(见表10.2)。天士力与三一重工、大族激光的突破性营销能力发展差异不小,但突破性营销对突破性技术商业化进程影响基本相同。

在风险资本方面,风险资本投入三一重工时,泵车和拖泵已度过早期市场开发阶段,2000年投资合计555万元,占股3.44%。2004年大规模退出,风险资本主要起到促进股份化改制及上市作用,其他方面作用有限。风险资本在天士力和大族激光突破性产品市场开发早期最艰难时期巨额投入。1994年天津市中央制药厂投资天士力360万元占股30%,1997年浙江尖峰集团投资天士力3202.5万元占股35%,提供了管理、营销和社会资本等资源,2005年减持微量股份,其余持股至今。深高新投1999年投资大族激光483.6万元,占股51%,2001年减持46%股权,2001年华洋科技等4家企业等合计投资大族激光4565万元,占股37%,2006年开始减持(见表10.2)。风险资本对天士力复方丹参滴丸、大族激光打标机商业化影响几乎是决定性的,而对三一重工泵车和拖泵商业化影响有限。

　　在突破性技术商业化过程中,突破性技术、突破性营销和风险资本相互作用,密切协同,形成了突破性技术创新的主要驱动机制。天士力由核心技术启动主要驱动机制形成过程,而三一重工、大族激光主要由市场启动此过程,但突破性技术均发挥了主导、支配作用。突破性技术与突破性营销协同对三一重工、大族激光主要驱动机制的形成发挥了非常重要的作用,对天士力作用一般。

表10.2　三个案例企业突破性技术创新过程中的重大事件比较

机制	主要因素	天士力复方丹参滴丸	三一重工拖泵和泵车	大族激光打标机
主要驱动机制	突破性技术	1. 1992年掌握复方丹参滴丸滴制工艺技术。2. 持续研发指纹图谱、超临界CO_2萃取等支撑技术、互补技术。3. 发明专利超过300项,构建专利保护网。4. 2001年提出"中药提取生产质量管理规范"(GEP),2004成为国家标准。5. 研发投入占销售收入10%左右。	1. 1995年突破拖泵集流阀组、液压控制技术,1998年掌握泵车长臂架技术。2. 获国家科技进步二等奖和技术发明二等奖各1项。3. 拥有100多项发明专利,其中国家金奖发明专利2项。4. 研发投入占销售收入5%~7%。5. 2009年、2012年分别成为国家创新型企业、国家技术创新示范企业。	1. 2002年掌握高效率高功率三次谐波激光产生技术。2. 相继掌握CO_2激光、紫外激光、光纤激光等技术。3. 拥有220多项国家发明专利,国外发明专利10项。4. 研发投入占销售收入5%~7%。5. 2008年成为国家创新型企业。
	突破性营销	1. 价格是复方丹参片4~6倍。2. 选择大中城市医院开发早期市场。3. 专业医药代表直销。4. 2002年开始国际化销售。	1. 价格是国外同类产品70%。2. 每年服务投入占销售收入5%,首创6S店、实时服务响应等。3. 早期采用直销开发市场、提供服务。	1. 价格是国外同类机器1/3。2. 上门示范、客户试用等开发早期市场。3. 长期免费维修、限时服务。4. 2003年进入韩国等国外市场。

机制	主要因素	天士力复方丹参滴丸	三一重工拖泵和泵车	大族激光打标机
主要驱动机制	风险资本	1994 年天津市中央制药厂投资 360 万元占股 30%，1997 年浙江尖峰集团投资 3202.5 万元，占股 35%。两家企业 2005 年分别减持 1%、2% 左右股份，其余股份持有至今。	2000 年湖南高新投等 4 家企业投资合计 555 万元，占股 3.44%，2004 年湖南高新投减持退出。兴华厂等 2006 年陆续减持退出，亿利大持股至今。	1. 深高新投 1999 年投资 483.6 万元，占股 51%，2001 年减持 46% 股权。2. 2001 年华洋科技等 4 家企业合计投资 4565 万元，占股 37%，2006 年开始减持。
主要中介机制	突破性产品	1. 相对复方丹参片，安全稳定，速效高效、毒副作用小，剂型先进，具有急救功效。2. 1993 年获批新药，1994 年上市。3. 不断改进流水线和在线监测生产技术，降低成本、提高质量。4. 入选国家基本药物目录。	1. 相对塔机和升降机，大幅提高作业效率、节省作业时间，降低作业成本等。2. 拖泵 1996 年、泵车 1999 年上市。3. 推出 37 米、66 米、86 米臂长等泵车。4. 推出垂直泵送 406 米、580 米、620 米等拖泵。5. 增加产品规格系列。	1. 相对传统打标机，激光打标效率高、质量高、成品率高等。2. 1996 年组装上市。3. 不断研发 CO_2 激光、紫外激光、光纤激光打标机等新产品。4. 持续改进设计、增加产品规格系列。
	商业模式	1. 外购丹参、三七等主要药材，生产及直销。2. 自种丹参、三七等主要药材、生产及直销。	1. 掌握核心技术及部件生产、外购部件总装、直销及售后服务。2. 掌握核心技术、外购部件，增加关键部件生产，发展代理商。	1. 1997—1999 年外购主要部件组装销售。2. 2000 年后逐步掌握核心技术，全球化采购、总装、直销及售后服务。

机制	主要因素	天士力复方丹参滴丸	三一重工拖泵和泵车	大族激光打标机
绩效机制	年度销售收入	1. 1995 年 0.25 亿元,1999 年 2.49 亿元,2015 年 35.82 亿元,各年销售收入占主营收入的 30% ~ 98%。2. 自 2002 年起成为全国单品销售额最高的中药。	1. 2001 年 5.5 亿元,2007 年 54 亿元,2012 年 265 亿元,2016 年 95 亿元各年销售收入占主营收入的 40% ~ 80%。2. 全球最大混凝土机械制造商。	1. 1999 年 0.2 亿,2003 年 2.8 亿,2012 年 12.16 亿,2012 年 18.19 亿,各年销售收入占主营收入的 30% ~70%。2. 世界最大激光打标机厂商。
	销售收入增长率	1995 年至 2002 年最高增长率 125%、最低 36.1%。2003—2015 年正、负、低增长率交替出现。	1998 年至 2012 年最高增长率 88.2%、最低 -8.2%,2005 年负增长,2013 年至 2016 持续负增长,其余年份增长率均超过 25%。	1998 年至 2007 年最高增长率 177%、2004 年最低增长 -9.2%,其他年份超过 30%。2008 年后正、负、低增长率交替出现。

来源:作者根据有关资料整理。

风险资本对天士力、大族激光主要驱动机制形成影响巨大,对三一重工影响有限。因此,主要驱动机制对三家案例企业的突破性技术创新影响几乎完全相同。

二、主要中介机制比较

突破性技术创新过程中,三家案例企业的主要中介机制作用方式基本相同,但具体作用有很大不同。

就突破性产品而言,有效成分提取和滴制工艺发明导致天士力复方丹参滴丸产生,风险资本投入推进申报新药临床研究、生产线及厂房等设施建设,突破性营销开拓早期市场使复方丹参滴丸进入大规模销售阶段,促进天士力步入快速发展轨道,经营绩效持续快速提升。但其药方未变,核心生产工艺变化不大,因而后续研发对复方丹参滴丸改进不大,主要改进生产工艺、辨识有效成分、研究药理及治病机制等,促进相关支撑技术和互补技术研发,构建了专利保护网。检出农药残留和毒副作用等促使天士力后向一体化,采用 GAP 规范自行种植丹参、三七、冰片等主要药材,深刻影响商业模式,影响经营绩效。拖泵和泵车、激光打标机核心技术突破,使三一重工拖泵和泵车、大族激光打标机性能大幅提高,产品质量问题迎刃而解。风险资本对大族激光打标机解决试制阶段产品质量问题和提高经营管理水平等发挥了重大作用,对促进大族激光、天士力和三一重工股份化改制,加快上市进程发挥了重要作用。突破性营销使拖泵和泵车、激光打标机顺利开拓早期市场,进入大规模销售,经营绩效持续飞速飙升。市场潜在需求和核心技术研发不断突破,使三一重工接连推出高压、超高压混凝土拖泵、三级配混凝土泵、37 米、66 米、86 米臂架泵车等众多规格、系列突破性产品,使大族激光推出 CO_2 激光器、光纤激光器、绿光激光器、紫外激光器等多种规格系列的突破性产品,推动突破性营销发展和研发进步,更进一步推动经营绩效提升。突破性产品种类增多使三一重工和大族激光构建研发平台,提高研发效率和研发管理水平,加快新产品开发速度。核心技术突破极大改变了三一重工和大族激光在各自产业内的技术地位,推出突破性产品能力大大提高,极大地影响商业模式发展(见表 10.2)。

就商业模式而言,复方丹参滴丸上市后,天士力逐步形成了采购丹参、三七等主要药材,提取有效成分、滴制生产产品和直接销售的商业模式。随着复方丹参滴丸被检出农药残留和毒副作用病例出现,农户分散种植丹参、三七无法保证原药材质量,天士力被迫采用 GAP 规范自行种植主要原药材,商业模式后向整合。在拖泵和泵车、激光打标机上市后,三一重工和大族激光逐步形成了掌控机器总体技术设计、装配和核心部件生产,其他部件全球化采购、产品直接销售、提供高品质售后服务的商业模式。随着核心技术不断突破、研发能力提升、部件采购批量增大,市场竞争激烈,三一重工和大族激光增加关键部件生产,减少外部采购,采用直销为主,适当发展代理商的商业模式(见表 10.2)。

在主要中介机制形成过程中,突破性产品深受突破性技术、突破性营销和风险资本的影响,突破性产品销售不断增长使经营绩效不断提升。市场对突破性产品需求和客户对突破性产品问题反馈促进持续研发突破性技术,加快突破性营销能力发展,也深刻影响了商业模式。突破性技术、突破性营销和风险资本直接影响商业模式的构想、形成、发展和变革,商业模式变革促进突破性产品改进和经营绩效提升也对突破性技术、突破性营销和风险资本产生了很大影响。三家案例企业突破性产品和商业模式中介机制表现形式不同,但在突破性技术创新中的中介机制基本相同。

三、绩效机制比较

天士力复方丹参滴丸、三一重工拖泵和泵车、大族激光打标机上市后,在突破性技术、突破性营销和风险资本构成的主要驱动机制和突破性产品及其商业模式形成的中介机制作用下,均迅速步入高速成长轨道,销售绩效日益提升,从而形成绩效促进发展的正回馈机制。

天士力在 1995 年至 2002 年 8 年间,复方丹参滴丸销售收入从 0.25 亿元增长到 10.62 亿元,最高增长率 125%、最低 36.1%,2003 年至 2015 年 13 年间,销售收入从 11.29 亿元增长到 35.82 亿元,最高增长率 26.5%、最低 -7%(见图 7.1、10.2)。从突破性技术创新周期理论、销售收入增长率、天士力研发平台和产品技术标准的出现综合判断,复方丹参滴丸突破性技术创新过程自 2003 年起基本结束。在 1995 年至 2002 年复方丹参滴丸销售收入占企业主营业务收入的 60% ~ 98%,促使突破性技术创新的主要驱动机制、中介机制快速形成并不断升级功能,绩效机制逐步形成并与之协同发展。

三一重工在 2000 年至 2016 年 17 年间,泵车和拖泵销售收入从 3.92 亿元增长到 260.45 亿元,最高增长率 88.2%、最低 -34.6%,2000—2011 年(除 2005 年)增长率均高于 25%(见图 8.1、表 10.2)。但从 2012—2016 年销售收入增长率持续下降判断,以及其技术平台基本建成等方面判断,拖泵和泵车突破性技术创新基本结束。2000 年至 2011 年 12 年间拖泵和泵车销售收入占企业主营业务收入的 50% ~ 80%,促使突破性技术创新的主要驱动机制、中介机制快速形成,开始进入挖掘机、煤炭机械等产品领域,实施国际化经营、跨国并购,将上述机制功能提高到空前水平,绩效机制逐步形成并与之协同发展。

大族激光在 1998—2007 年 8 年间,销售收入从 0.072 亿元增长到 6.67 亿元,最高增长率 177%、最低 -9.2%,其他年份增长率均高于 30%,激光打标机占大族激光主营收入的 30% ~ 70%。2008 年至 2015 年间销售收入从 4.49 亿元增长到 18.19 亿元,8 年间高增长、低增长及负增长交替出现,持续 5 年以上的超过 50% 左右的高增长难以再次复现,以及产品技术研发平台基本建立等方面判断,激光打标机突破性技术创新过程基本结束(见图 9.1、表 10.2)。随着激光打标机销售收入快速增长,2001 年后进入激光焊接和切割产品领域,2006 年开始系列国内外并购,表明突破性技术创新的主要驱动机制、中介机制已经形成并颇具竞争力,推动绩效机制形成、发展、成熟并与之协同。

第三节　跨案例研究结论及案例研究新发现

一、跨案例研究结论

通过跨案例比较发现：

从突破性技术创新背景看，三家企业主要共同点是：均创立于20世纪90年代中期，资本金少，可依托资源少，技术资源少，高度重视研发，初期突破性产品不成熟，国家鼓励发展但无特殊政策保护等。主要不同点是：所处行业不同，突破性技术性质及其发展路径不同、创立者的技术背景及经营经验不同、风险资本发挥作用不同。这说明三家企业创立条件相似，但各有其特点。

从外部环境条件看，三家企业所在产业高度开放竞争，无特殊产业条件可资依托，国家创新系统对三家企业技术研发都产生了影响，天士力受益最多、三一重工次之，大族激光最少，但国家既有激光技术研究基础最好、混凝土机械技术次之，中药现代化技术最差。这说明三家企业突破性技术创新的外部环境条件无显著差异。

从主要驱动机制看，三家案例企业的突破性技术及突破性营销对突破性技术创新的影响基本相同，风险资本影响差异较大，但突破性技术、突破性营销和风险资本在突破性技术创新过程中形成的主要驱动机制基本相同，在三家企业间无明显差异。

从主要中介机制看，三家案例企业的突破性产品中介机制和商业模式机制表现形式有差异，但在互动形成的中介机制作用在三家案例企业间无明显差异。

从主要绩效机制看，三家案例企业在突破性技术创新阶段，销售收入绝对数最高的是三一重工、最低的是大族激光；高销售增长率持续时间最长的是三一重工，最短的是天士力；销售收入数额及增长率波动最大的是大族激光，相对平稳的是天士力，它们的绩效机制对销售收入增长和突破性技术创新机制的影响程度有差别，但主要作用相同。

从以上研究可得出结论：突破性技术创新的主要驱动机制、中介机制和绩效机制在三家案例企业的作用方式基本相同，此三个机制相互作用形成的突破性技术创新机制适用于三家案例企业，本研究结论具有很强的外部效度。因此，理论

研究和三个案例各自研究得到的命题及突破性技术创新机制理论模型均成立,即

命题1. 突破性技术推动突破性技术创新发展,影响突破性产品和商业模式并通过其影响突破性技术创新绩效。

命题2. 突破性营销推动突破性技术创新发展,影响突破性产品和商业模式并通过其影响突破性技术创新绩效。

命题3. 风险资本促进突破性技术创新发展,影响突破性产品和商业模式并通过其影响突破性技术创新绩效。

命题4. 突破性技术、突破性营销和风险资本以突破性产品为中介推进突破性技术创新发展,商业模式也影响突破性产品开发,并通过其商业化实现突破性技术创新绩效。

命题5. 突破性技术、突破性营销和风险资本以商业模式为中介推进突破性技术创新发展,突破性产品也影响商业模式,并通过商业模式影响突破性技术创新绩效。

在突破性技术创新过程中,突破性技术、突破性营销和风险资本推进突破性技术创新发展,并通过突破性产品及其商业模式的中介机制影响创新绩效,此过程中形成突破性技术创新机制(见图3.2)。

二、案例研究新发现

新发现主要有:

(一)突破核心技术是中国企业开展突破性技术创新,实现技术跨越发展的可行之道。复方丹参滴丸的有效成分提取和滴制工艺技术,特别是滴制工艺技术,丹麦、美国、日本、国内有关科研机构、企业先后尝试了六十多年均未实现成功商业化,但吴迺峰闫希军夫妇经过艰苦试验探索突破了该技术,使复方丹参滴丸成为首个通过美国 FDA Ⅲ 临床试验的中药,超越了中药产业发展领先的日韩企业,与德国等西方植物药企业同技术平台竞争,成为国内最成功的中药现代化企业,实现了技术跨越。三一重工突破了拖泵集流阀组、液压控制核心技术及泵车臂架制造核心技术,不断研发使核心技术赶超德国普茨迈斯特、施维英和意大利 CIFA 等公司,跻身世界技术领导企业行列,成为世界最大的混凝土机械厂商,成功实现技术跨越。大族激光突破了高效率高功率三次谐波激光产生技术,获得了美国发明专利,相继突破 CO_2 激光、紫外激光、光纤激光等核心技术,成为世界最大的激光打标机厂商,跻身世界先进激光加工设备制造商行列。天士力、三一重工和大

族激光案例说明,突破核心技术是中国企业开启突破性技术创新,实现技术跨越发展的可行路径。

(二)突破性技术创新并非一定依赖雄厚技术基础,必须打破突破性技术创新恐惧。复方丹参滴丸技术突破是中国普通药剂师长期学习、探索、艰苦试验的结晶,他们并无深厚或宽广的技术研发基础,核心技术突破后积累的研发经验和基础使其顺利走上突破性技术创新之路。三一重工突破拖泵集流阀组和液压控制技术、泵车长臂架技术时几乎无技术积累,通过易小刚领导的技术团队勤奋钻研探索、反复试验突破核心技术,此后技术突破顺利推进,快速赶超世界领先技术。大族激光技术研发基础可谓"一穷二白",但技术研发随市场发展循序渐进,突破核心技术后步入突破性技术发展大道,迅速达到世界领先技术水平。天士力、三一重工和大族激光案例说明,突破性技术创新并非必须依赖雄厚技术资源及技术积累,必须打破突破性技术创新的技术实力迷信和迷思!

(三)商业模式存在迟滞突破性技术商业化活力的潜在可能。三一重工和大族激光均采用开放的全球化商业模式经营,处于激烈竞争的市场环境中,企业发展进步快速,业绩增长幅度大,持续时间长,而天士力形成了产业链垂直一体化经营的比较封闭商业模式,重重专利保护使复方丹参滴丸实际上成为独家品种,具有相对垄断性,缺少足够的直接市场竞争,企业发展进步出现放缓迹象,业绩增长幅度及增长持续时间相对较短(见图7.1、图8.1、图9.1、表10.2)。复方丹参滴丸在国内心脑血管病药市场的占有率大概12%左右,相对三一重工泵车和拖泵30%~50%、大族激光70%的市场占有率,以及复方丹参滴丸的优异品质,可拓展的市场空间应不小。因此,商业模式存在阻滞突破性技术及突破性产品市场潜力充分释放的可能,应引起高度警觉,并采取措施建立更有竞争力的商业模式。

第四节　案例研究评估

本案例依据殷(1994)的案例研究五要素:研究问题、理论假设、分析单元、联结数据和假设的逻辑、解释研究结果的标准(见图6.1)开展研究。本文还运用殷(1994)提出的评估案例研究质量标准——构建效度、内在效度、外在效度和信度评估案例研究质量,阐述研究中实施的与四种质量标准匹配的研究策略,具体阐述实施过程,以验证本研究质量达到上述标准(见表10.3)。

表 10.3　与案例研究质量匹配的研究策略

检验标准	匹配的研究策略	运用环节
建构效度	证据来源多元化	资料收集
	主要证据提供者核实案例研究报告草案	撰写报告
内在效度	逻辑模型	数据分析
	模式匹配	数据分析
	时间序列分析	数据分析
	跨案例研究	数据分析
	建构解释	数据分析
外在效度	以理论指导案例研究	研究设计
	以逐项复制方法推进多案例研究	研究设计
信度	制定案例研究方案	资料收集
	建立案例研究数据库	资料收集

来源:作者绘制。

一、建构效度评估

建构效度体现在多证据来源和主要证据提供者核实案例研究报告草案。

（一）采用多种证据来源

本研究证据来源有文献资料、档案资料、半结构化访谈和直接观察等。文献资料包括理论文献如突破性创新理论、开放式创新理论、商业模式理论、创新网络理论等,中文论文超过 1000 篇、英文论文超过 800 篇、中文书籍 50 多本、英文书籍二十多本,方法论文献主要有美国学者艾森哈特和殷的案例研究著作或论文、知名学者苏敬勤、毛基业等的案例研究著作或论文,6 篇英文案例研究博士学位论文,其他文献主要有关于天士力、三一重工、大族激光研究的博士、硕士学位论文以及期刊论文,总计超过 400 篇。档案资料主要包括企业招股说明书、重要公告、相关企业出版物,以及企业网站、与企业密切关联的重要网站、行业协会、相关政府部门网站,有关报刊的新闻报道、行业展会信息等。半结构化访谈主要对象主要是企业副总级高管、营销及销售、制造、研发、投融资等部门主管和资深员工,并访谈部分重要供应商、代理商或典型客户等。直接观察在研究启动前、实施中和案例草案撰写完后进行。

（二）审核案例研究报告

案例研究报告的内容及主要结论经过主要证据提供者审核，并以电子邮件发送给主要受访者。为了有效减少专业知识影响审核，及时提供相关解释，并与审核或受访者保持沟通，随时接受反馈。

二、内在效度评估

本研究采用逻辑模型、模式匹配、时间序列分析、跨案例研究和建构性解释等方法保证内在效度。

（一）逻辑模型

将理论研究得出的突破性技术创新机制理论模型（见图 3.2）分别运用到天士力、三一重工和大族激光案例研究中，以逐个案例研究结论检验、完善、发展该理论模型，推进案例研究循序渐进深入展开。

（二）模式匹配

运用理论研究建构的命题，在逐项复制原则下，天士力案例研究的理论结论与理论研究建构的五个命题逐个匹配，三一重工案例研究的理论结论分别与理论研究建构的五个命题、天士力案例研究所得五个命题逐个匹配，大族激光案例研究的理论结论分别与理论研究建构的五个命题、天士力案例研究所得五个命题、三一重工案例研究所得五个命题逐个匹配，这证明本研究的理论命题内在效度良好。模式匹配是实证研究的模式与理论预测研究的模式相匹配，这些模式相互之间形成一致，案例研究结论的内在效度就得到了保障。

（三）时间序列分析

本研究分别用天士力、三一重工、大族激光自创业至 2015 年的年度销售收入及其年度同比销售收入增长百分比数据绘制了基于时间序列的柱状折线组合图，分别用作分析突破性技术创新推动企业绩效成长的可信定量数据，并以年度同比增长百分比幅度说明其增长率比渐进性技术创新显著高，并结合增长率变化趋势与技术创新平台构建等判定突破性技术创新发展阶段等，增强了研究说服力。

（四）跨案例研究

在多案例研究之后，分别从突破性技术创新背景、外部条件、突破性技术创新过程等方面比较天士力、三一重工、大族激光案例的突破性技术创新共性及差异，指出案例研究的一般性、特殊性及其原因，深化和发展案例研究，提高研究内在效度。

（五）建构解释

通过天士力、三一重工、大族激光案例研究逐个检验、完善、发展理论研究所得出的命题，以及突破性技术创新机制理论模型（见图3.2），逐步将研究引向深入，提高研究内在效度。

三、外在效度评估

开展深入系统的理论研究，阐明研究的主要理论基础如突破新技术创新理论、开放式创新理论等，案例研究的理论分析方法和分析逻辑框架，以及研究对理论的发展和创新等。本研究通过天士力、三一重工、大族激光三个案例逐个逐项复制研究以及跨案例比较推进案例研究深入发展，并逐个将其与理论研究结论适时比较，以检验、验证、完善和发展理论的方法保证外部效度。

四、信度评估

本研究采用案例研究方案和案例数据库保证研究信度。案例研究方案主要内容有：案例研究概述、数据收集计划、实地访谈、建立数据库、数据编码及分析、撰写案例研究报告、案例研究评估等（见附录B：《案例研究方案》），以它统筹、规划、保证案例研究顺利实施，确保案例研究质量等。在此简要介绍案例研究数据库，它包括理论文献资料、企业档案资料、访谈记录、案例研究记录、图表资料、产业背景资料、图片和视频资料以及案例研究编码资料等。

制定和实施案例研究方案和建立案例数据库后，可从最初研究问题到最终研究结论之间，找到各项证据的推论。图10.1展示了本研究方法步骤、证据及结论间的依存关系，即本研究的证据链，它保证了本案例研究的信度。

图10.1 本案例研究的证据链逻辑结构

来源：作者根据殷（1994）研究绘制。

第十一章

研究结论与展望

本章分两节。第一节是主要研究结论、主要创新点,研究意义,第二节是本研究局限及未来研究方向。

第一节 主要研究结论、主要创新点和研究意义

一、主要研究结论

中国技术创新水平与世界先进水平差距较大已日益成为制约中国经济发展的最突出问题。自清代魏源提出"师夷长技以制夷"以来,中华民族开始了不懈的追赶西方先进技术之路,先后经历了清代洋务运动、新中国成立初期从苏联引进技术、改革开放后从西方发达国家引进技术、"二次创新"、自主技术创新等阶段,技术水平与西方差距在缩小,总体差距依然很大,但出现了一些技术水平接近或部分超过西方先进的企业,如华为技术、中兴通讯、三一重工、大族激光等,也有一些原创技术创新如中科院福建物质结构所的非线性光学晶体材料 LOB 和 BBO 技术,20 世纪 80 年代中科院王震西院士发明的钕铁硼永磁体材料技术、20 世纪 90 年代邓国顺和成晓华发明的闪存盘技术、近几年潘建伟院士等发明的量子通信技术等。由此可见,中国企业和科技人才并非无能力在科技创新方面赶超西方国家,那造成技术水平落后的原因到底在哪里呢? 通过系统深入研究技术创新理论,发现技术创新由科学创新、技术发明和技术商业化三个环节组成,这三个环节紧密联系、相互促进形成了技术创新链。美国、德国等西方发达国家主要沿这三个环节依次推进技术创新,技术世界领先,日本、韩国等国家主要大力开展技术发明创新辅之以基础科学研究创新,通过推进技术发明产业化使部分技术领域居世

界领先水平,中国等大多数发展中国家则主要引进西方先进技术,以消化、吸收、改进的方式发展技术创新。英国经济学家 Dosi(1982)提出了技术范式—技术轨道理论,认为技术创新会逐步形成技术范式和技术轨道,并长期在其中运行,该理论揭示了中国技术创新水平落后的主要原因。那中国技术水平领先或达到国际先进的企业是如何实现技术赶超或跨越的呢? 这是很有价值的研究课题。

荷兰学者 Luc Soete(1985)提出技术跨越概念,认为技术范式中存在很多技术机会窗口,技术落后者可在新一代技术发展早期进入并取得跨越发展。Lee 和Lim(2001)将此种跨越分为路径创造和路径跳跃。而突破性技术是技术跨越和路径创造的最主要技术类型。突破性技术建立在与现有主流技术完全不同的技术或工程原理之上,一般跨入新技术领域,形成新技术范式,开辟新的技术轨道,多数情况下可实现技术跨越发展。中国企业技术领先成就的取得,大多数与突破性技术有关。与西方相比,中国企业技术创新的技术基础、技术能力、技术商业化的宏观经济管理体制和运行机制、技术创新文化等与西方差别很大,中国企业技术赶超的路径也与其他国家企业有很大不同。因此,中国情境下企业突破性技术创新机制是本研究主题。

中国技术领先企业在哪里,怎样才能有效追踪其技术创新轨迹,继而研究其中的规律? 毫无疑问,中国技术创新优秀企业基本已经在国内外证券市场上市,证券市场上市企业年创造增加值总量占全国总量的比重超过50%,这些企业引领中国技术创新和经济发展方向,在技术创新实践方面起领军作用。何种研究方法才能更好地反映中国情境和透彻的研究技术创新能力成长规律呢? 案例研究的典型抽样特性及其比较成熟的理论和方法规范非常适合研究中国企业的突破性技术创新。于是,在充分研究技术创新理论,特别是突破性技术创新理论的基础上,请教有关专家及技术人员(由于无权威的突破性技术定义或标准),从中国知识产权网(www.cnipr.com)逐个查询上市公司发明专利及上市公司年度报告,结合突破性技术创新定义、根据企业技术创新产品等,作者确定了上市公司中经营的突破性技术创新产品(见附录 A:《沪深 A 股上市公司突破性产品概览》)。在此基础上,结合行业、区域、规模及技术创新典型性,选定了天士力、三一重工、大族激光、海康威视、广电运通、国电南瑞、康缘药业、中科三环作为初步研究对象。系统搜集上述八家企业资料并认真研究,结合这些企业突破性技术及其创新实践的典型性、企业成长性、企业突破性技术创新影响力和社会知名度等,确定了天士力、三一重工、大族激光三家企业作为本案例研究企业。

在深入系统的理论研究基础上,提出本研究的五个理论命题和突破性技术创新机制理论模型,经过天士力、三一重工、大族激光三个案例逐个研究,并逐一与上述五个理论命题及突破性技术创新机制理论模型匹配,不断检验、完善、发展理论,在三个案例研究基础上开展跨案例研究,进一步深化案例研究,提高案例研究水平。最后依照殷(1994)提出的案例研究五要素和案例研究质量标准对本案例进行评估,得出研究结论具有很强的理论说服力。本研究的主要结论是:

命题 1. 突破性技术推动突破性技术创新发展,影响突破性产品和商业模式并通过其影响突破性技术创新绩效。

命题 2. 突破性营销推动突破性技术创新发展,影响突破性产品和商业模式并通过其影响突破性技术创新绩效。

命题 3. 风险资本促进突破性技术创新发展,影响突破性产品和商业模式并通过其影响突破性技术创新绩效。

命题 4. 突破性技术、突破性营销和风险资本以突破性产品为中介推进突破性技术创新发展,商业模式也影响突破性产品开发,并通过其商业化实现突破性技术创新绩效。

命题 5. 突破性技术、突破性营销和风险资本以商业模式为中介推进突破性技术创新发展,突破性产品也影响商业模式,并通过商业模式影响突破性技术创新绩效。

在突破性技术创新过程中,突破性技术、突破性营销和风险资本推进突破性技术创新发展,并通过突破性产品及其商业模式的中介机制影响创新绩效,此过程中形成突破性技术创新机制(见图 3.2)。

二、主要创新点

本研究的主要创新点如下:

一是提出在突破性技术创新中核心技术、支撑技术、互补技术共生发展,支撑技术和互补技术促进突破性技术发展。

二是基于中国情境构建了突破性技术创新机制理论模型,认为突破性技术、突破性营销、风险资本是突破性技术创新的主要驱动因素,商业模式和突破性产品是突破性技术创新的主要中介因素。

三是提出了技术创新理论演进的逻辑模型。通过系统追溯技术创新理论的历史发展,发现技术创新的核心理论与衍生理论日益分化,但它们相互依存、相互作用,推进技术创新理论发展。作者认为技术创新理论可划分为创新理论、技术创新基础理论、核心—外围理论三个阶段,基于此构建了技术创新理论演进的逻辑模型。

四是提出商业模式由相互作用的内部价值创造系统模块、供应商价值创造系统模块、顾客价值创造系统模块、外部互补价值创造系统模块构成,商业模式是推动突破性技术创新的主要中介机制之一。

五是提出突破性营销能力主要由领先用户开发能力、突破性价值传递能力和创新性市场开发能力构成,应优先重点发展此三种能力加速突破性营销能力成长。

三、研究意义

本研究阐述了突破性技术与支撑技术、互补技术共生,推动突破性技术加快发展的理论观点,拓宽和深化了突破性技术创新理论研究;论述了商业化是突破性技术创新最关键环节的理论观点,指明突破性技术创新商业化是理论研究薄弱环节;本文深入研究了中国情境下企业开展突破性技术创新的规律。这些研究结论对深入研究突破性技术创新理论,推动理论发展具有重要意义。

本研究深深扎根中国企业技术创新生动鲜活的实践沃土,论述了中国企业成功开展突破性技术创新的经典实践,指出商业化是决定和衡量突破性技术创新成败的唯一标准,论述了开展突破性技术创新是中国企业实施自主创新、掌握自主知识产权,加快企业技术创新,提高国际竞争力,实现技术跨越发展的战略要径,具有极为重大的实践价值和战略意义。

第二节 研究局限及未来研究方向

一、研究的主要局限

与西方企业突破性技术创新如英特尔、苹果等公司比,天士力、三一重工、大族激光突破性技术创新的典型性要差不少,本研究受中国企业突破性技术创新发展现状制约,研究国外企业突破性技术创新也受现实条件限制,因此案例企业选择的典型性未达最高标准是本研究的局限。

与定量研究相比,案例研究存在局限性,如风险资本对大族激光突破性技术创新的影响几乎是决定性的,对天士力影响也很大,但对三一重工的影响相比要小得多,这种影响程度案例研究法很难比较精确地定量辨别,留下研究遗憾;再如案例研究法的成熟度和规范性较定量研究法要差些,这影响理论说服力和普遍性。

二、未来研究方向

中国企业技术创新发展时间短,企业规模普遍偏小,组织能力对突破性技术创新的潜在影响尚未显露。随着时间推移,组织能力对突破性技术创新的决定作用将日益突出,这是未来需进一步研究的重要理论问题。

中国企业技术创新主要以技术发明和技术商业化为主,但先行技术创新企业已经遇到技术创新"天花板",如华为技术 2013 年营业收入规模雄居世界同行首位,在技术创新直追爱立信的情况下,技术创新方向迷失的迹象比较明显。再如混凝土机械行业的世界主要领导企业德国普茨迈斯特、施维英和意大利 CIFA 分别被三一重工、徐工机械和中联重科悉数收购,这些企业也将面临技术创新"天花板"问题,这是未来突破性技术创新理论需密切关注的新动向。

附　录

附录 A　沪深 A 股上市公司突破性产品概览[①]

序号	股票简称	股票代码	突破性产品	突破性技术及判断依据	授权发明专利数量
1	三一重工	600031	混凝土泵车臂架,输送泵	相对国外技术,臂架及泵送原理突破	189
2	古越龙山	600059	黄酒	发酵自动化智能化控制技术,工艺突破	2
3	同方股份	600100	货物快速检测设备	相对人工检测,核技术检测原理突破	123
4	永鼎股份	600105	通信光缆	相对同轴电缆,原理突破	6
5	中国卫星	600118	北斗导航卫星	相对无线电等传统导航技术,原理突破	0
6	航天机电	600151	太阳能电池组件	相对传统电池技术,原理突破	2
7	上海贝岭	600171	电子标签	相对传统标签,原理突破	77
8	光电股份	600184	太阳能电池	相对传统电池技术,原理突破	0

序号	股票简称	股票代码	突破性产品	突破性技术及判断依据	授权发明专利数量
9	大唐电信	600198	TD－SWCDMA 设备	相对 2G 技术,原理突破	21
10	国电南自	600268	电厂电网自动化产品	相对传统电力调度技术,原理突破	70
11	航天信息	600271	税控收款机	相对传统税收作业,工艺突破	19
12	华仪电气	600290	风力发电机	相对传统发电技术,原理突破	3
13	安琪酵母	600298	酵母及酵母衍生物	相对传统发酵技术,工艺突破	34
14	中新药业	600329	现代中药	相对传统中药生产工艺,工艺突破	90
15	长江通信	600345	光纤通信器件	相对传统通信技术,原理突破	3
16	联创光电	600363	LED 芯片、产品	相对于白炽灯和节能照明,原理突破	0
17	宁波韵升	600366	钕铁硼永磁材料	相对传统磁性材料,原理突破	18
18	万向德农	600371	杂交玉米种	原理突破	0
19	中航电子	600372	太阳能发电光伏逆变器	相对于传统发电技术,原理突破	0
20	海润光伏	600401	太阳能电池片	相对于传统电池技术,原理突破	1
21	国电南瑞	600406	电力自动化系统	相对传统电力调度技术,原理突破	57
22	湘电股份	600416	风力发电机及辅机	相对传统发电技术,原理突破	20

续表

序号	股票简称	股票代码	突破性产品	突破性技术及判断依据	授权发明专利数量
23	贵研铂业	600459	铂等金属冶炼工艺	工艺突破	59
24	士兰微	600460	LED 芯片	相对于白炽灯和节能灯,原理突破	17
25	科力远	600478	镍氢动力电池	相对传统铅酸蓄电池,原理突破	7
26	亨通光电	600487	光纤光缆及器件	相对同轴电缆,原理突破	4
27	烽火通信	600498	光纤及线缆	相对同轴电缆,原理突破	205
28	中天科技	600522	光纤及线缆	相对同轴电缆,原理突破	12
29	天士力	600535	复方丹参滴丸等	相对传统中药生产工艺,工艺突破	395
30	亿晶光电	600537	太阳能电池组件	相对于传统电池技术,原理突破	0
31	厦门钨业	600549	锂电池材料	相对传统铅酸蓄电池,原理突破	7
32	天威保变	600550	太阳能光伏发电	相对于传统发电技术,原理突破	1
33	康缘药业	600557	现代中药	相对传统中药生产工艺,工艺突破	108
34	金自天正	600560	冶金自动化控制系统	冶炼控制自动化,工艺突破	24
35	康恩贝	600572	现代植物药	现代技术生产,工艺突破	12
36	三安光电	600703	LED 芯片及产品	相对于白炽灯和节能灯,原理突破	12

序号	股票简称	股票代码	突破性产品	突破性技术及判断依据	授权发明专利数量
37	通化东宝	600867	重组人胰岛素制剂	创新药品,原理突破	4
38	东方电气	600875	风力发电机	相对传统发电技术,原理突破	0
39	杉杉股份	600884	锂电池材料	相对传统铅酸蓄电池,原理突破	2
40	隆基股份	601012	太阳能光伏电池片	相对传统电池技术,原理突破	3
41	四方股份	601126	电厂电站自动化系统	相对传统电力调度技术,原理突破	99
42	中国北车	601299	动车组	相对传统电力机车技术,原理突破	38
43	华锐风电	601558	风力发电机	相对传统发电技术,原理突破	0
44	中国南车	601766	动车组	相对传统电力机车技术,原理突破	0
45	京运通	601908	太阳能晶体硅片	相对传统能源技术,原理突破	2
46	南玻 A	000012	太阳能多晶硅	相对传统能源技术,原理突破	9
47	中国宝安	000009	锂电池负极材料	相对传统铅酸蓄电池,原理突破	0
48	德赛电池	000049	锂电池	相对传统铅酸蓄电池,原理突破	0
49	深天马 A	000050	液晶显示屏	相对 CRT 显示技术,原理突破	7
50	中兴通讯	000063	3G 设备	相对 2G 技术,原理突破	9672

序号	股票简称	股票代码	突破性产品	突破性技术及判断依据	授权发明专利数量
51	东阿阿胶	000423	阿胶产品	相对传统工艺,工艺突破	10
52	紫光古汉	000590	古汉养生精	相对传统工艺,工艺突破	4
53	丰乐种业	000713	杂交稻种、玉米种	新品种,原理突破	1
54	太原刚玉	000795	钕铁硼永磁材料	相对传统磁性材料,原理突破	0
55	四川九州	000801	数字有线电视产品	相对模拟技术,原理突破	0
56	超声电子	000823	触摸屏	相对键盘输入技术,原理突破	4
57	鑫茂科技	000836	光通信网络产品	相对传统通信技术,原理突破	0
58	银星能源	000862	风力发电机	相对传统发电技术,原理突破	0
59	中信国安	000009	锂电池负极材料	相对传统铅酸蓄电池,原理突破	0
60	东方钽业	000962	钽铌冶炼制备工艺	工艺突破	26
61	中科三环	000970	钕铁硼永磁铁产品	相对传统磁性材料,原理突破	30
62	华工科技	000988	激光全息防伪产品	相对传统防伪技术,原理突破	1
63	隆平高科	000998	两系法杂交稻	新品种,原理突破	0
64	精工科技	002006	太阳能光伏制造装备	新型设备,原理突破	2

续表

序号	股票简称	股票代码	突破性产品	突破性技术及判断依据	授权发明专利数量
65	大族激光	002008	激光打标机	相对传统打标技术，原理突破	144
66	凯恩股份	002012	锂电池	相对传统铅酸蓄电池，原理突破	15
67	达安基因	002030	荧光定量 PCR 检测技术	相对传统检测技术，原理突破	31
68	双鹭药业	002038	生物药、生化药	新药，原理突破	10
69	同洲电子	002052	数字电视接收终端	相对模拟技术，原理突破	135
70	横店东磁	002056	太阳能电池片	相对传统电池技术，原理突破	44
71	中材科技	002080	风电机叶片	相对传统发电技术，原理突破	40
72	孚日股份	002083	太阳能光伏电池组件	相对传统发电技术，原理突破	5
73	金智科技	002090	电力自动化产品	相对传统电力输配技术，原理突破	15
74	莱宝高科	002106	触摸屏	相对键盘输入技术，原理突破	106
75	科陆电子	002121	电子式电能表	相对传统电表技术，原理突破	57
76	拓邦股份	002139	LED 产品	相对传统照明技术，原理突破	3
77	北斗星通	002151	北斗导航产品	相对传统导航技术，原理突破	23
78	广电运通	002152	ATM 机	相对传统货币支取，工艺突破	179

序号	股票简称	股票代码	突破性产品	突破性技术及判断依据	授权发明专利数量
79	远望谷	002161	射频识别	相对传统物品识别技术,原理突破	43
80	莱茵生物	002166	植物功能成分提取物	现代提取技术,工艺突破	61
81	广陆数测	002175	数显测量工具	工艺突破	5
82	御银股份	002177	ATM 机	相对传统货币支取,工艺突破	3
83	成飞集成	002190	锂电池	相对铅酸蓄电池,原理突破	4
84	证通电子	002197	电话 E－POS	相对传统货币支付,工艺突破	7
85	金风科技	002202	风力发电机	相对传统发电技术,原理突破	4
86	特尔佳	002213	电涡流缓速器	相对传统车辆制动技术,原理突破	7
87	大立科技	002214	红外热像仪	相对传统成像技术,原理突破	1
88	三全食品	002216	速冻食品	新工艺生产,工艺突破	3
89	拓日新能	002218	太阳能电池芯片及组件	相对传统电池技术,原理突破	1
90	福晶科技	002222	非线性光学晶体	固态激光器基础材料,原理突破	3
91	科大讯飞	002230	语音识别技术	相对触摸输入技术,原理突破	8
92	大华股份	002236	视频监控技术	相对传统监控技术,原理突破	9

序号	股票简称	股票代码	突破性产品	突破性技术及判断依据	授权发明专利数量
93	九阳股份	002242	豆浆机	家庭生产豆浆,工艺突破	30
94	卫士通	002268	信息安全产品	相对传统信息安全技术,原理突破	19
95	川大智胜	002253	空管自动化系统、飞行模拟视景系统等	相对传统空管训练,原理突破	35
96	光迅科技	002281	光通信器件	相对传统通信技术,原理突破	50
97	宇顺电子	002289	液晶显示器模组	相对传统 CRT 显示技术,原理突破	5
98	积成电子	002339	配电调度变电站自动化产品	相对传统电力输配技术,原理突破	2
99	北京科锐	002350	配电自动化产品	相对传统电力输配技术,原理突破	0
100	汉王科技	002362	人机交互产品	原理突破	75
101	合众思壮	002383	北斗卫星导航定位	相对无线电等导航技术,原理突破	0
102	海普瑞	002399	肝素纳原料药	现代提取技术,工艺突破	1
103	中海科技	002401	智能交通产品	相对传统交通管理技术,原理突破	2
104	四维图新	002405	电子地图产品	相对传统地图技术,原理突破	18
105	多氟多	002407	锂电池材料	相对传统铅酸蓄电池,原理突破	41
106	高德红外	002414	红外热像仪	相对传统成像技术,原理突破	0

序号	股票简称	股票代码	突破性产品	突破性技术及判断依据	授权发明专利数量
107	海康威视	002415	视频监控装置	相对传统安防技术,原理突破	18
108	启明星辰	002439	信息安全产品	相对传统信息安全技术,原理突破	49
109	国星光电	002449	LED器件、LED组件	相对白炽灯和节能灯技术,原理突破	10
110	欧菲光	002456	触摸屏(电容、电阻)	相对键盘输入技术,原理突破	3
111	赣锋锂业	002460	碳酸锂(锂电池材料)	相对铅酸蓄电池,原理突破	7
112	天齐锂业	002466	碳酸锂(锂电池材料)	相对铅酸蓄电池,原理突破	5
113	大金重工	002487	风电机塔筒	相对传统发电技术,原理突破	0
114	通鼎光电	002491	通信光缆	相对同轴电缆技术,原理突破	12
115	超日太阳	002506	晶体硅太阳能光伏组件	相对传统发电技术,原理突破	1
116	达华智能	002512	电子标签	相对传统标签技术,原理突破	1
117	银河电子	002519	数字电视机顶盒	相对模拟电视技术,原理突破	6
118	英飞拓	002528	视频监控系统	相对传统安防技术,原理突破	1
119	林州重机	002535	液压支架	相对传统煤矿井下支护技术,原理突破	1
120	新联电子	002546	用电信息采集系统	相对传统用电信息采集技术,原理突破	9

序号	股票简称	股票代码	突破性产品	突破性技术及判断依据	授权发明专利数量
121	比亚迪	002594	锂电池	相对铅酸电池,原理突破	1466
122	亚玛顿	002623	太阳能光伏玻璃镀膜技术	相对传统能源技术,原理突破	0
123	勤上光电	002638	LED 照明	相对传统白炽灯和节能灯,原理突破	34
124	万润科技	002654	LED 照明及器件	相对传统白炽灯及节能灯技术,原理突破	3
125	茂硕电源	002660	LED 驱动电源	相对传统白炽灯、节能灯,原理突破	1
126	浙江美大	002677	集成灶	相对传统灶具,工艺突破	7
127	乐普医疗	300003	心脏搭桥术支架系统	相对传统心脏病治疗,原理突破	0
128	汉威电子	300007	气体检测仪器	相对传统气体检测技术,原理突破	5
129	亿纬锂能	300014	锂电池	相对传统铅酸蓄电池,原理突破	6
130	银江股份	300020	智能交通	相对传统交通管理技术,原理突破	0
131	机器人	300024	工业机器人	相对人工作业,原理突破	24
132	红日药业	300026	法舒地尔、血必净	现代工艺技术生产,工艺突破	11
133	金亚科技	300028	数字电视产品	相对模拟技术,原理突破	2
134	天龙光电	300029	太阳能硅片	相对传统发电技术,原理突破	5

序号	股票简称	股票代码	突破性产品	突破性技术及判断依据	授权发明专利数量
135	超图软件	300036	电子地理信息系统	相对传统地图技术,工艺突破	3
136	新宙邦	300037	锂离子电池化学品	相对传统铅酸蓄电池,原理突破	9
137	上海凯宝	300039	痰热清注射液(中药)	现代技术生产,工艺突破	3
138	朗科科技	300042	闪存盘	相对传统移动存储技术,原理突破	68
139	华力创通	300045	导航产品测试	相对无线电等传统导航技术,原理突破	7
140	碧水源	300070	膜技术与生物处理技术产品	相对传统污水处理技术,原理突破	13
141	当升科技	300073	锂电池正极材料	相对传统铅酸蓄电池,原理突破	0
142	华平股份	300074	视频会议系统	相对传统会议方式,原理突破	18
143	中瑞思创	300078	电子防盗标签	相对传统商品标签,原理突破	1
144	数码视讯	300079	数字电视设备	相对模拟电视技术,原理突破	22
145	海默科技	300084	油田多相流量计技术产品	相对传统油田生产计量技术,原理突破	0
146	荃银高科	300087	杂交水稻种	相对传统种子,原理突破	0
147	长信科技	300088	平板显示真空薄膜材料	相对CRT显示技术,原理突破	3
148	尤洛卡	300099	煤矿顶板安全检测系统	相对传统煤矿安监技术,原理突破	0

续表

序号	股票简称	股票代码	突破性产品	突破性技术及判断依据	授权发明专利数量
149	国腾电子	300101	北斗导航系统器件及终端	相对无线电等传统导航技术,原理突破	3
150	乾照光电	300102	LED 芯片	相对白炽灯和节能灯,原理突破	5
151	龙源技术	300105	锅炉等离子体点火技术	相对传统锅炉点火技术,原理突破	6
152	向日葵	300111	晶体硅电池及组件	相对传统能源技术,原理突破	3
153	东方日升	300118	太阳能电池片及组件	相对传统电池技术,原理突破	2
154	锦富新材	300128	光电显示薄膜器件	相对 CRT 显示技术,原理突破	1
155	泰胜风能	300129	风力发电机塔架	相对传统发电技术,原理突破	155
156	先河环保	300137	空气质量连续自动监测系统	相对传空气质量监测技术,原理突破	156
157	世纪瑞尔	300150	铁路行车安全监控系统	相对传统火车行车安监技术,原理突破	1
158	雷曼光电	300162	LED 显示屏	相对传统显示技术,原理突破	3
159	通源石油	300164	石油开采复合射孔器	相对传统石油开采技术,原理突破	6
160	中海达	300177	北斗导航定位产品	相对无线电等传统导航技术,原理突破	0
161	东软载波	300183	电力线载波通信产品	相对光纤通信技术,工艺突破	0
162	神农大丰	300189	杂交水稻种	新品种,原理突破	1

序号	股票简称	股票代码	突破性产品	突破性技术及判断依据	授权发明专利数量
163	维尔利	300190	膜生化反应器	相对传统水处理技术，原理突破	2
164	翰宇药业	300199	化学合成多肽药物	相对传统化学药技术，原理突破	12
165	舒泰神	300204	注射用鼠神经生长因子	国家一类新药，原理突破	0
166	理邦仪器	300206	医疗监护仪器	相对传统医疗监护技术，原理突破	5
167	天泽信息	300209	车辆远程管理系统	相对传统车辆管理技术，原理突破	5
168	易华录	300212	智能交通产品	相对传统交通管理技术，原理突破	0
169	佳讯飞鸿	300213	应急指挥调度通信产品	相对传统应急指挥技术，原理突破	92
170	千山药机	300216	制药自动生产线	相对传统制药机械，工艺突破	31
171	金运激光	300220	激光切割设备	相对传统切割技术，原理突破	2
172	科大智能	300222	配电用电自动化系统	相对传统配电技术，原理突破	0
173	正海磁材	300224	烧结钕铁硼永磁体	相对传统磁体技术，原理突破	2
174	洲明科技	300232	LED 显示屏、照明	相对 CRT 显示技术，原理突破	2
175	瑞丰光电	300241	LED 照明产品	相对白炽灯和节能灯技术，原理突破	2
176	新天科技	300259	智能水电热燃气计量表	相对传统计量表技术，原理突破	2

续表

序号	股票简称	股票代码	突破性产品	突破性技术及判断依据	授权发明专利数量
177	佳创视讯	300264	数字电视产品	相对模拟电视技术,原理突破	1
178	联建光电	300269	LED 显示屏	相对 CRT 显示技术,原理突破	0
179	中威电子	300270	视频监控	相对传统安防技术,原理突破	0
180	和佳股份	300273	肿瘤微创治疗设备	相对传统肿瘤手术,原理突破	7
181	阳光电源	300274	太阳能光伏逆变器	相对传统能源技术,原理突破	4
182	梅安森	300275	煤矿安全生产监控产品	相对传煤矿生产监督技术,原理突破	2
183	汇冠股份	300282	触控技术	相对键盘输入技术,原理突破	13
184	安科瑞	300286	智能电力仪表	相对传统电力仪表,原理突破	0
185	三诺生物	300298	自动血糖测试仪	相对传统医学测试,原理突破	1
186	长方照明	300301	LED 照明光源器件	相对白炽灯和节能灯技术,原理突破	0
187	聚飞光电	300303	背光 LED 器件	相对 CRT 显示技术,原理突破	5
188	远方光电	300306	LED 检测设备	相对白炽灯和节能灯技术,原理突破	12
189	晶盛机电	300316	全自动单晶硅生长炉	相对传统硅生长炉技术,原理突破	1
190	嘉伟股份	300317	太阳能照明	相对白炽灯和节能灯技术,原理突破	1

序号	股票简称	股票代码	突破性产品	突破性技术及判断依据	授权发明专利数量
191	华灿光电	300323	LED 芯片	相对传统显示和照明技术,原理突破	3
192	凯利泰	300326	椎体成形微创介入手术系统	相对传统脊椎疾病治疗技术,工艺突破	2
193	苏大维格	300331	微纳光学材料	相对传统材料,工艺突破	16
194	兆日科技	300333	电子支付密码器	相对传统支付密码保护技术,工艺突破	0
195	津膜科技	300334	膜法水处理设备	相对传统水处理技术,原理突破	2

注释①:附录 A 中各上市公司的发明专利数据由中国知识产权网(www.cnipr.com)公开查询得到,时间截至 2011 年 12 月 31 日,专利权(申请)人为相应上市公司,均为已获得授权的发明专利,不含已申请尚未获得授权的专利。

附录 B 案例研究方案

一、案例研究概述

本案例研究在分析突破性技术创新实践背景和理论背景,以及回顾技术创新、突破性技术创新和相关理论的基础上,确定研究问题是突破性技术创新机制研究,进一步构建了突破性技术创新机制的理论框架,在深入系统研究的基础上提出相关理论命题。本案例研究阐述了案例研究总体设计,包括案例研究者的研究基础、经验及研究支持团队,案例选择、数据收集方法、拟采用三个案例开展研究、分析单元的确定、案例研究流程、多案例研究逻辑及研究结论的确定等问题,案例研究最终成为博士学位论文的主体内容,以期能推进突破性技术创新理论研究,指导突破性技术创新实践发展。

二、数据收集计划

（一）搜集数据方式

网络、专业论文、专著、档案、访谈、问卷、调查等

（二）数据收集安排

专业论文、专著、上市公司公告、相关新闻报道、行业背景信息等通过网络或学校、国家图书馆收集

购买部分专著或书籍

档案、访谈、问卷、调查等通过到企业访谈或实地调查完成

（三）实地访谈计划

确定访谈企业及企业相关受访对象、半结构式访谈提纲设计与准备、访谈器材准备等

三、实地访谈

（一）访谈前准备

准备案例企业产业及背景资料,熟悉相关情况

准备受访对象背景资料,增加对受访对象了解

确定访谈具体地点及交通路线

受访人联系方式或具体安排人联系方式

确定访谈收集资料清单

备好访谈所需资料及器材等

确定访谈日期及行程安排

(二)具体访谈安排

事先通知被访企业及访谈对象

到访谈企业访谈

向访谈企业及访谈对象介绍访谈情况,征求其对方谈的意见及建议等

确定访谈主题,按半结构化访谈提纲访谈,做好相关记录、录音或视频资料

按访谈资料清单收集企业档案、会议记录或视频等相关资料

(三)访谈反馈

初步整理访谈资料,必要时核实或回访、补充、订正、完善访谈资料

四、建立数据库,数据编码及分析

(一)每个企业数据分别分类保存或存放

(二)全面研读数据,掌握数据总体情况

(三)建立每个企业数据库,初步整理、分析并编码

(四)根据案例研究逻辑方法,整理分析数据并用于研究

(五)如研究中发现数据不足,再补充收集

五、撰写案例研究报告

(一)起草案例研究报告提纲

(二)撰写第一个案例研究报告并与命题进行模式匹配

(三)如模式匹配理想,采用复制法则开展第二个案例报告撰写

(四)如上,撰写第三个案例研究报告

(五)三个案例跨案例比较

(六)案例研究总结论

六、案例研究评估

案例研究过程及方法运用回顾

构建效度

内部效度

外部效度

信度

总体评价

附录 C　访谈提纲

一、技术创新方面

（一）贵公司开发的主要技术有哪些？与国内外同行比，这些技术各有哪些主要优势？

（二）贵公司拥有的主要授权发明专利、特别是重大发明专利对新产品开发和经营业绩产生了哪些主要影响？贵公司是否有专利交叉许可、专利授权、收购出售专利等专利经营行为？如有，重要经营行为有哪些，对技术开发和经营业绩产生的重要影响是什么？

（三）贵公司是否与科研院所、其他企业合作开发技术？如是，合作开发了哪些重要技术，对贵公司技术开发产生哪些主要影响？

（四）贵公司技术开发能力对经营成功是否重要？如是，主要表现在哪些方面？

二、市场营销方面

（一）贵公司技术研发是否以市场为导向？如是，市场在技术研发中发挥了哪些主要作用？

（二）市场营销对推进贵公司技术产品化、商业化发挥了哪些重要作用？

（三）贵公司高新技术产品营销与成熟产品营销有哪些明显不同？

三、风险投资方面

贵公司技术研发及商业化过程中是否有风险资本投入？如是，风险资本投入的主要原因是什么，发挥了哪些主要作用？

四、新产品开发

（一）影响贵公司新产品开发的主要因素有哪些？

（二）贵公司新产品开发对销售收入增长产生的主要影响是什么？

五、商业模式（如需要，举例通俗解释商业模式的含义）

（一）影响贵公司商业模式构建的主要因素有哪些？

（二）贵公司商业模式如何影响销售收入增长？

（三）贵公司新产品开发和商业模式是密切相关？如是，怎样相互作用？

六、商业化机制

贵公司推进高新技术商业化的主要成功经验是什么？

参考文献

英文参考文献:

[1]Abdelkader Daghfous, George R. White. Information and innovation:A comprehensive representation[J]. Research Policy,1994,23(3):267~280.

[2]Ana Pérez – Luo, Johan Wiklund, Ramón Valle Cabrera. The dual nature of innovative activity:How entrepreneurial orientation influences innovation generation and adoption[J]. Journal of Business Venturing,2011,26(5):555~571.

[3]Anthony C. Di Benedetto, Wayne S. DeSarbo, Michael Song. Strategic capabilities and radical innovation:An empirical study in three countries[J]. IEEE Transactions on Engineering Management,2008,55(3):420~433.

[4] Arthur D. Little, Robert C. Sweeting. Radical innovation in the mature company[J]. European Journal of Marketing,1985,19(4):33~44.

[5]Ashok K. Mittal, Bhuvanesh Mirdha. Technology mapping using patent literature for supply chain management[J]. International Journal of Logistics Systems and Management,2007,3(4):395~404.

[6] Atul Nerkar,Scott Shane. Determinants of invention commercialization:An empirical examination of academically sourced inventions[J]. Strategic Management Journal,2007, 28(11):1155~1166.

[7]Birgitte Andersen. The evolution of technological trajectories 1890~1990 [J]. Structural Change and Economic Dynamics,1998,9(1):5~34.

[8]Blind Knut,Thumm Nikolaus. Interrelation between patenting and standardization strategies:Empirical evidence and policy implications[J]. Research Policy,2004,33(10):1583~1598.

[9]Carl Shapiro. Navigating the patent thicket:Cross licenses, patent pools, and standard setting[J]. Innovation Policy and the Economy,2000,1(1):119~150.

[10]Chen Chung – Jen. Technology commercialization, incubator and venture capital, and new venture performance [J]. Journal of Business Research, 2009, 62 (1):93~103.

[11]Chris DeBresson Fernand Amesse. Networks of innovators:A review and introduction to the issue[J]. Research Policy,1991,20(5):363~379.

[12]Christoph Hienerth,Christopher Lettl. Exploring how peer communities enable lead user innovations to become standard equipment in the industry:community pull effects[J]. Journal of Product Innovation Management,2011,28(S1):175~195.

[13]Christopher Freeman. The economics of industrial innovation[M]. Cambridge, Massachusetts:MIT Press,1982.

[14]Christopher Freeman. Networks of innovators:A synthesis of research issues [J]. Research policy, 1991,20(5):499~514.

[15]Christopher Lettl, Cornelius Herstatt, Hans Georg Gemuenden. Users' contributions to radical innovation:Evidence from four cases in the feld of medical equipment technology[J]. R&D Management,2006,36(3):251~272.

[16]Christopher M. McDermott,Gina Colarelli O'Connora. Managing radical innovation:An overview of emergent strategy issues[J]. The Journal of Product Innovation Management,2002, 19(6):424~438.

[17]Clayton M. Christensen,Michael E. Raynor. The innovator's solution:Creating and sustaining successful growth[M]. Boston, Massachusetts:Harvard Business School Press, 2003.

[18]Clayton M. Christensen. The Innovator's Dilemma:When New Technologies Cause Great Firms to Fail [M]. Boston, Massachusetts:Harvard Business School Press, 1997.

[19]Das T K, Bing – Sheng Teng. Resource and risk management in the strategic alliance making process[J]. Journal of Management,1998,24(1):21~42.

[20]David J. Teece. Profiting from technological innovation:Implications for integration, collaboration, licensing and public policy [J]. Research Policy, 1986, 15 (6):285~305.

[21] David J. Teece. Business models, business strategy and innovation [J]. Long Range Planning, 2010, 43(2 ~ 3):172 ~ 194.

[22] Diana Hicks, Tony Breitzman, Dominic Olivastro, et al. The changing composition of innovative activity in the US—a portrait based on patent analysis [J]. Research Policy, 2001, 30(4):681 ~ 703.

[23] Dittrich Koen, Duysters Geert. Networking as a means to strategy change: The case of open innovation in mobile telephony [J]. Journal of Product Innovation Management, 2007, 24(6):510 ~ 521.

[24] Gans Joshua, David Hsu, Scott Stern. When does start – up innovation spur the gale of creative destruction [J]. RAND Journal of Economics, 2002, 33(4):571 ~ 586.

[25] Gardner M Jones. A problem in synthesis [J]. The Accounting Review, 1960, 35(4):619 ~ 626.

[26] Gary Dushnitsky, Michael J. Lenox. When do incumbents learn from entrepreneurial ventures? Corporate venture capital and investing firm innovation rates [J]. Research Policy, 2005, 34(5):615 ~ 639.

[27] Gideon D. Markman, Peter T. Gianiodis, Phillip H. Phan. Supply – side innovation and technology commercialization [J]. Journal of Management Studies, 2009, 46(4):625 ~ 649.

[28] Giovanni Dosi. Technological paradigms and technological trajectories: A suggested interpretation of the determinants and directions of technical change [J]. Research Policy, 1982, 11(3):147 ~ 162.

[29] Elicia Maine. Radical innovation through internal corporate venturing: Degussa's commercialization of nanomaterials [J]. R&D Management, 2008, 38(4):359 ~ 371.

[30] Elise S. Brezis, Paul R. Krugman, Daniel Tsiddon. Leap – frogging in international competition: A theory of cycles in national technological leadership [J]. The American Economic Review, 1993, 83(5): 1211 ~ 1219.

[31] Enkel Ellen, Gassmann Oliver. Driving open innovation in the front end [Z]. Paris: EuropeanManagement Review, 2007.

[32] Frank W. Geels. Technological transitions as evolutionary reconfiguration processes: A multi – level perspective and a case – study [J]. Research Policy, 2002, 31

(8 ~9):1257 ~1274.

[33]Frans A. J. Van den Bosch,Henk W. Volberda, Michiel de Boer. Coevolution of firm absorptive capacity and knowledge environment:Organizational forms and combinative capabilities[J]. Organization Science,1999,10(5):551 ~568.

[34]Gary Hamel. Leading the revolution:How to thrive in turbulent times by making innovation a way of life[M]. Boston,Massachusetts: Harvard Business School Press, 2003.

[35]Grey A. Stevens,James Burley. 3000 raw ideas equals one commercial success [J]. Research – Technology Management,1997,40(3):16 ~27.

[36]Haemin Dennis Park, H. Kevin Steensma. When does corporate venture capital add value for new ventures? [J]. Strategic Management Journal, 2012, 33 (1):1 ~22.

[37]Herny W. Chesbrough. Open Innovation:The new imperative for creating and profiting from technology [M]. Boston, Massachusetts: Harvard Business School Press,2003.

[38]Henry Chesbrough. Open business models:How to thrive in the new innovation landscape [M]. Boston,Massachusetts:Harvard Business Press,2006.

[39]Henry Chesbrough,Crowther Adrienne Kardon. Beyond high tech:Early adopters of open innovation in other industries[J]. R&D Management,2006,36(3):229 ~236.

[40]Henry W. Chesbrough, Richard S. Rosenbloom. The role of the business model in capturing value from innovation:Evidence from Xerox corporation's technology spin – off companies[J]. Industrial and Corporate Change,2002,11(3):529 ~555.

[41]Henry W. Chesbrough, Stephen J. Socolof. Creating new ventures of Bell technologies [J]. Research Technology Manangemnet,2000,43(2):13 ~17.

[42]Huang Hao – Chen. Technological innovation capability creation potential of open innovation:A cross – level analysis in the biotechnology industry[J]. Technology Analysis and Strategic Management,2011,23(1):49 ~63.

[43]Imai Ken – ichi,Baba Yasunori. Systemic innovation and cross – border networks:Transcending markets and hierarchies to create a new techno – economic system [C]//Organisation for Economic Co – operation and Development. Technology and productivity: The Challenge for Economic Policy, Paris: OECD Publishing, 1991

(22): 389 ~407.

[44] Ivy Eisenberg. Lead – user research for breakthrough innovation [J]. Research – Technology Management,2011,54(1):50 ~58.

[45] Jacob Schmookler. Invention and economic growth[M]. Cambridge,Massachusetts: Harvard University Press,1966.

[46] James Allen,Andrew D. James,Phil Gamlen. Formal versus informal knowledge networks in R&D:A case study using social network analysis[J]. R&D Management, 2007,37(3): 179 ~196.

[47] James G. March. Exploration and exploitation in organizational learning[J]. Organization Seience,1991,2(1):71 ~87.

[48] James M. Utterback, William J. Abernathy. A dynamic model of process and product innovation [J]. The international journal of management science, 1975, 3 (6):639 ~656.

[49] Jason Hwang, Clayton M. Christensen. Disruptive innovation in health care delivery:A framework for business – model innovation[J]. Health Affairs,2008,27(5): 1329 ~1335.

[50] Jennifer Platt. "Case Study" in American methodological thought[J]. Current Sociology, 1992,40(1):17 ~48.

[51] Jens Frøslev Christensen, Michael Holm Olesen,Jonas Sorth Kjær. The industrial dynamics of open innovation:Evidence from the transformation of consumer electronics [J]. Research Policy,2005,34 (10):1533 ~1549.

[52] Joaquin Alegre,Rafael Lapiedra,Ricardo Chiva. A measurement scale for product innovation performance[J]. European Journal Innovation Management,2006, 9(4): 333 ~346.

[53] Joel West,Scott Gallagher. Challenges of open innovation:The paradox of firm investment in open – source software[J]. R&D Management,2006,36(3):319 ~331.

[54] Joe Tidd,John Bessant,Keith Pavitt. Managing innovation:Integrating technological market and organizational change [M]. Hoboken, New Jersey:John Wiley & Sons,2001.

[55] John A. Bers, John P. Dismukes, Lawrence K. Miller,et al. Accelerated radical innovation:Theory and application[J]. Technological Forecasting &Social Change,

2009,76(1):165~177.

[56] John L. Enos. Invention and innovation in the petroleum refining industry [G]// Universities – National Bureau. The Rate and Direction of Inventive Activity: Economic and Social Factors, Ann Arbor, Michigan:UMI,1962:299~322.

[57] Johan Frishammar, Ulrich Lichtenthaler, Jonas Rundquist. Identifying technology commercialization opportunities: The importance of integrating product development knowledge[J]. Journal of Product Innovation Management,2012,29(4):573~589.

[58] Johan Grönlund, David Rönnberg Sjöden, Johan Frishammar. Open innovation and the stage – gate process:A revised model for new product development[J]. California Management Review,2010,52(3):106~131.

[59] Jonathan D. Arthursa, Lowell W. Busenitzb. Dynamic capabilities and venture performance:The effects of venture capitalists[J]. Journal of Business Venturing,2006, 21(2):195~215.

[60] Joseph L. Bower, Clayton M. Christensen. Disruptive technologies:Catching the wave[J]. Harvard Business Review,1995(1~2):43~52.

[61] Jukka – Pekka Salmenkaita, Ahti Salo. Rationales for government intervention in the commercialization of new technologies[J]. Technology Analysis & Strategic Management, 2002,14(2):183~200.

[62] Kathleen M. Eisenhardt. Better Stories and better constructs:The case for rigor and comparative logic[J]. The Academy of Management Review,1991,16(3):620~627.

[63] Kathleen M. Eisenhardt. Building theories from case study research[J]. The Academy of Management Review,1989,14(4):532~550.

[64] Keld Laursen, Ammon Salter. Open for innovation:The role of openness in explaining innovation performance among UK manufacturing firms[J]. Strategic Management Journal,2006, 27(2):131~150.

[65] Kenneth Le Meunier – FitzHugh, Nigel F. Piercy. Improving the relationship between sales and marketing[J]. European Business Review,2010,22(3):287~305.

[66] Kendall W. Artz, Patricia M. Norman, Donald E. Hatfield,et al. A longitudinal study of the impact of R&D, patents, and product innovation on firm performance [J]. Journal of Product Innovation Management,2010,27(5):725~740.

[67] Keun Lee, Chaisung Lim. Technological regimes, catching – up and leapfrog-

ging: Findings from the Korean industries[J]. Research Policy,2001,30(3):459~483.

[68]Kevin G. Rivette, Kline David. Discovering new value in intellectual property [J]. Harvard Business Review,2000,78(1/2):54~66.

[69]Ralph Landau,Nathan Rosenberg. The positive sum strategy:Harnessing technology for economic growth [M]. Washington D. C. :The National Academy Press,1986.

[70] Vadim Kotelnikov. Radical innovation versus Incremental Innovation [M]. Boston,Massachusetts:Harvard Business School Press,2000.

[71] Lance Davis, Douglass North. Institutional change and american economic growth:A first step towards a theory of institutional innovation[J]. The Journal of Economic History,1970, 30(1):131~149.

[72] Lichtenthaler Ulrich. Absorptive capacity,environmental turbulence, and the complementarity of organizational learning processes[J]. Academy of Management Journal,2009,52(4): 822~846.

[73]Lewis M. Branscomb, Philip E. Auerswald. Taking technical risks:How innovators, executives, and investors manage high – tech risks[M]. Cambridge, Massachusetts:MIT Press, 2003.

[74] Luc Soete. International diffusion of technology, industrial development and technological leapfrogging[J]. World Development,1985,13(3):409~422.

[75]Malte Brettel,Florian Heinemann,Andreas Engelen,et al. Cross – functional integration of R&D, marketing, and manufacturing in radical and incremental product innovations and its effects on project effectiveness and efficiency[J]. Journal of Product Innovation Management, 2011,28(2):251~269.

[76]Manuel Trajtenberg. A penny for your quotes:Patent citations and the value of innovations[J]. The RAND Journal of Economics,1990,21(1):172~187.

[77]Marc Wouters. Customer value propositions in the context of technology commercialization [J] .International Journal of Innovation Management, 2010, 14 (6): 1099~1127.

[78]Markus Fitza,Sharon F. Matusik, Elaine Mosakowski. Do VCs matter? The importance of owners on performance variance in start – up firms[J]. Strategic Management Journal, 2009,30 (4):387~404.

[79]Mark W. Johnson, Clayton M. Christensen, Henning Kagermann. Reinventing

your business model [J]. Harvard Business Review,2008,86(12):50~59.

[80]Mariano Nieto, Pilar Quevedo. Absorptive capacity, technological opportunity, knowledge spillovers, and innovative effort[J]. Technovation,2005,25(10):1141~1157.

[81]Masayuki Hirukawa, Masako Ueda. Venture capital and innovation:Which is first? [J]. Pacific Economic Review,2011,16(4):421~465.

[82]Mark Granovetter. Economic action and social structure:The problem of embeddedness[J]. American Journal of Sociology,1985,91(3):481~510.

[83]Mark P. Rice, Richard Leifer, Gina Colarelli O' Connor. Commercializing discontinuous innovations: Bridging the gap from discontinuous innovation project to operations [J]. IEEE Transactions on Engineering Management,2002,49(4):330~340.

[84]Mark W. Johnson, Clayton M. Christensen, Henning Kagermann. Reinventing your business model[J]. Harvard Business Review,2008,86(12):50~59.

[85]Martin Kenney, Donald Patton. The coevolution of technologies and institutions:Silicon Valley as the iconic high－technology cluster[M]. London: Oxford University Press, 2006.

[86]Michael Crotty. The foundations of social research:Meaning and perspective in the research process[M]. London:Sage Publications,1998.

[87]Michael Morris,Minet Schindehutte,Jeffrey Allen. The entrepreneur's business model: toward a unified perspective [J]. Journal of Business Research, 2005, 58 (6):726~735.

[88]Michael Peneder. The impact of venture capital on innovation behavior and firm growth [J]. Venture capital:An International Journal of Entrepreneurial Finance, 2010,12(2):83~107.

[89]Michael T. Hannan, John Freeman. The population ecology of organization [J]. Amercian Journal Sociology,1977,82(5):929~964.

[90]Michael Song, C. Anthony Di Benedetto. Supplier's involvement and success of radical new product development in new ventures[J]. Journal of Operations Management,2008, 26 (1):1~22.

[91]Michael L. Tushman,Philip Anderson. Technological discontinuities and organizational environments[J]. Administrative Sciences Quarterly,1986,31(3):439~465.

[92]Nature Publishing Group. Nature Publishing Index 2012 Global[M]. Macmillan

Publishes Limited, 2013.

[93] Patrick Stähler. Business models as an unit of analysis for strategizing [R]. Lausanne: International Workshop on Business Models, 2002.

[94] Pete Thomond, Torsten Herzberg, Fiona Lettice. Disruptive innovation: Removing the innovators' dilemma[C]. British Academy of Management 2003 Conference Proceedings, Knowledge into Practice – British Academy of Management Annual Conference, Harrogate, UK:2003.

[95] Peter Bamfield. Research and development management in the chemical and pharmaceutical industry[M]. Hoboken, New Jersey:John Wiley&Sons, 2006.

[96] Philip Anderson, Michael L. Tushman. Technological discontinuities and dominant designs: A cyclical model of technological change[J]. Administrative Science Quarterly, 1990, 35(4):604~633.

[97] Rajesh K. Chandy, Gerard J. Tellis. Organizing for radical product innovation [J]. Journal of Marketing Research, 1998, 35(4):474~487.

[98] Ramaiya Balachandra, John H. Friar. Factors for success in R&D projects and new product innovation: A contextual framework[J]. IEEE Transactions on Engineering Management, 1997, 44(3):276~287.

[99] Ram Sundaresan, Jagdish N. Sheth. Consumer resistance to innovations: The marketing problem and its solutions [J]. Journal of Consumer Marketing, 1989, 6 (2):5~14.

[100] Rebecca M. Henderson, Kim B. Clark. Architectural innovation: The reconfiguration of existing product technologies and the failure of established firms [J]. AdministrativeScience Quarterly, 1990, 35(1):9~30.

[101] Rice Mark P., O'Connor Gina Colarelli, Leifer Richard, et al. Corporate venture capital models for promoting radical innovation[J]. Journal of Marketing Theory and Practice, 2000, 8(3):1~10.

[102] Richard C. M. Yam, William Lo, Esther P. Y. Tang, et al. Analysis of sources of innovation, technological innovation capabilities, and performance, an empirical study of Hong Kong manufacturing industries [J]. Research Policy, 2011, 40 (3):391~402.

[103] Richard Leifer, Christopher M. McDermott, Gina Colarelli O'Connor, et

al. Radical innovation:How mature companies can outsmart upstarts [M]. Boston, Massachusetts: Harvard Business School Press,2000.

[104] Reinhard Haupt,Martin Kloyer, Marcus Lange. Patent indicators for the technology life cycle development[J]. Research Policy,2007,36(3):387~398.

[105] Richard N. Foster. Working the S – curve: Assessing technological threats [J]. Research Management, 1986,29(4):17~20.

[106] Robert D. Dewar, Jane E. Dutton. The adoption of radical and incremental innovations:An empirical analysis[J]. Management Science,1986,32(11):1422~1433.

[107] Robert G. Cooper,Elko J. Kleinschmidt. Suceess factors in product innovation[J]. Industrial Marketing Management,1987,16(3):215~223.

[108] Robert Stringer. How to manage radical innovation[J]. California Management Review, 2000,42(4):70~88.

[109] Robert W. Veryzer, Brigitte Borja de Mozota. The impact of user – oriented design on new product development:An examination of fundamental relationships [J]. Journal of product Innovation Management,2005,22(2),128~143.

[110] Robert W. Veryzer. Key factors affecting customer evaluation of discontinuous new products [J] . Journal of Product Innovation Management, 1998, 15 (2):136~150.

[111] Rogerio C. Caliaa, Fabio M. Guerrinib, Gilnei L. Mourac. Innovation networks: From technological development to business model reconfiguration [J]. Technovation,2007,27 (8):426~432.

[112] Ron Adner,Daniel Levinthal. Demand heterogeneity and technology evolution:Implications for product and process innovation[J]. Management Science,2001,47 (5): 611~628.

[113] Sala Alessandro,Landoni Paolo,Verganti Roberto. R&D networks:An evaluation framework [J] . International Journal of Technology Management, 2011, 53 (1):19~43.

[114] Sanjeev Goyal, José Luis Moraga – González. R&D networks[J]. The Rand Journal of Economics,2001,32(4):686~707.

[115] Shaker A. Zahra, Anders P. Nielsen. Sources of capabilities, integration and technology commercialization [J] . Strategic Management Journal, 2002, 23

(5):377 ~ 398.

[116] Shaker A. Zahra,Gerard George. Absorptive capacity:A review, reconceptualization and extension [J]. The Academy of Management Review, 2002, 27 (2):185 ~ 203.

[117] Steven T. Walsh,Bruce A. Kirchhoff,Scott Newbert. Differentiating market strategies for disruptive technologies[J]. IEEE Transactions on Engineering Management, 2002,49(4):341 ~ 351.

[118] Suleiman K. Kassicieh, Steven T. Walsh, John C. Cummings, et al. Factors differentiating the commercialization of disruptive and sustaining technologies[J]. IEEE Transactions on Engineering Management, 2002,49(4):375 ~ 387.

[119] Sumner Myers,Donald G. Marquis. Successful industrial innovations:A study of factors underlying innovation in selected firms [M]. National Science Foundation,1969.

[120] Susan E. Reid, Ulrike de Brentani. The Fuzzy Front End of New Product Development for? Discontinuous? Innovations:A Theoretical Model[J]. Journal of product Innovation Management,2004,21(3):170 ~ 184.

[121] Thomas Hellmann,Manju Puri. The interaction between product market and financing strategy:The role of venture capital[J]. Review of Financial Studies,2000,13 (4):959 ~984.

[122] Timothy J. Foxon. Inducing innovation for a low carbon future:Drivers,barriers and policies: A report for the carbon trust[R]. London:Carbon Trust,2003.

[123] Tom K. Lee. A Nonsequential R& D Search Model[J]. Management Science,1982,28 (8): 900 ~909.

[124] Ulrich Lichtenthaler. Outbound open innovation and its effect on firm performance: Examining environmental influences [J]. R&D Management, 2009, 39 (4):317 ~330.

[125] Ulrich Lichtenthaler,Eckhard Lichtenthaler. A capability – based framework for open innovation:Complementing absorptive capacity[J]. Journal of Management Studies,2009,46(8):1315 ~ 1338.

[126] Vittorio Chiesa, Federico Frattini. Commercializing technological innovation: Learning from failures in High – Tech markets[J]. Journal of Product Innovation Manage-

ment, 2011, 28(4):437~454.

[127] Von Hippel Eric. The sources of Innovation[M]. New York: Oxford University Press, 1988.

[128] Wesley M. Cohen, Daniel A. levinthal. Innovation and learning: The two faces of R&D [J]. The Economic Journal,1989,99(397):569~596.

[129] Wesley M. Cohen, Daniel A. Levinthal. Absorptive capacity: A new perspective on learning and innovation[J]. Administrative Science Quarterly,1990,35(1):128~152.

[130] William J. Abernathy, James M. Utterback. Patterns of industrial innovation [J]. Technology Review,1978,80(7):40~47.

[131] William J. Abernathy,Kim B. Clark, Alan M. Kantrow. Industrial renaissance: Producting a competitive future for American[M]. New York:Basic Books,1983.

[132] Wolfgang Sofka, Grimpe Christoph. Managing search strategies for open innovation ——The role of environmental munificence as well as internal and external R&D[Z]. Mannheim, Germany:Centre for European Economic Research,2008.

[133] Yuan Li, Hai Guo, Yi Liu,et al. Incentive mechanisms, entrepreneurial orientation, and technology commercialization:Evidence from China's transitional economy [J]. Journal of Product Innovation Management,2008,25(1):63~78.

中文参考文献

[1] 北京天士力文化发展有限公司. 文明之光:来自天士力的报告[M]. 北京:光明日报出版社,2002.

[2] 彼得·斯卡辛斯基,罗恩·吉布森著,陈劲译. 从核心到创新[M]. 北京:中信出版社,2009.

[3] 毕克新,黄平,李婉红. 产品创新与工艺创新知识流耦合影响因素研究——基于制造业企业的实证分析[J]. 科研管理,2012,33(8):16~24.

[4] 蔡宁,潘松挺. 网络关系强度与企业技术创新模式的耦合性及其协同演化——以海正药业技术创新网络为例[J]. 中国工业经济,2008(4):137~144.

[5] 蔡新蕾,高山行. 企业创新商业化实证研究——创新独占性和专有互补资产的调节作用[J]. 科学学研究,2011,29(9):1397~1405.

[6] 曹勇,陈仁松,赵莉. 新产品开发过程中模糊前端创新的理论与实证研

究——基于中国制造业企业的实践[J]. 科研管理,2009,30(3):9~16.

[7] 曹勇,赵莉,苏凤娇. 企业专利管理与技术创新绩效耦合测度模型及评价指标研究[J]. 科研管理,2011,32(10):55~63.

[8] 陈德智. 技术跨越概念与标志界定研究[J]. 科研管理,2006,24(3):364~367.

[9] 陈建勋,凌媛媛,甄珍. 突破性技术创新的影响因素研究——基于战略与组织的视角[J]. 管理工程学报,2011,25(3):10~14.

[10] 陈见丽. 风险投资对我国创业板公司业绩增长的影响[J]. 财经科学,2012(3):50~58.

[11] 陈劲. 突破性创新及其识别[J]. 科技管理研究,2002(5):21~29.

[12] 陈钰芬,陈劲. 开放式创新促进创新绩效的机理研究[J]. 科研管理,2009,30(4):1~9.

[13] 陈劲,蒋子军,陈钰芬. 开放式创新视角下企业知识吸收能力影响因素研究[J]. 浙江大学学报(人文社会科学版),2011,41(5):71~82.

[14] 陈劲,宋建元,葛朝阳,等. 试论基础研究及其原始性创新[J]. 科学学研究,2004,22(3):317~321.

[15] 陈劲,吴波. 开放式创新下企业开放度与外部关键资源获取[J]. 科研管理,2012,33(9):10~21.

[16] 陈劲,余芳珍,陈钰芬. 高校原始性技术创新影响因素研究[J]. 科学学与科学技术管理,2006(1):67~72.

[17] 陈向东,张晨. 在华制药领域专利技术资源竞争——美国制药企业专利资源竞争比较及其启示[J]. 中国软科学,2006(5):63~72.

[18] 陈艳,范炳全. 中小企业开放式创新能力与创新绩效的关系研究[J]. 研究与发展管理,2013,25(1):24~35.

[19] 陈劲,陈钰芬. 企业技术创新绩效评价指标体系研究[J]. 科学学与科学技术管理,2006(3):86~91.

[20] 德尔伯特·C·米勒,内尔·J·萨尔金德著,风笑天译. 研究设计与社会测量导引(第6版)[M]. 重庆:重庆出版社,2004.

[21] 邓洲. 国外技术标准研究综述[J]. 科研管理,2011,32(3):67~76.

[22] 习丽琳,朱桂龙,许治. 国外企业吸收能力的研究述评和展望[J]. 中国科技论坛,2011(12):71~78.

[23] 刁玉柱,白景坤. 商业模式创新的机理分析:一个系统思考框架[J]. 管理学报,2012,9(1):71~81.

[24] 董丽丽,李野,沈枫. 德国植物药发展概况及其对我国中药发展的借鉴意义[J]. 中国药房,2004,15(9):570~572.

[25] 段利民,杜跃平,孟蕾. 新兴技术商业化绩效影响因素实证研究[J]. 科学学研究,2012,30(9):1354~1362.

[26] 冯飞. 新一轮技术革命对中国挑战大于机遇[N]. 经济参考报,2012-06-25(8).

[27] 傅家骥. 技术创新学[M]. 北京:清华大学出版社,1998.

[28] 弗里德曼. 创新经济学(第三版)[M]. 北京:北京大学出版社,2004.

[29] 高建. 中国企业技术创新分析[M]. 北京:清华大学出版社,1997.

[30] 龚丽敏,江诗松,魏江. 试论商业模式构念的本质、研究方法及未来研究方向[J]. 外国经济与管理,2011,33(3):1~8.

[31] 龚毅,李垣,姜黎辉. 内部自主研发与购买技术关系研究——基于潜在型与现实型吸收能力的分析[J]. 科学学与科学技术管理,2004(8):26~30.

[32] 郭济环. 标准与专利的融合、冲突与协调[D]. 北京:中国政法大学,2011.

[33] 苟燕楠,董静. 风险投资进入时机对企业技术创新的影响研究[J]. 中国软科学,2013(3):132~140.

[34] 郝迎潮,万迪昉. 企业创新网络理论基础的系统分析[J]. 经济问题,2008(11):81~83.

[35] 亨利·伽斯柏,张继松著,程智慧译. 开放型商业模式:如何在新环境下获取更大的收益[M]. 北京:商务印书馆,2010.

[36] 亨利·切萨布鲁夫著,金马译. 开放式创新:进行技术创新并从中赢利的新规则[M]. 北京:清华大学出版社,2005.

[37] 洪银兴. 科技创新与创新型经济[J]. 管理世界,2011(7):1~8.

[38] 胡树华,汪秀婷. 产品创新平台的理论研究与实证分析——PNGV案例研究[J]. 科研管理,2003,24(5):8~13.

[39] 黄鲁成,蔡爽. 基于专利的判断技术机会的方法及实证研究[J]. 科学学研究,2010, 28(2):215~220.

[40] 金相郁,张换兆,林娴岚. 美国创新战略变化的三个阶段及对中国的启示[J]. 中国科技论坛,2012(3):144~147.

［41］荆宝德．混凝土输送泵关键技术的研究——液压系统建模仿真及系统特性的改进研究［D］．长春：吉林大学,2005.

［42］卡尔·T．犹里齐,斯蒂芬·D．埃平格著,杨德林译．产品设计与开发（第4版）［M］．大连：东北财经大学出版社,2009.

［43］凯瑟琳·艾森哈特．案例研究方法:理论与范例——凯瑟琳·艾森哈特论文集［G］．北京：北京大学出版社,2012.

［44］克莱顿·M·克里斯坦森,迈克尔·E·雷纳著,容冰译．困境与出路:企业如何制定破坏性增长战略［M］．北京：中信出版社,2004.

［45］李安民．不连续创新与纵向协同研发［J］．科技进步与对策,2006（9）:26～31.

［46］李长云．创新商业模式的机理与实现路径［J］．中国软科学,2012（4）:167～176.

［47］李东,徐天舒,白璐．基于试错——学习的商业模式实验创新:总体过程与领导角色［J］．东南大学学报（哲学社会科学版）,2013,15（3）:20～27.

［48］李东,苏江华．技术革命、制度变革与商业模式创新——论商业模式理论与实践的若干重大问题［J］．东南大学学报（哲学社会科学版）,2011,13（2）:31～38.

［49］李东,王翔,张晓玲,等．基于规则的商业模式研究——功能、结构与构建方法［J］．中国工业经济,2010（9）:101～111.

［50］刘洪英,杨兴宇．留学人才政策创新与中国特色高端经济发展——以施正荣归国创办高端企业为例［J］．徐州工程学院学报（社会科学版）,2009,24（4）:12～15.

［51］李纪珍．产业共性技术:概念、分类与制度供给［J］．中国科技论坛,2006（3）:45～47.

［52］李玲．技术创新网络中企业间依赖、企业开放度对合作绩效的影响［J］．南开管理评论,2011,14（4）:16～24.

［53］李玲,党兴华,贾卫峰．网络嵌入性对知识有效获取的影响研究［J］．科学学与科学技术管理,2008（12）:97～100.

［54］李守伟,李备友,钱省三．技术创新范式的演变分析:基于系统发展观的视角［J］．科技管理研究,2009（2）:10～14.

［55］李先江．突破性营销创新对创新导向和企业绩效间关系的中介效应研究——基于湖北省企业的实证研究［J］．管理评论,2011（11）:69～75.

[56] 李颖灏. 关系营销导向对营销创新的影响研究[J]. 科研管理,2012,33(3):42~48.

[57] 李占强. 突破性创新战略管理研究——基于风险投资的视角[J]. 当代财经,2012(9):61~71.

[58] 李占强,李广. 开放式R&D、R&D网络与R&D能力的互动演进——跨案例的纵向比较研究[J]. 科学学与科学技术管理,2013(6):31~43.

[59] 李志强,赵卫军. 企业技术创新与商业模式创新的协同研究[J]. 中国软科学,2012(10):117~124.

[60] 林卫斌,陈彬,蒋松荣. 论中国经济增长方式转变[J]. 中国人口·资源与环境,2012,22(11):130~136.

[61] 刘敏,田增瑞,徐凯. 企业R&D能力在知识获取和产品创新间的中介作用[J]. 研究与发展管理,2010,22(6):90~96.

[62] 刘伟,邹文俊,王鹏龙,等. 天士力构建复方丹参提取物专利网的分析[J]. 中国中药杂志,2013,38(1):133~135.

[63] 罗伯特·K·殷著,周海涛,李永贤,李虔译. 案例研究:设计与方法(第三版)[M]. 重庆:重庆大学出版社,2004.

[64] 罗珉,曾涛,周思伟. 企业商业模式创新:基于租金理论的解释[J]. 中国工业经济,2005(7):73~81.

[65] 骆品亮,周勇,郭晖. 虚拟研发组织的知识转移机制:一个文献综述[J]. 研究与发展管理,2004,16(5):18~25.

[66] 马琳,吴金希. 创新网络相关理论回顾及研究前瞻[J]. 自然辩证法研究,2011,27(1):109~114.

[67] 马维野,池玲燕. 机制论[J]. 科学学研究,1995,13(4):2~6.

[68] 毛基业,李晓燕. 理论在案例研究中的作用——中国企业管理案例论坛(2009)综述与范文分析[J]. 管理世界,2010(2):106~113.

[69] 毛基业,张霞. 案例研究方法的规范性及现状评估——中国企业管理案例论坛(2007)综述[J]. 管理世界,2008(4):115~121.

[70] 毛荐其. 产品研发微观过程研究进展——一个技术演变的视角[J]. 科研管理,2009,30(4):29~36.

[71] 毛荐其,刘娜,陈雷. 技术共生机理研究——个共生理论的解释框架[J]. 自然辩证法研究,2011,27(6):36~41.

[72] Narayanan V. K 著,程源,高建,杨湘玉译. 技术战略与创新——竞争优势的源泉[M]. 北京:电子工业出版社,2002.

[73] 彭灿,陈丽芝. 突破性创新的战略管理:框架、主题与问题[J]. 科研管理,2008,29(1):34~40.

[74] 齐旭高,周斌,吕波. 制造业供应链协同产品创新影响因素的实证研究[J]. 中国科技论坛,2013(6):26~32.

[75] 钱锡红,杨永福,徐万里. 企业网络位置、吸收能力与创新绩效——一个交互效应模型[J]. 管理世界,2010(5):118~129.

[76] 秦剑. 跨国公司在华资源配置对突破性创新绩效的影响机理研究[D]. 天津:南开大学,2009.

[77] 秦剑,王迎军. 跨国公司在华突破性创新的关键资源研究[J]. 科学学研究,2010,28(8):1273~1280.

[78] 秦志华,王永海. 商业模式的企业价值测评功能与内容结构[J]. 中国人民大学学报,2013(3):70~79.

[79] 单红梅. 企业技术创新绩效的综合模糊评价及其应用[J]. 科研管理,2002,23(6):120~124.

[80] 沈阳制药厂. 滴丸与滴丸机[J]. 沈阳化工,1975(1):25~27.

[81] 世界银行,国务院发展研究中心课题组. 2030年的中国:建设现代、和谐、有创造力的社会[M]. 北京:中国财政经济出版社,2013.

[82] 苏江华,张晓玲,刘月宁. 基于商业模式的新型竞争优势——机理透视、理论比较与前沿问题综述[J]. 东南大学学报(哲学社会科学版),2013,15(3):28~32.

[83] 苏敬勤,崔淼. 工商管理案例研究方法[M]. 北京:科学出版社,2011.

[84] 苏敬勤,崔淼. 探索性与验证性案例研究访谈问题设计:理论与案例[J]. 管理学报,2011,8(10):1428~1437.

[85] 孙冰. 技术创新动因研究综述[J]. 华东经济管理,2010,24(4):143~147.

[86] 汤二子,王瑞东,刘海洋. 研发对企业盈利决定机制的研究——基于异质性生产率角度的分析[J]. 科学学研究,2012,30(1):124~133.

[87] 唐要家,孙路. 专利转化中的"专利沉睡"及其治理分析[J]. 中国软科学,2006(8):73~78.

[88] 王革. 管理学中案例研究方法的科学化探讨[J]. 中国行政管理,2011 (3):116~120.

[89] 王金红. 案例研究法及其相关学术规范[J]. 同济大学学报(社会科学版),2007,18 (3):87~95.

[90] 王雎,曾涛. 开放式创新:基于价值创新的认知性框架[J]. 南开管理评论,2011,14 (2):114~125.

[91] 王俊娜,李纪珍,褚文博. 颠覆性创新的价值系统分析——以广东省 LED 照明行业为例[J]. 科学学研究,2012,30(4):614~621.

[92] 王黎莹,陈劲,杨幽红. 技术标准战略、知识产权战略与技术创新协同发展关系研究[J]. 中国软科学,2004(12):24~27.

[93] 王敏,银路. 技术推动型与市场拉动型新兴技术演化模式对比研究——基于动态战略管理的视角[J]. 科学学研究,2008,26(增上):24~29.

[94] 王青云,饶扬德. 企业技术创新绩效的层次灰色综合评判模型[J]. 数量经济技术经济研究,2004(5):55~62.

[95] 王玉民. 产品原创的理念与策略性运用[J]. 中国软科学,2012 (12):114~122.

[96] 王玉民,马维野. 专利商用化的策略与运用[M]. 北京:科学出版社,2007.

[97] 王忠禹. 发挥企业技术创新主体作用 建设创新型国家[J]. 中国职工教育,2012(1):9~10.

[98] 魏江,冯军政. 国外不连续创新研究现状评介与研究框架构建[J]. 外国经济与管理,2010,32(6):9~16.

[99] 魏炜,朱武祥,林桂平. 商业模式的经济解释:深度解构商业模式密码[M]. 北京:机械工业出版社,2012.

[100] 闻邦椿,周知承,韩清凯,等. 现代机械产品设计在新产品开发中的重要作用——兼论面向产品总体质量的"动态优化、智能化和可视化"三化综合设计法[J]. 机械工程学报,2003,39 (10):43~52.

[101] 翁君奕. 商务模式创新[M]. 北京:经济管理出版社,2004.

[102] 吴贵生. 技术创新管理[M]. 北京:清华大学出版社,1997.

[103] 吴晓波,倪义芳. 二次创新与我国制造业全球化竞争战略[J]. 科研管理,2001,22(3):43~52.

[104] 吴晓波,吴东. 论创新链的系统演化及其政策含义[J]. 自然辩证法研究,2008,24(12):58~62.

[105] 吴晓波,郑素丽,章威. 我国对外技术依存度的现状解析及对策建议[J]. 中国科技论坛,2007(4):90~94.

[106] 邢小强,仝允桓. 创新视角下的企业网络能力与技术能力关系研究[J]. 科学学与科学术管理,2007(12):182~186.

[107] 夏志豪. 标准选定过程中知识产权保护的冲突与平衡[D]. 北京:中国政法大学,2008.

[108] 向坚,刘洪伟. 技术创新绩效评价研究综述[J]. 科技进步与对策,2011,28(6):155~160.

[109] 熊彼特. 经济发展理论[M]. 北京:北京出版社,2008.

[110] 许仕杰,黄纯美,刘小虹,等. 中药现代化的内涵及若干问题反思[J]. 新中医,2013,45(2):160~161.

[111] 徐欣,唐清泉. R&D活动、创新专利对企业价值的影响——来自中国上市公司的研究[J]. 研究与发展管理,2010,22(4):20~29.

[112] 许志晋. 论适用技术共生创新[J]. 管理现代化,2006(2):10~12.

[113] 杨剑波,郭小群. R&D内生经济增长理论综述与引申[J]. 改革,2008(1):154~157.

[114] 姚凯,刘明宇,芮明杰. 网络状产业链的价值创新协同与平台领导[J]. 中国工业经济,2009(12):86~95.

[115] 银路. 技术创新管理[M]. 北京:机械工业出版社,2004.

[116] 余浩. 基于互博意愿的颠覆性产品创新管理机制研究[D]. 杭州:浙江大学,2008.

[117] 余志良,谢洪明. 技术创新政策理论的研究评述[J]. 科学管理研究,2003,21(6):32~37.

[118] 虞忠,卞鹰,胡元佳,等. 我国中药占国际市场份额的测算及相关概念辨析[J]. 中国药房,2006,17(5):328~330.

[119] 袁晓东,孟奇勋. 开放式创新条件下的专利集中战略研究[J]. 科研管理,2010,31(5):157~163.

[120] 约翰·W·克雷斯威尔著,崔延强译. 研究设计与写作指导:定性定量与混合研究的路径(第二版)[M]. 重庆:重庆大学出版社,2007.

[121] 曾勇,郭文新,李典蔚. 风险投资合约及治理机制实证研究综述[J]. 管理科学学报,2008,11(1):110~121.

[122] 张凤海,侯铁珊. 技术创新理论述评[J]. 东北大学学报(社会科学版),2008,10(2):101~105.

[123] 张洪石,付玉秀. 影响突破性创新的结构因素分析和实证研究[J]. 科学学与科学技术管理,2006(1):43~48.

[124] 张洁,安立仁,张宸璐. 开放式创新环境下创业企业商业模式的构建与形成研究[J]. 中国科技论坛,2013(10):81~86.

[125] 张立煌,李杰. 中药现代化的现状及发展趋势[J]. 浙江大学学报(医学版),2011,40(4):350~353.

[126] 张米尔,国伟,纪勇. 技术专利与技术标准相互作用的实证研究[J]. 科研管理,2013,34(4):68~73.

[127] 张旭华. 产品创新与新技术产业化进程中的知识整合模式研究:以天士力为例[J]. 福建论坛(人文社会科学版),2010(12):29~33.

[128] 张文武. 基于行业数据的中国工业能耗研究[J]. 统计与决策,2012(13):112~114.

[129] 赵明剑. 突破性技术创新与技术跨越[D]. 上海:复旦大学,2004.

[130] 者丽艳,赵东升,谢强. 21世纪中药经济发展新趋势及市场开发新思路[J]. 经济问题探索,2010(5):145~147.

[131] 中国科技发展战略研究小组. 中国科技发展研究报告2010——战略性新兴产业研究[M]. 北京:科学出版社,2011.

[132] 中国科学技术信息研究所. 2011年度中国科技论文统计与分析[J]. 科学,2013,65(2):60~62.

[133] 朱方长. 技术生态对技术创新的作用机制研究[J]. 科研管理,2005,26(4):8~14.

[134] 邹承鲁,陈述彭,陈平原,等. 自然、人文、社科三大领域聚焦原始创新[J]. 中国软科学,2002(8):8~25.

后 记

此书是在本人博士学位论文基础上修改而成的。

学位论文定稿三年来,中国突破性技术创新实践加速发展,国家将创新驱动发展战略置于空前重要的战略地位,出台了系列扶持政策,天士力、三一重工和大族激光三家企业创新发展的内在动力、产业竞争、产业环境和宏观经济环境发生了很大变化。作者紧跟时代发展,系统严谨研究分析相关最新情况及其对本研究的影响,证实本研究所依据的基本理论、所建立的基本框架和所作出的主要研究结论均是科学可靠的。同时吸收最新实践、政策和理论研究成果充实本研究,使研究更趋严谨、科学,这是理论研究的应有之义。

博士学习是个人心性、学术水平的历练和升华。博士学习是人生重大抉择之一,不置身其中无法体会其中的困惑、困苦、艰难、快乐和成长,这将永远是我人生刻骨铭心的记忆。完成学业离不开导师和老师的悉心教诲、家人的鼎力支持、同学们的互帮互助以及学校的良好学习环境。

欣逢国家改革开放发展盛世,为企业技术创新发展和学术研究提供了自由、宽松和优越学术研究环境,使本人能潜心研究技术创新理论、关注技术创新实践,并将二者结合起来对比发现研究问题,通过系统、科学、严谨的研究得出科学结论,并以此研究结论对技术创新实践发展和理论研究提供有价值的理论借鉴,这是本研究的最大价值所在,也是实现个人社会价值的必由之路。

李占强

二○一七年七月十日

于河南省洛阳市宝龙城市广场